Jacques Pécheur

Edvige Costanzo

Muriel Molinié

campus

méthode
de français

3

D1362947

CLE
INTERNATIONAL

Crédits photographiques : 7 et reprises p. 3, 9, 11, 13, 15, 120 : © C. LIMOUZY ; 8 © L. SCHIFRES ; 10 DR ; 12 © KHARBINE/TAPABOR ; 14 ht g © Marine nationale/SIPA PRESS ; 17 bas g Coll. ARCHIVES LARBOR/DR ; 17 bas d ARCHIVES LARBOR/DR ; 19 et reprises p. 20, 21, 23, 25, 27, 29 : © J. Plon/Auberge espagnole/CE QUI ME MEUT ; 20 ht d, m m, m d : © J. Plon/L'auberge espagnole/CE QUI ME MEUT ; 24 © AFP ; 26 © G. Marchand/HAUT ET COURT ; 31 et reprises p. 3, 32, 33, 35, 37, 39, 41 : © Allard-Devouard/REA ; 33 ht g © Coll. CHRISTOPHE L. ; 33 bas g © Coll. CHRISTOPHE L. ; 34 © D. Givois/VANDYSTADT ; 35 bas g, bas d : © Louis XIV. DDB ; 36 ht g, ht d, m d : © X. ROMEDER ; 40 © A. Boulat/SIPA PRESS ; 43 et reprises p. 45, 47, 49, 51, 53 : © B. TRIBONDEAU ; 44 © M. DUPUIS ; 46 © C. Cheadle/GETTY IMAGES France ; 50 © Coll. CHRISTOPHE L. ; 52 m d : *L'Heure de tous*, 1985, accumulation d'Arman : © M. Grenet/PHOTO-NONSTOP © ADAGP, Paris 2003 ; 55 et reprises p. 3, 57, 59, 61, 63, 64, 65 : © J. Erik Pasquier/RAPHO ; 56 © M. Henley/COSMOS ; 60 ht d, m : © P. STARCK ; 63 © Coll. CHRISTOPHE L. ; 67 et reprises p. 3, 69, 71, 73, 75, 77 : © L. SCHIFRES ; 68 © C. Hartmann/SIPA ; 69 m bas © ARCHIVES LARBOR ; 69 bas d © AFP ; 72 © P. Cade/GETTY IMAGES ; 74 © Lartige/SIPA PRESS ; 79 et reprise p. 3, 81, 83, 85, 87, 89 : © L. SCHIFRES ; 81 © Coll. CHRISTOPHE L. ; 84 © W. CHEHATA ; 86 g, d © Andersen/SIPA PRESS ; 87 © L. SCHRIFRES ; 88 © L. SCHIFRES ; 91 et reprises p. 93, 95, 97, 99, 101 : © AKG © THE ESTATE OF KEITH HARING ; 92 © Coll. CHRISTOPHE L. ; 96 © Coll. CHRISTOPHE L. ; 97 m hd © Coll. CHRISTO-PHE L. ; 97 bas d © Selva/LEEMAGE ; 97 bas m © E. Lessing/AKG ; 97 bas d © C. LIMOUZY ; 97 m d © BRIDGEMAN - GIRAUDON ; 99 © P. Gely/ENGUERAND/Bernand ; 103 et reprises p. 104, 105, 107, 109, 111, 113 : © Ph. Dagbert/Kipa/CORBIS ; 104 © G. Pierre/CORBIS SYGMA ; 104 m ht, m m, bas g : © Coll. CHRISTOPHE L. ; 106 © Benelux Press/PHOTONONS-TOP ; 108 ht g, bas d : © B. Rajau/EDITING ; 109 © B. Rajau/EDITING ; 110 © Chalasani/SIPA PRESS ; 112 ht g © Facelly/SIPA PRESS ; 112 bas d © Jobard/SIPA PRESS ; 115 et reprises p. 3, 117, 118, 119, 121, 123, 125 : © Y. ARTHUS-BERTRAND ; 116 © BRIDGEMAN GIRAUDON ; 118 ht g, m, ht d : © Y. ARTHUS-BERTRAND ; 121 © Coll. CHRISTOPHE L. ; 125 © L. Monier/GAMMA ; 127 et reprises p. 129, 131, 133, 135, 136, 137 : © ARCHIVES LARBOR ; 128 © Hadj/SIPA PRESS ; 130 ht g, ht d, m d, m : © S. AGEORGES ; 130 bas d © J.-M. SIMOES ; 131 © L. SCHIFRES ; 132 D. Boudinet © MINISTÈRE DE LA CULTURE-France ; 133 ht g, ht d, bas g, bas d : © J.-F. DUPONT ; 134 ht d © ROGER VIOLLET ; 134 ht g DR ; 136 m Dornac Coll. ARCHIVES LARBOR ; 136 bas g © ARCHIVES LARBOR © ADAGP, Paris 2003 ; 136 ht d Coll. ARCHIVES LARBOR ; 137 © Coll. ROGER VIOLLET ; 139 et reprises p. 3, 141, 143, 145, 147, 148, 149 : © L. Weisse/Sunset/Kipa/CORBIS ; 142 ht © Morandi/HOA QUI ; 142 m d © ROGER VIOLLET ; 143 © ROGER VIOLLET ; 144 © Facelly/SIPA PRESS ; 145 bas g © C. Ehlers/HOA QUI ; 145 bas d © Bradner/SIPA PRESS ; 147 ht g, bas d : © R. Depardon/MAGNUM ; 150 DR. – Couverture : Imagebank/GETTY one.
Dessins : 14 © PLANTU ; 38 © A. LEJEUNE ; 48, 49, 100 140 J.-P. FOISSY ; 70 PESSIN ; 102 Titeuf, ZEP, © éd. Glénat ; 136 E. Collilieux.

Les auteurs remercient **Jacky Girardet** d'avoir veillé activement à ce que la conception, les contenus, la rédaction et l'édition de Campus 3 reste fidèle aux grands principes de **Campus**.

Édition : Christine Grall
et Marie-Christine Couet Lannes
Conception graphique : Laurence Durandau
Réalisation : Christophe Durand
Couverture : Laurence Durandau
Collaboration artistique : Catherine Tasseau

© CLE International ; Paris, 2003 – ISBN : 209-033245-X

Introduction

Poursuivre un apprentissage en français langue étrangère, Campus 3 répondra aux objectifs de ceux qui ont travaillé avec succès avec Campus 1 et Campus 2. Reprendre un apprentissage, il satisfera ceux qui, ayant des bases en français, ont arrêté leur apprentissage et décident aujourd'hui de le reprendre.

Organisation

Chaque unité de Campus 3 est divisée en cinq leçons suivies d'un bilan, soit au total **60 leçons.** Chaque leçon est centrée autour d'un savoir-faire, qu'il soit communicatif, culturel, lexical, grammatical ou comportemental.

Au total, 12 grandes unités comportementales : les six premières ont trait au rapport au monde, les six autres au rapport à soi et aux autres.

Méthodologie

La méthodologie de Campus 3 obéit au même souci de **simplicité,** de **transparence** et de **lisibilité** que celle des deux autres niveaux. **L'étudiant sait toujours où il en est, ce qu'il va faire et comment il va le faire.**

La méthode (objectifs, démarche, outils grammaticaux et lexicaux) s'adapte facilement aux volumes horaires disponibles, aux besoins de l'étudiant, aux conditions d'apprentissage.

Les stratégies d'apprentissage visent toutes à **mettre l'étudiant en situation de production le plus souvent possible** et à faire en sorte qu'il soit constamment sollicité aussi bien en production qu'en compréhension.

Mais elles ne le laissent jamais, pas plus que le professeur d'ailleurs, livré à lui-même : canevas de compréhension pour les documents oraux, grille de compréhension pour les documents écrits, recherche structurée de l'information, guides de stratégie de communication ou de discussion, recours aux typologies de textes qui permettent de produire soi-même des textes organisés selon des schémas formels préétablis, guides de rédaction, tableaux synthétiques des outils

linguistiques nécessaires, **la compréhension comme la production sont toujours encadrées et aidées.**

La présentation de la grammaire reste volontairement synthétique avec un minimum d'explications et pour l'essentiel, des schémas de fonctionnement. On retrouvera de plus amples explications dans **le précis grammatical** en fin de volume.

Le perfectionnement phonétique n'est pas oublié ; il reprend les grandes difficultés du système phonétique du français et il met l'accent sur les aspects intonatifs de la communication en français.

Les objectifs et stratégies s'inscrivent dans le cadre commun de référence du Conseil de l'Europe ; ils préparent les étudiants aux épreuves du DELF (Unité A3).

Documents

Les documents se distinguent par leur **variété** et leur **pertinence.**

Des documents écrits très divers (tous les types d'écrit sont sollicités), des documents sonores qui viennent soit comme amorce, soit en appui, des documents visuels en grand nombre entendent rendre compte **d'une France décomplexée, moderne et ouverte, européennement intégrée, mondialement insérée et naturellement francophone.**

Une cassette vidéo accompagne également Campus 3 : cet ensemble est extrait de la série audio-visuelle **« Talents de Vie ».** Elle est constituée de 24 mini-séquences qui sont autant de portraits de gens qui ont tous en commun d'avoir une passion en relation avec les grands thèmes de la méthode.

La cassette vidéo est accompagnée d'un livret de transcriptions et, dans le livre du professeur, de 24 fiches d'exploitation.

Les éléments de Campus 3

Le livre de l'élève
12 unités de cinq leçons, chacune sur une double page. Une page bilan à la fin de chaque unité.
À la fin du livre : amorce des exercices oraux « Prononciation et mécanismes » ; transcription des documents sonores ; précis grammatical.

Le cahier d'exercices
Pour chaque leçon du livre, des exercices d'enrichissement lexical, de grammaire, d'expression écrite et une double page de préparation au DELF A3. À la fin du cahier, la liste du vocabulaire de l'ensemble du livre de l'élève.

Les cassettes audio ou CD audio
Ils contiennent les reportages, les textes lus (poèmes, récits), les textes de théâtre joués, les exercices de prononciation, d'intonation et les mécanismes.

La cassette vidéo
Elle contient 24 portraits extraits de «Talents de vie», un livret de transcriptions. 24 fiches d'exploitation sont jointes au livre du professeur.

Le livre du professeur
Il propose une exploitation pour chaque leçon, des explications complémentaires, des conseils dans l'exploitation de certains documents, les corrigés de l'ensemble des exercices et les fiches vidéo.

tableau des contenus

tableau des contenus

tableau des contenus

Faire des découvertes

Leçon 1 *Découvrir les langues*

FRANCE :
combien de langues ?

Dans l'Hexagone et les territoires d'outre-mer de la France, le français est loin d'être la seule langue de communication. D'autres langues cohabitent avec lui et témoignent de l'histoire tourmentée de l'État et des groupes qui le composent.

On comptait sept langues en France et voilà qu'on en découvre... soixante-quinze ! Comment passe-t-on de sept à soixante-quinze langues ? Très simplement, en appliquant la définition que la Charte européenne donne d'une langue minoritaire ou régionale : « une langue pratiquée traditionnellement sur un territoire d'État par des habitants de cet État qui constituent un groupe numériquement inférieur au reste de la population de l'État ».

C'est le cas du breton mais aussi de l'arawak en Guyane française.

À cela il faut ajouter les « langues dépourvues de territoires » qui sont celles « pratiquées par des habitants de l'État, mais qui, bien que traditionnellement pratiquées sur le territoire de l'État, ne peuvent être rattachées à une aire géographique particulière ». C'est le cas notamment « des langues des citoyens des départements d'Afrique du Nord considérés comme citoyens français et dont la descendance conserve une pratique bilingue » : le berbère, l'arabe dialectal

en font partie, mais aussi le yiddish, le romani chib, l'arménien occidental.

Toutes ces langues présentent une grande diversité de caractéristiques : certaines ont une littérature, d'autres n'ont pas d'écriture ; le nombre d'usagers pour les unes se compte par centaines de milliers, pour d'autres par milliers, voire par centaines.

Mais pourquoi ne trouve-t-on pas dans cette liste l'italien, le portugais, le chinois, l'espagnol ? Tout simplement parce qu'ils ne sont pas menacés et sont enseignés comme langues vivantes étrangères dans l'enseignement secondaire.

Découvrez le document

1 Lisez le titre et l'introduction. Cochez et complétez.
Cet article est-il écrit pour :
☐ raconter ?   Quoi ? ...
☐ informer ?   De quoi ? ...
☐ décrire ?   Quoi ? ...
☐ proposer ?   Quoi ? ...
☐ réclamer ?   Quoi ? ...

2 En lisant l'article, recherchez les différents types de langue.
Pour chaque type, trouvez des exemples :
– sur le territoire français
– dans votre pays et dans les pays que vous connaissez.
Ex. : Langue pratiquée sur le territoire d'un État par un groupe numériquement inférieur à la population de l'État :
– en France : le dialecte d'Alsace
– en Italie : ...

QUELQUES-UNES DES 75 LANGUES PARLÉES SUR LE TERRITOIRE FRANÇAIS

> France métropolitaine
Dialecte allemand d'Alsace et de Moselle ; basque ; breton ; catalan ; corse ; flamand occidental ; occitan ; langues d'oïl (franc-comtois, picard, lorrain, etc.) ; berbère ; arabe dialectal ; yiddish ; romani chib ; arménien.

> Départements d'outre-mer
- Créoles à base française : martiniquais, guadeloupéen, guyanais, réunionnais.
- Créoles à base anglaise et portugaise : saramaca, wayana, arawak, etc. (Guyane).

> Territoires d'outre-mer
- Nouvelle-Calédonie : 25 langues kanak ; îles Loyauté : nengone, etc.
- Polynésie française : tahitien, marquisien, etc.
- Mayotte : shimaoré.

Recherchez les raisons de cette diversité des langues

(travail en petits groupes)

1 Lisez le tableau des langues parlées sur le territoire français. Trouvez la région (de France ou du monde) où est parlée chaque langue.

2 En vous aidant des explications ci-contre, trouvez pourquoi chacune de ces langues est parlée sur le territoire de la France. Vous pouvez compléter chaque explication en faisant des recherches sur Internet ou dans les dictionnaires.

Explications

a. La France a colonisé ce territoire.

b. Ce territoire est longtemps resté isolé, difficile d'accès.

c. Les populations de ce territoire avaient une grande culture.

d. Les gens qui parlent cette langue ont immigré en France.

e. Ce territoire était loin de Paris.

f. Les populations de ce territoire ne se sont pas mélangées aux populations francophones.

Apprenez à comprendre une langue inconnue : le créole

Ola Kréyol sòti

Kréyol sé an lanng an krèy moun mété déwò davré yo menm pa risiwé pyès modèl lanng nennen.
Lè ou wè an bagay kon sa ka rivé, sé pa dòt ki an gran voumvap Listwè ki lotè.
Voumvap tala sé lesklavay ki simayé Afritjen aléliwon atè Lanmérik. [...]

L'origine du créole

Le créole est une langue créée par un groupe humain auquel n'a été transmis aucun modèle de langue maternelle. Une telle situation ne peut s'expliquer que par une catastrophe historique. Cette catastrophe n'est autre que l'esclavage qui a dispersé des Africains dans toute l'Amérique. [...]

J. Barnabé, *La Gazette*, juillet 2000.

Voici le début d'un document en créole sur l'origine de cette langue.
Le texte est suivi de sa traduction en français.

a• Lisez le texte créole à haute voix. Notez ce que vous comprenez.
Kréyol sé an lanng ...

b• Cherchez les mots qui se répètent et trouvez leur sens à l'aide de la traduction française.

Discutez

1 Lisez ce court extrait de *L'Homme de paroles* de Claude Hagège. Pour quelles raisons certains sont-ils passionnés par les langues ?
Pouvez-vous trouver d'autres raisons d'aimer les langues ?

2 Aimez-vous le français ou l'apprenez-vous par obligation ?
Dans le premier cas, faites la liste des raisons pour lesquelles vous aimez cette langue.

3 Quels sont les cinq mots que vous préférez :
– en français ?
– dans votre langue maternelle ?

[Chez certains] les langues sont objet d'amour. Pour les associations qu'elles forment entre certains sons et certaines significations. Pour les phrases qu'elles permettent de construire. Pour les mots qu'elles opposent selon des grilles chaque fois différentes et toujours subtiles. [...]
Sous l'infinie diversité des langues, c'est celle des cultures qui fascine. L'amoureux des langues est épris d'altérité. Celle des cultures à travers celle des langues.

Claude Hagège, *L'Homme de paroles*, Fayard, 1985.

Prononciation et mécanismes
exercices 1 à 3 p.158

4 Quels sont les cinq mots qui, selon vous, représentent le mieux :
– la culture française ?
– la culture de votre pays ?

Leçon 2 *Découvrir des faits*

illimitée
Grève du pain

Escamps, Yonne, 718 habitants. Un bourg situé à 12 kilomètres d'Auxerre. Le boulanger-pâtissier, M. Lagache, est depuis lundi en « *grève illimitée* ». Il proteste contre la « *concurrence déloyale* » du comité des fêtes qui lui a joué un sacré tour de cochon. Dimanche, à l'occasion d'un vide-greniers, l'organisme scélérat a vendu dans son dos des croissants, des pains au chocolat et toutes sortes de pâtisseries. Or, M. Lagache et son épouse ont repris la boulangerie il y a près de deux ans. Ils ont investi. Pour des prunes ?

« *L'année dernière, nous avions réalisé un chiffre d'affaires de 686 euros, cette année seulement 274 euros. Le comité des fêtes a vendu ses produits. Nous nous sommes assis sur les nôtres. On a volé notre dimanche* », s'est enflammée la femme du boulanger. Elle dit qu'elle se bat pour la défense des petits commerces dans les villages. À Escamps : un restaurant et un tabac. La boulangerie, qui fournit la maison de retraite d'Auxerre, gardera porte close jusqu'à ce que la mairie prenne position.

Libération, 5 juin 2002.

Découvrez l'article

1 **Lisez l'article. Trouvez les mots ou expressions qui signifient :**

a. un gros village
b. illégale
c. faire du tort à quelqu'un
d. vente de vieux objets
e. criminel, méchant

f. sans qu'il le sache
g. pour rien (sans en tirer aucun bénéfice)
h. rester sans rien faire
i. se mettre en colère

2 **Classez les verbes et les moments de l'histoire dans le tableau.**

Plus-que-parfait	Passé composé	Présent	Imparfait	Futur
...	...	M. Lagache est depuis lundi	...	...

3 **Retrouvez la chronologie des moments de cette histoire.**
Il y a deux ans : M. et Mme Lagache ...
L'année dernière : ...

Écoutez l'anecdote

1 **Découvrez le sens des mots ci-dessous et écoutez le document.**
Aide à l'écoute.
– *trimbaler* : (fam.) transporter.
– *claquer* : recasser
– *basculer* : tomber.
– *un compère* : un ami.

2 **Remettez dans l'ordre chronologique ces six mots clés de l'histoire.**
Quelles informations pouvez-vous donner à propos de chaque mot ?

– le bruit
– les copains
– le garagiste

– le moteur
– la narratrice (celle qui raconte)
– le voyage

Ex. : **1.** *La narratrice.* Elle habitait... depuis...
2. ...

Relater des faits passés

Le plus-que-parfait

Il présente la situation et les événements antérieurs au fait principal.

*Le mardi 3 juillet j'**avais réussi** au baccalauréat.*

N.B. L'antériorité peut aussi être exprimée par le passé composé ou le présent lorsqu'on veut insister sur la succession des événements.

Le 3 juillet j'ai réussi...
Le 4, j'ai décidé...

Le passé composé
ou
le présent
Ils présentent les faits principaux.
Le présent donne plus de relief, de « présence » aux événements.

*Le lendemain, j'**ai décidé** (je **décide**) de faire un voyage.*

Le futur

Il présente des faits qui n'ont pas encore eu lieu au moment des faits principaux.

*Avec des amis je **visiterai** la Grèce.*

L'imparfait

Il présente les circonstances des événements exprimés par le plus-que-parfait, le passé composé ou le présent.

*Le 3 juillet, j'avais réussi au baccalauréat. J'**étais** heureuse.*
*Le lendemain, j'ai décidé de faire un voyage. Des copains **partaient** en Grèce.*
*Je ne **connaissais** pas ce pays. Je suis partie avec eux.*

N.B. L'imparfait exprime aussi des actions habituelles.
*J'**allais** toujours passer mes vacances dans la maison de campagne de ma tante.*

---

3 Relevez et classez les faits et les événements dans le tableau des temps (question 2 de « **Découvrez l'article** »).

4 Notez toutes les particularités de l'oral (les constructions, la prononciation, le vocabulaire, etc.).

Prononciation et mécanismes
*exercices 4 et 5
p.158*

Écrivez

Vous devez rédiger l'histoire que vous venez d'entendre (en 100 mots environ) pour la rubrique « **Faits divers insolites** » d'un quotidien.

a• Réécoutez l'histoire et prenez des notes.

b• Trouvez un titre.

c• Choisissez un point de départ et rédigez.
« Un groupe de Français qui avaient emprunté la voiture d'une amie... »
« Le moteur de la voiture n'a pas résisté... »

Vidéo
Talents *de vie*
*Jojo : La buvette
à roulettes*

Jouez la scène

> Vous comprenez, ma femme et moi on s'est installés ici, il y a deux ans...

> Je crois que...
> On dit que c'est à cause de...

1 Vous êtes **M. Lagache** et vous racontez à un journaliste qui est venu vous interviewer les raisons de la grève que vous avez décidée.

2 Vous êtes en voyage dans la région et vous vous arrêtez à Escamps pour acheter un croissant ou une pâtisserie. Devant la boulangerie fermée, vous interrogez une passante.

Leçon 3 | Comprendre un récit historique

La fondation de Marseille

Une bande de jeunes Phocéens[1] originaires d'Asie Mineure arrivèrent un jour aux bouches du Rhône et furent séduits par le charme du lieu. Quand ils furent rentrés dans leur pays et qu'ils eurent raconté ce qu'ils avaient vu, de nombreux compagnons acceptèrent de se joindre à eux pour une nouvelle expédition.

Les chefs de la flotte s'appelaient Simos et Protis. Aussitôt qu'ils eurent accosté, ils vinrent trouver le roi des Ségobriges[2], appelé Nannos, sur les terres duquel ils désiraient fonder une ville. Ce jour-là, le roi était occupé aux préparatifs du mariage de sa fille Gyptis : il allait la donner en mariage, selon la coutume, à un gendre choisi pendant le festin.

La jeune fille fit alors son entrée, introduite par son père qui lui dit d'offrir de l'eau à celui qu'elle choisirait pour époux. Mais dès qu'elle eut remarqué la présence des Grecs, elle se dirigea vers eux sans faire attention aux autres et tendit la coupe à Protis.

Celui-ci, devenu ainsi, de simple hôte qu'il était, gendre du roi, reçut de son beau-père un territoire pour y fonder une ville.

D'après Justin XLIII, 3.

1. Habitants de Phocée, ville grecque d'Asie Mineure (aujourd'hui, la Turquie) dans l'Antiquité.

2. Peuple gaulois occupant la région de Marseille avant l'arrivée des Phocéens.

Découvrez le document

1 **Lisez l'histoire de la fondation de Marseille. Vous êtes guide à l'office du tourisme de Marseille et vous racontez à des touristes l'histoire de la fondation de la ville.**
« C'était dans l'Antiquité. Des habitants de Phocée ont traversé la Méditerranée et sont venus ici... »

2 **Un touriste vous pose les questions suivantes. Répondez.**

a• **Pourquoi les Grecs sont-ils venus ici ?**

b• **À cette époque, il n'y avait personne dans la région de Marseille ?**

c• **Les coutumes du mariage étaient particulières ?**

3 **D'après cette légende, imaginez la véritable histoire de la fondation de Marseille.**
Ex. : Ce n'est pas une bande de jeunes venus de Phocée, mais des commerçants (des soldats, des aventuriers, etc.).

4 **Classez les verbes dans le tableau di-dessous. Observez l'emploi des temps.**

Passé simple
De jeunes Phocéens arrivèrent
Plus-que-parfait
...
Passé antérieur
(Notez les expressions qui l'introduisent)
Imparfait
...

5 **Classez les verbes selon les quatre types de conjugaison du passé simple. Trouvez d'autres verbes correspondant à ce type de conjugaison.**

a. Conjugaison en [ɛ], type « parler ».

b. Conjugaison en [i], type « finir ».

c. Conjugaison en [y], type « être ».

d. Conjugaison en [ɛ̃], type « venir ».

Le récit au passé simple

Le passé simple et le passé antérieur ne s'emploient qu'à l'écrit, dans les récits littéraires ou historiques. On les trouve également dans les ouvrages didactiques, la presse, etc.

**Moment du passé où se situent
les actions principales**
Passé simple

*Ce soir-là, ils **arrivèrent** au bord du Rhône.*

• Indicateurs de temps :
Ce jour-là ; ce soir-là ; cette année-là ; etc.

Circonstances des actions principales
Imparfait

*L'endroit **était** beau et sauvage.*

• Indicateurs de temps :
*C'était en 1930...
Il y avait autrefois...*

**Moment ou état antérieur
aux actions principales et
aux circonstances**
Plus-que-parfait

*Sur la route, ils **avaient
rencontré** des Gaulois.*

• Indicateurs de temps :
*L'année précédente
(d'avant).
La veille, la veille
au matin ; l'avant-veille.
La semaine précédente...
Un an avant...*

**Action antérieure
à une autre action**

et introduite par *quand,
après que, dès que,
aussitôt que* (les deux
actions formant une
seule phrase)

Passé antérieur

*Quand ils **se furent
reposés**, ils allèrent
trouver le roi des
Ségobriges.*

**Moment postérieur aux
actions principales**
*Passé simple
Futur
ou conditionnel présent*

*Le lendemain, Protis
épousa la fille du roi.
Quelque temps plus tard
il **fonderait** la ville
de Marseille.*

• Indicateurs de temps
*Un an après...
Le lendemain (matin)...
La semaine d'après
(suivante), etc.*

Prononciation et mécanismes
*exercices 6 et 7
p.158*

Exercez-vous

À partir des notes suivantes, rédigez le récit
au passé simple de la conquête de la Gaule
par Jules César.
Faites deux paragraphes, le premier commençant
en 56 av. J.-C. et le second début février 52.
Liez les phrases quand c'est possible.
« En 56 av. J.-C., quand Jules César... »
« Début février 52, aussitôt que Jules César... »

Écoutez

Deux étudiants évoquent les origines de la ville
de Marseille. Notez les différences entre la
légende et les faits historiques.

Étapes de la conquête de la Gaule
Toutes les dates sont antérieures à J.-C. (an 0)

152 av. J.-C.
Les Romains commencent
la conquête de la Gaule et
occupent le Sud méditerranéen.

58 av. J.-C.
Jules César reprend
la conquête.

56 av. J.-C.
Jules César a soumis
l'ensemble des peuples gaulois.
Il rentre en Italie.

53 av. J.-C.
Vercingétorix, chef des Gaulois
d'Auvergne, appelle les autres
Gaulois à la révolte. Il veut
profiter de l'absence de Jules
César pour libérer le pays.

Début février 52
Jules César apprend que
les Gaulois se révoltent.
Il retourne en Gaule.

15 février 52
Jules César est en Gaule.

Août 52
Vercingétorix et ses soldats
s'enferment dans
la forteresse d'Alésia.
Il pense que les Romains
ne réussiront pas à la
prendre. Mais Jules César
se contente d'empêcher
les Gaulois de sortir.

Octobre 52
Les Gaulois sont affamés.
Vercingétorix se rend à
Jules César.
Il est emmené à Rome.
Les Gaulois sont
désorganisés. Jules César
peut achever
la conquête de la Gaule.

Leçon 4 Exposer un problème

Les falaises repeintes en noir

La France est par malheur familière des marées noires : sur une vingtaine de déversements supérieurs à 30 000 tonnes recensés dans le monde depuis la fin des années 1960, un quart ont atteint les côtes françaises ! Ces dernières ont déjà récolté 12 000 tonnes de fuel échappé de l'Erika[1]. C'est peu par rapport à l'Amoco Cadiz, qui avait vomi 228 000 tonnes en 1978 au nord de la Bretagne.

Mais la gravité des marées noires ne s'évalue pas seulement en termes de quantité. Le fuel de l'Erika a tué plus d'oiseaux que l'Amoco Cadiz. Ce produit dit lourd » piège tous les organismes vivants.

1. Pétrolier naufragé le 12 décembre 1999.
2. Ont pénétré.

Début mars, 62 000 oiseaux avaient été ramassés, dont seulement 1 500 encore en vie. « Les espèces les plus rares, comme les plongeons, sont particulièrement touchées. Leur existence pourrait même être compromise », déplore Bernard Fichaut, qui enseigne la géographie de la mer à l'université de Bretagne occidentale. « Hormis les oiseaux, l'impact sur la faune sera très faible car le pétrole tue par engluement mais ne se diffuse pas dans l'eau, précise-t-il. Mais les très fortes tempêtes et les grands coefficients de marée ont fait monter la pollution très haut sur les estrans (partie du littoral périodiquement recouverte par la marée). L'impact esthétique et visuel est énorme car il sera difficile de nettoyer certaines falaises qui sont "repeintes" sur cinq ou six mètres de haut. Le pétrole ne pourra pas être repris par les tempêtes habituelles. »

À Belle-Île, les nappes visqueuses, noires et brillantes, se sont immiscées[2] jusqu'à 40 mètres à l'intérieur des terres. Et malgré tous leurs efforts pour nettoyer à temps, les commerçants craignent maintenant une catastrophe touristique.

N.N., Phosphore, avril 2000.

Découvrez le document

1 Lisez l'article du magazine *Phosphore*. Complétez le tableau ci-dessous.

Type d'événement	...
Lieu de l'événement	...
Effets immédiats de l'événement	...
Conséquences sur les côtes	...
Conséquences sur les animaux	...
Conséquences sur l'économie	...

L'Express, 13 janvier 2000. *Les Oiseaux* : titre français d'un film de Hitchcock où des oiseaux par milliers sèment la terreur dans une petite ville américaine.

2 Observez le dessin de Plantu (p. 14).
Notez :
– les informations déjà données dans l'article ;
– les nouvelles informations suggérées
par le dessin.
Qu'est-ce que le dessin ajoute à l'information ?

3 Au cours d'une discussion sur la catastrophe
de l'*Erika*, quelqu'un fait les remarques suivantes.
Répondez-lui.

a. L'*Erika*, c'est le naufrage pétrolier le plus important
depuis 1960.

b. C'est une des catastrophes les plus importantes
pour l'environnement de la Bretagne.

c. Beaucoup de poissons vont mourir.

d. Dans un mois, les fortes marées et les Bretons
auront tout nettoyé.

crivez

Vous écrivez à un(e) ami(e) pour lui présenter la catastrophe de l'*Erika* et ses conséquences.
Rédigez les notes que vous avez prises pour le tableau de l'exercice 1 de « Découvrez le document ».
Utilisez les expressions ci-dessous pour présenter les conséquences.

Pour exprimer les conséquences d'un événement

1. *Cet événement* **a produit** *(produire)...* **causé...** **entraîné...** **provoqué...**
Il a eu **pour conséquence**...
Pour une conséquence positive : *Il* **a permis** *(permettre)*
2. *La* **conséquence** *(le résultat, l'effet) de cet événement est...*
3. *Il y a eu de gros orages. Les rivières ont* **donc** *débordé* (*de sorte que* *les rivières ont débordé)...*
C'est pourquoi *-* ***c'est la raison pour laquelle*** *-* ***en conséquence***
... ***d'où*** *de graves inondations.*

Prononciation
et mécanismes
exercices 8 et 9
p.158

Jouez une séance de conseil municipal

(par groupes de cinq)

Le conseil municipal d'une petite ville
qui voudrait développer ses ressources touristiques se réunit.

a• Lisez l'ordre du jour et complétez-le
si vous le souhaitez.

b• Choisissez un rôle. Préparez vos arguments
et jouez la scène.

Ordre du jour

- Éclairage nocturne du vieux château qui
mériterait d'être admiré de nuit comme de jour.
- La construction d'un hôtel de 300 chambres
au sommet de la colline près du château.
- La création d'une route d'accès au château
et d'un grand parking.

LE MAIRE
Il (elle) souhaite
avant tout
le développement
économique
et touristique
de la ville.

LA REPRÉSENTANTE DES COMMERÇANTS
Elle est favorable à
toutes les initiatives
qui pourront
augmenter le nombre
de visiteurs
de la ville.

LE REPRÉSENTANT DES CHASSEURS
Il est opposé
à tout projet
d'aménagement et
de développement.
La nature doit rester
sauvage.
Les touristes ne sont
pas souhaités.

Un conseiller
(une conseillère)
**professeur
du lycée**
C'est un conciliateur. Il
essaie de trouver des
solutions qui satisfont
tout le monde.
(Ex. : Il y aurait une
route, mais cachée
dans la verdure, etc.)

UN CONSEILLER
(une conseillère)
DE SENSIBILITÉ ÉCOLOGISTE
Son souci est le
respect de
l'environnement
naturel, des
bâtiments historiques
et de la qualité de vie
des habitants (bruit,
pollution, etc.).

Leçon 5 *Faire des recherches*

✗ *Tout au long de cette leçon, vous imaginerez seul(e)
ou en petits groupes les différents ingrédients
d'un scénario de roman policier :
le criminel, son mobile, sa victime, ses alibis
et les principaux moments du déroulement de l'enquête.*

Recherchez les ingrédients d'un roman policier

1 Dans les deux textes suivants, recherchez les éléments qui font un bon roman policier.

2 Complétez cette liste en discutant des romans policiers que vous connaissez.

Pourquoi lit-on **des romans** policiers ?

Le public trouve dans la lecture des romans policiers les deux éléments essentiels de toute littérature populaire : un décor contemporain allié à une aventure fabuleuse. Le roman policier [...] se nourrit de l'information la plus immédiate : [...] le fait divers quotidien, la description exacte de Bangkok, la conférence sur le désarmement..., allusions qui authentifient l'aventure, lestent la rêverie. En même temps, l'information quitte les pages du quotidien pour devenir fiction, point de départ de la rêverie ; ce faisant, elle cesse d'être dangereuse, menaçante, et, séparée de l'histoire, s'absorbe tout entière dans l'aventure dont elle ne constitue que le décor.

Dupuy, Larousse, *Textes pour aujourd'hui*.

Extrait d'une interview de Mary Higgins Clark, célèbre auteur de romans noirs, pour le magazine **Elle**.

Elle. Si vous deviez commettre un crime, quelle arme utiliseriez-vous ?

M.H.C. Ma voix. Au bout d'un moment, ma victime mourrait certainement d'ennui.

Elle. Quelle est l'arme parfaite ? Et le parfait alibi ?

M.H.C. Un pistolet armé de balles à blanc, afin d'effrayer ma victime à mort. Le parfait alibi ? Accuser son jumeau ou sa jumelle du meurtre qu'on vient de commettre...

Elle. Les faits divers vous inspirent-ils ?

M.H.C. Ils me passionnent. Tous mes livres m'ont été inspirés par de vrais crimes.

T. Duchatelle, *Elle*, juillet 2002.

Imaginez la scène du crime

1 Écoutez ces bandes-son de films policiers.
À partir de ce que vous entendez, imaginez :
– le lieu et l'heure du crime ;
– la façon de tuer la victime.

2 Faites un script de la scène.
Ex. : (1) *Un train démarre dans une gare.*
(2) ...

3 Imaginez la scène du crime de votre roman policier.

Meurtres – assassinats – crimes

- Donner (recevoir) un coup de couteau, de poignard (poignarder), de fusil (tirer sur quelqu'un).
- Empoisonner - noyer - étouffer.
- Provoquer un accident (un accident de la circulation, une collision ; une chute).
- Provoquer un accident de santé (un infarctus...).
- Donner un coup (de matraque, etc.), assommer.

Imaginez l'assassin, la victime, le mobile

[Dans le XVIIIe arrondissement de Paris, cinq femmes ont été tuées en six mois par le même assassin. Le commissaire Maigret, chargé de l'enquête, réfléchit.]

Ses pensées allaient au tueur qui commençait à se préciser dans son esprit, maintenant qu'une personne au moins l'avait entrevu. Il l'imaginait encore jeune, blond, probablement mélancolique ou amer. Pourquoi Maigret aurait-il parié, à présent, qu'il était de bonne famille, habitué à une vie confortable ?

Il portait une alliance. Il avait donc une femme. Il avait eu un père et une mère.

Ce matin, il avait été seul contre la police de Paris, contre la population parisienne tout entière et, lui aussi, sans doute, avait lu l'article du petit Rougin dans le journal.

Avait-il dormi, une fois sorti du traquenard dans lequel il avait failli rester ?

Si ses crimes lui procuraient un apaisement, voire une certaine euphorie, quel effet lui faisait un attentat raté ?

G. Simenon, *Maigret tend un piège*, Presses de la Cité, 1955.

1 **Lisez le texte. Relevez :**
– les faits et les certitudes concernant le tueur ;
– ce que Maigret imagine.

2 **Imaginez les personnages de votre roman policier :**
– l'assassin ;
– la victime et ses relations avec l'assassin ;
– le mobile du crime (voir tableau ci-dessous).

Le crime et son mobile

On peut commettre un crime, un délit :
• **par vengeance** (se venger) : tromper, ridiculiser quelqu'un.
• **pour de l'argent** : voler - dérober - obtenir un héritage - enlever quelqu'un pour obtenir une rançon.
• **par ambition** : supprimer un rival.
• **par jalousie amoureuse** : un crime passionnel - supprimer l'amant/la maîtresse de...
• **par folie** : un malade mental - un pervers - un tueur en série.

vidéo
Talents *de vie*
Frédéric : Sur les traces de Frédéric

Choisissez votre enquêteur

1 Lisez ci-dessous quelques caractéristiques des méthodes de Maigret et de Sherlock Holmes. Connaissez-vous d'autres méthodes ? Celles d'Hercule Poirot, de Colombo, etc. ?

Sherlock Holmes
Pour lui, tous les détails, même ceux qui sont insignifiants, ont une importance.
Il s'appuie sur son esprit de déduction.
Il reconstitue l'ordre chronologique des faits.

Maigret
Il n'a pas d'idée a priori.
Il se met à l'écoute des gens et se plonge dans l'atmosphère du lieu du crime.
Il se fie à son intuition.
Il accumule les données et les informations.

2 **Définissez la méthode de votre enquêteur (ou enquêteuse).**

BILAN • BILAN • BILAN • BILAN • BILAN

1 Découvrir les langues

Dites si les affirmations suivantes sont vraies ou fausses.

a• Quand on entend parler créole, on peut reconnaître des mots français.

b• Beaucoup de Québécois sont les descendants des Français qui se sont installés en Amérique du Nord aux XVIIe et XVIIIe siècles.

c• Le français est la langue maternelle des habitants de l'Afrique francophone.

d• Le breton est une langue officielle de la République française.

e• Certaines îles de l'océan Pacifique font partie des territoires d'outre-mer de la France.

2 Découvrir les faits

1. Lisez le récit suivant.

Un perroquet glouton lui évite une amende

Boldon (Angleterre). Un homme a échappé à une lourde amende pour stationnement illicite en prouvant à la police que son disque de stationnement avait été dévoré à l'intérieur de son véhicule par un perroquet.

Constatant la contravention, M. John Lomax s'est immédiatement rendu au commissariat accompagné de Jake, son gourmand volatile, pour procéder à une démonstration en bonne et due forme.

Amusé par l'expérience, un policier a alors posé un vieux disque de stationnement à proximité du perroquet d'Afrique qui l'a immédiatement réduit en pièces puis dévoré.

Un porte-parole de la police municipale a précisé : « Les officiers de police ont beaucoup apprécié la performance de Jake qui démontrait la bonne foi du propriétaire de l'auto. C'est pourquoi la contravention a été annulée. » © FaitDivers.com - Source : *The Sun*, 29.07.02.

2. Imaginez la situation suivante : de retour chez lui, le perroquet raconte son aventure aux perroquets du voisinage.

Rédigez son récit.

« Figurez-vous que j'étais... Mon maître, John Lomax, m'avait laissé... »

3 Comprendre un récit historique

Vous êtes guide à Rome et vous racontez l'histoire de cette ville à un groupe de Français. Utilisez les notes suivantes. Mettez les verbes principaux au passé composé.

Légende de la fondation de Rome

Au début du VIIIe siècle avant J.-C., le roi d'Albe Numitor fut détrôné par son frère Amulius. Amulius plaça Rhéa Silvia, la fille de Numitor, comme prêtresse dans un temple pour l'empêcher d'avoir des enfants. Il régna alors en maître sur Albe. Mais c'était compter sans les dieux. De son union avec le dieu Mars, Rhéa Silvia eut deux jumeaux qu'elle appela Romulus et Remus.

Dès qu'il eut appris l'existence des nouveau-nés, Amulius fit enlever le berceau et l'abandonna sur le fleuve Tibre.

Encore une fois, les dieux veillaient. Le fleuve rejeta le berceau au pied du mont Palatin. Une louve nourrit les nouveau-nés qui furent ensuite élevés par un couple de bergers.

Devenus adolescents, Romulus et Remus apprirent leur véritable origine. Quand ils eurent rétabli leur grand-père Numitor sur le trône d'Albe, ils décidèrent de fonder une ville sur les lieux de leur enfance. Ce sera Rome.

1. Capitale de la région où Rome sera fondée.

4 Exposer un problème

Lisez ces titres de presse. Rédigez trois conséquences possibles de chacun de ces faits.

Variez l'expression de la conséquence.

INONDATIONS CATASTROPHIQUES DANS LE SUD DE LA FRANCE
Le niveau de certains cours d'eau est monté de 10 mètres

PESTICIDES
Plus de 100 000 tonnes de pesticides sont utilisées chaque année

EN CINQUANTE ANS, LE NOMBRE DES VÉHICULES AUTOMOBILES IMMATRICULÉS EN FRANCE EST PASSÉ DE 1,7 MILLION À 40 MILLIONS

5 Comprendre un fait divers

Complétez avec le vocabulaire des tableaux des pages 10 et 11.

a• Elle ... son mari en le poussant dans le vide d'une fenêtre du dixième étage. Il la ... avec sa meilleure amie.

b• Au cours de la tempête, une branche d'arbre s'est cassée et ... un passant.

c• Le fils du célèbre chanteur a été ... . Les ravisseurs demandent une ... de 10 millions d'euros.

Se former

Leçon 1 Se remettre en question

Étudier sans frontières...

X avier, 25 ans, est en 3ᵉ année d'économie et ne sait pas quel métier choisir. Un ami de son père lui propose un poste au ministère de l'Économie et des Finances mais pour cela, il faut parler l'espagnol. Xavier décide donc de terminer ses études à l'étranger. Dans le cadre des échanges européens du programme Erasmus, il part pour Barcelone. D'abord sans logement, il est finalement admis à partager l'appartement et la vie de sept autres colocataires venus des quatre coins de l'Europe (Italie, Grande-Bretagne, Allemagne, Catalogne, etc.). Cet appartement est une véritable « auberge espagnole », c'est-à-dire un lieu où chacun apporte ce qu'il a. Xavier y vivra des expériences multiples : il y découvre le plaisir d'une vie de bohème hors de ses frontières habituelles...

❸ L'arrivée d'un nouveau suscite surprises et interrogations : examen de passage.

❶ Xavier arrive à Barcelone à la recherche d'un appartement.

❷ Xavier s'explique avec sa petite amie sur ses choix.

❹ Le temps des découvertes et des rencontres inattendues.

L'Auberge espagnole, un film de Cédric Klapisch, avec Romain Duris et Audrey Tautou.

Découvrez le scénario

1 Rassemblez l'information. Qui est Xavier ? Comment a-t-il eu l'idée de partir étudier en Catalogne ? Qu'est-ce qui l'a amené à prendre cette décision ?

2 Par deux, imaginez le dialogue de la scène 2 entre Xavier et sa petite amie.

3 L'arrivée d'un nouveau...
Par deux, imaginez les réflexions et les réactions du groupe. Construisez un petit dialogue.

4 Écrivez les pensées de Xavier dans la scène 4.

Jouez la scène

1 Imaginez que vous vivez dans le même appartement que Xavier et que vous cherchez un nouveau colocataire.

a• Vous définissez les qualités de votre colocataire idéal et vous préparez en petits groupes les questions à lui poser.

b• Le candidat (interprété par un de vos camarades) sonne, entre chez vous, s'assied... Jouez la scène.

2 Vous décidez si vous le choisissez ou non comme colocataire. Vous expliquez pourquoi.

Écoutez le reportage

Quatre personnes bénéficient de la bourse du programme d'échanges européen Erasmus. Ria Steinbeck (Allemagne), Yan Dieters (Pays-Bas), Pascal Delmas (France), Carmen Espinosa (Espagne).
Ils disent pourquoi ils ont demandé cette bourse.

1 Écoutez et relevez :
– ce qui a déclenché leur décision d'aller étudier à l'étranger ;
– ce qu'ils attendent de ce séjour ;
– leurs inquiétudes.

2 Relevez dans le reportage les expressions du souhait, de l'envie ou du regret.

Exercez-vous

Exprimer des regrets, des envies, des souhaits

• **Le regret**

Je regrette que tu doives partir.
Je regrette de ne pas être parti.
Je regrette ton départ.
À mon grand regret, il est parti sans moi.
Hélas (malheureusement), je ne serai pas là quand il reviendra.
Quel dommage qu'il soit parti si loin !
C'est bête que tu ne puisses pas venir !

• **Des envies**

J'aimerais... je voudrais... j'aurais voulu... je pense à... j'ai envie de... j'envisage de...
J'aimerais (je voudrais) prendre mon temps. J'ai envie de passer des vacances tranquilles.

• **Des souhaits**

Je souhaite que...
Il est souhaitable que... } tu réussisses à tes examens.
Pourvu que...

Prononciation et mécanismes
exercices 10 à 14 p.158

1 Exprimer un regret. Rédigez une phrase pour chaque situation.
Ex. : C'est vraiment dommage que vous partiez si tôt. Nous voulions vous montrer le film que nous avons fait à Hawaï.
a. Votre regret de voir vos amis partir si tôt.
b. Votre regret face à une décision que vous n'approuvez pas.
c. Votre grand regret de devoir décommander un rendez-vous.
d. Votre regret qu'un de vos amis n'ait pas pu participer à une fête très réussie que vous avez organisée.

2 Exprimer des envies. Rédigez une ou deux phrases pour chaque situation.
a. Vous avez envie de voir quelqu'un plus souvent.
b. Vous avez envie de partir prochainement très loin.
c. Vous avez envie de n'avoir pas parlé davantage à une personne que vous avez perdue de vue.
d. Vous avez envie de tout quitter.

3 Exprimer des souhaits. Dites-le autrement.
Ex. : Pourvu que dimanche, le temps soit meilleur qu'aujourd'hui.
a. Espérons que dimanche il fera plus beau.
b. Faites en sorte qu'il ne vienne pas, il va encore gâcher toute la fête.
c. Tout le monde espère que la situation économique va s'améliorer.

Écrivez

Votre meilleur(e) ami(e) est parti(e) vivre à l'étranger. Vous n'avez pas pu le (la) suivre.
Vous lui écrivez pour lui exprimer vos souhaits, vos envies ou vos regrets. Écrivez et lisez cette lettre.

Leçon 2 Demander des informations

Isabel Garcia de Cruz
15, Calle Blanco, 3° p°
28015 Madrid
Courriel : garciadecruz@aol.com

Objet : demande d'informations

Madame Chantal Montagne
Service de la coopération linguistique et
éducative
Ambassade de France
Madrid

Madrid, le 18 juin 2002

Madame,

C'est sur les conseils de Mme Delbourg, une amie française, que je m'adresse à vous. Je souhaiterais obtenir des informations sur les points suivants.

J'ai l'intention de compléter ma formation en français dans le but de devenir traductrice. Si vous pouviez m'indiquer quelles sont les écoles de traduction qui accueillent des étudiants étrangers, cela m'aiderait beaucoup. Par ailleurs, savez-vous à quelle époque commencent les inscriptions ?

En second lieu, pouvez-vous me dire s'il existe une bourse d'études et, si oui, comment je peux en bénéficier ? Dans le cas contraire, pensez-vous que je pourrai exercer un emploi rémunéré en France ?

Je vous remercie par avance de votre réponse et vous prie d'agréer, Madame, l'expression de ma considération distinguée.

Isabel Garcia

Pièce jointe : Pour information, mon curriculum vitae.

TÉLÉCOPIE   Nombre de pages : 1

De : Marinette Vassal
01 47 66 46 83
A : Gustave Flamelin
04 45 87 44 10

Objet : questions pratiques

Cher cousin,

Merci de nous avoir prêté ta maison du fond des bois : elle est
vraiment très chouette. As-tu un petit moment ce matin pour nous
faxer quelques indications pratiques ?
Voici le plus urgent : comment on met le chauffage en marche ? Je
n'ai pas trouvé le disjoncteur : où est-ce qu'il se cache ? Où
est le bois déjà coupé pour la cheminée ?
Bises de Marinette et des enfants

Découvrez les documents

1 **Lisez les deux lettres. Pour chaque lettre, répondez aux questions suivantes :**
a. Qui écrit ?   **c.** À qui ?
b. Dans quel but ?   **d.** Dans quel style ?

2 **Repérez dans les deux lettres les formules utilisées par Isabel et Marinette pour demander des informations.**

3 **Pour obtenir leurs informations, Isabel et Marinette téléphonent à leurs interlocuteurs. Inspirez-vous de leurs lettres, écrivez à deux les dialogues, jouez-les.**

Exercez-vous

Lisez le tableau « Pour se renseigner par lettre ».

1 **Rédigez les formules de politesse qui correspondent à ces en-têtes :**

En-tête		Formules de politesse
Cher ami	→	. . . .
Monsieur le Président,	→	. . . .
Madame la Directrice,	→	. . . .
Messieurs,	→	. . . .

2 **Rédigez la phrase principale de la lettre que vous enverriez dans les situations suivantes.**

a. Vous êtes à l'université. Vous avez eu de bonnes notes toute l'année et vous avez l'impression que l'examen final s'est bien passé. Pourtant, vous n'êtes pas sur la liste des reçus. Vous écrivez au service des examens.

b. Vous avez appris qu'un poste allait être vacant dans une administration ou une entreprise. Vous écrivez à la personne qui occupe actuellement ce poste pour lui demander des renseignements.

c. Vous avez adressé une demande pour un travail temporaire. On ne vous a pas encore répondu. Vous téléphonez pour avoir une réponse.

3 **Trouvez d'autres situations où l'on demande des informations. Formulez ces demandes oralement.**

Pour se renseigner par lettre

1. Précisez **l'objet de la lettre**
Ex. : *demande de renseignements, demande d'un dossier d'inscription, demande de conseils.*

2. Soyez précis sur **la formule de départ**
• Madame, Monsieur
• Cher Monsieur/Chère Madame
• Cher collègue/Chère collègue

3. Resituez **l'origine de votre demande**
Lorsque la lettre a pour origine une annonce, une publicité, un article lu dans le journal, etc., on indique cette référence au destinataire :
• Ayant lu dans la presse une annonce concernant votre programme de langue...
• Je viens de recevoir / découvrir / vos publicités au sujet de... / à propos de...

4. Formulez **l'objectif de la lettre**
• Je souhaiterais être régulièrement informé(e) de...
• Je voudrais bénéficier de vos conseils concernant...
• Je m'adresse à vous afin de connaître...

5. Sollicitez **un service**
• Auriez-vous l'obligeance de... ?
• Auriez-vous l'amabilité de... ?
• Pourriez-vous me faire parvenir... ?
• Connaîtriez-vous... ?

6. Classez **vos questions**
• Pour commencer...
• D'une part... d'autre part...
• Pour terminer... / Pour finir...

7. Pour conclure, choisissez **une formule de politesse**
Veuillez agréer + la même formule qu'au début de la lettre + l'une de ces formules :
• l'expression de mes salutations les plus cordiales.
• l'expression de mes sincères salutations.
• l'expression de mes salutations distinguées.
• l'expression de mes sentiments respectueux.
• l'assurance de mon profond respect.

Prononciation et mécanismes
exercice 15, p.158

Écrivez

Choisissez une de ces situations et demandez des renseignements par lettre.
a. Vous êtes auteur de roman policier et l'héroïne de votre prochain roman est garde du corps. Vous recherchez des renseignements sur ce métier...
b. Vous voulez apprendre à déguster les vins et les fromages. Vous demandez des renseignements à l'association des Gourmets du Grand Sud-Ouest...
c. Vous voulez venir en aide à un village du Sénégal. Vous écrivez à l'Association des villageois de Tambacouta pour savoir exactement quels sont leurs besoins.

Leçon 3 Raconter sa formation

Militante et intellectuelle, professeur d'histoire, historienne du mouvement ouvrier et de la IIIᵉ République, présidente d'honneur de la Ligue des droits de l'homme, à 81 ans Madeleine Rebérioux publie « Parcours engagés dans la France contemporaine ». Récit d'une formation.

« **J**e suis issue d'une famille républicaine, patriote, de la petite-bourgeoisie savoyarde. Je suis née à Chambéry, puis je suis restée à Albertville jusqu'à l'âge de six ans. Papa aurait voulu être architecte, mais après trois ans de service militaire et quatre ans de guerre, il a pris le premier truc qu'il a trouvé, c'est-à-dire inspecteur des impôts. Nous déménagions de Roubaix à Lille puis à Lyon au gré des mutations de mon père. Je l'adorais, comme toutes les filles, je crois. Il avait un humour fou et dessinait merveilleusement.

Je ne suis jamais allée à l'école primaire. C'est ma mère qui m'a appris à lire et à écrire. Elle m'a appris trois des quatre opérations, pas la division. Maman n'aimait pas ce qui divise. Je me suis retrouvée au collège à Lyon sans même savoir qu'il existait des règles de grammaire ou d'orthographe ! J'avais lu tout Racine, tout Molière et Victor Hugo, mais je ne savais rien. Aussi, au collège, j'étais bouche bée, j'avalais tout.

Me voilà lycéenne à Clermont-Ferrand, pas très disciplinée, ce qui n'a pas changé, je crois… J'ai été présentée au concours

MADELEINE REBÉRIOUX,
SOIXANTE ANS D'ENGAGEMENT

général[1] dans toutes les matières, sauf en maths, et voilà que je décroche le premier prix en histoire. Moi qui venais d'un minable petit lycée de province… ce n'était pas imaginable. En plus, j'étais la première fille dans l'histoire à l'obtenir. Je poursuis donc mes études en khâgne[2] puis à Normale Sup*… Là, j'hésite un temps entre l'agrégation* de philosophie et celle d'histoire. Ce sera l'histoire parce que j'avais un professeur vraiment extraordinaire.

Lorsque la guerre éclate, pour moi, le tournant est décisif, c'est le début de mon engagement politique. »

Viva, octobre 2001.

1. Le concours général est un concours annuel proposé aux premiers élèves des classes supérieures des lycées.
2. La khâgne est la deuxième année de préparation au concours d'entrée à Normale Sup, c'est-à-dire l'École normale supérieure, qui prépare au concours de recrutement des professeurs de lycée, notamment l'agrégation.

Découvrez le document

1 Lisez d'abord le titre et le chapeau : que va raconter ce récit ?

2 Lisez ensuite le récit de Madeleine Rebérioux.

3 Un journaliste pose une série de questions à Madeleine Rebérioux sur les sujets suivants :
– ses origines sociales ;
– ses convictions politiques et croyances religieuses ;
– les personnes qui l'ont influencée ;
– les événements personnels de sa vie ;
– les événements historiques…
Répondez pour elle.

4 Vous êtes chargé(e) par l'éditeur de rédiger la notice sur la quatrième de couverture du livre qui présente le parcours de Madeleine Rebérioux. Attention, la place est limitée, cette présentation ne doit pas dépasser 50 mots.

5 D'après vous, qu'est-ce que Madeleine a appris ? Qu'est-ce qui a fait d'elle une historienne ? une militante ? une intellectuelle ? Notez vos remarques par petits groupes, puis discutez.

Découvrez le reportage

Audrey décrit son parcours de formation. Écoutez et choisissez la bonne réponse.

1. Le parcours d'Audrey est :
a. normal b. extraordinaire

2. Pour choisir les langues qu'elle a étudiées :
a. c'est sa mère qui a décidé
b. c'est Audrey qui a fait ses choix toute seule

3. Audrey a finalement fait :
a. une filière littéraire
b. une filière économique
c. une filière scientifique

4. Qui a imposé ce choix ?
a. sa mère
b. ses professeurs
c. c'est un compromis

Exercez-vous

Comment Audrey en est arrivée là...

1 Lisez le tableau « Raconter un parcours ».

a• Réécoutez le reportage et relevez les formules utilisées par Audrey pour raconter son parcours.
Ex. : « Ma mère a décidé (pour moi) »...

b• Présentez la formation d'Audrey en utilisant les verbes du tableau : *subir l'influence de, être prédestiné à, s'orienter, opter pour, décrocher.*

2 La mère d'Audrey raconte le parcours de sa fille. Remettez dans l'ordre les phrases de son récit.
a. Quand elle a obtenu son bac, j'étais très fière d'elle.
b. Dès son entrée en 6ᵉ, j'ai tenté de la pousser à faire une carrière scientifique.
c. Par la suite, j'ai été profondément contrariée qu'elle fasse une terminale sciences éco.
d. Je ne l'ai pas montré.
e. Maintenant qu'elle a son bac, c'est à elle de décider...
f. Lorsque Audrey est née, je la voyais déjà médecin.
g. Il est vrai que j'aurais adoré moi-même être chirurgien !

Raconter un parcours

• Exprimer les influences reçues

Transmettre
Être influencé par...   Subir l'influence de...
Marquer/Être marqué par...
Hériter de...
Être prédestiné à...

• Faire aimer

Décider pour quelqu'un
S'identifier à...

• Expliquer les choix d'orientation

S'orienter   Se repérer
Opter pour...
Suivre une filière

• Exprimer les efforts et leurs résultats

S'investir dans...
Atteindre un bon niveau
Décrocher un diplôme

Prononciation et mécanismes
exercices 16 et 17, p.158

Échangez vos points de vue

Les parents doivent-ils influencer les choix d'orientation de leurs enfants ?

vidéo
Talents *de vie*
Caroline : Les contes du quartier

Présentez un parcours

Choisissez l'une des activités suivantes.

1 Choisissez un personnage célèbre. Imaginez son parcours, ses choix, ses influences... Rédigez une brève notice biographique pour un magazine de votre choix.

2 Racontez votre propre parcours de formation (utilisez le tableau), puis présentez votre récit oralement au groupe.

Leçon 4 Savoir se justifier

Dans « Ressources humaines », le film de Laurent Cantet, Franck, fils d'ouvrier, est étudiant dans une école de commerce où il prépare un diplôme en management des ressources humaines. Il veut devenir un cadre dirigeant¹ qui respecte les employés et facilite la réforme des 35 heures (voir p. 50). Il vient d'être accepté comme stagiaire dans l'usine près de laquelle il a vécu toute son enfance et où son père et sa sœur travaillent toujours. Il ne sait pas que la direction prépare une série de licenciements dont celui de son propre père. Il ne sait pas qu'il y aura une grève très dure... Pour le moment, le directeur des ressources humaines (DRH) et le patron l'accueillent...

L'ACCUEIL DU STAGIAIRE

Le DRH (il parcourt le dossier de Frank) : Ben dites-moi, très joli parcours. C'est remarquable ! En plus, le choix des ressources humaines me flatte. Vous allez donc travailler sous ma responsabilité... Bien écoutez, bienvenue parmi nous. Sincèrement, on est heureux de vous accueillir.

Frank : Écoutez, je vous remercie pour votre accueil.

Le DRH : Cela dit, euh... Vous avez choisi un sujet quand même assez délicat, faut bien le reconnaître. Parce qu'excusez-moi mais les 35 heures, ça va pas être évident...

Frank : J'ai pas peur.

Le DRH : Bon et puis vous connaissez quand même bien l'entreprise. On pourrait dire, plutôt de l'extérieur peut-être ?

Frank : C'est pour cette raison que j'ai choisi de faire mon stage ici. Comme vous vous en doutez, l'usine ça symbolise énormément pour moi puisque j'ai grandi, on peut le dire, un peu à l'ombre de l'entreprise. Mon père travaille chez vous depuis plus de trente ans, ma sœur aujourd'hui et puis, enfant, bien les vacances étaient les colonies du comité d'entreprise, les cadeaux de Noël, euh...

Le DRH : Oui, bon, cela dit, aujourd'hui, vu de l'intérieur, c'est beaucoup moins rose que ça. Je pense que vous en avez entendu parler euh... On a été malheureusement obligé de se séparer de vingt-deux salariés l'an dernier. Ça a été un coup très très dur pour l'entreprise, vous savez. On l'a pas fait du tout de gaieté de cœur. Alors bon c'est vrai qu'aujourd'hui les affaires

reprennent. Ça va un peu mieux, nettement mieux même. Et on nous demande de passer aux 35 heures ! Alors il paraît que ça va créer des emplois sans nuire à la compétitivité. Alors comment ? Ça, on n'en sait trop rien... Une chose est sûre, chez nous ça ne créera aucun emploi. On a un équilibre beaucoup trop précaire² à l'heure actuelle.

(On entend frapper... le patron entre dans le bureau.)

Le patron : Allons, allons Chambont... Commencez pas à l'effrayer avec vos histoires d'équilibre précaire...

---

1. Un cadre dirigeant est un salarié qui a un pouvoir de décision dans une entreprise.
2. Précaire : fragile, incertain.

Ressources humaines,
un film de Laurent Cantet, 2001
© Haut et court

Découvrez le document

1 **Lisez le résumé du film.**

2 **Lisez le dialogue et dites si c'est vrai ou faux.**
a. Laurent va travailler sous la responsabilité du DRH.
b. Il ne connaît pas l'entreprise.
c. Sa famille travaille dans l'entreprise.
d. Il a bénéficié des avantages sociaux de l'entreprise.
e. Les 35 heures créent des difficultés pour l'entreprise.
f. L'entreprise a été obligée de licencier.
g. Elle applique les 35 heures.

3 **Parlez maintenant de l'entreprise :**
– vue de l'extérieur par Frank ;
– vue de l'intérieur par le DRH.

4 **Trouvez-vous que la vision de l'usine par Franck est : enfantine, dépassée, partielle, dangereuse, idéaliste... ? Justifiez votre choix.**

Racontez

1 Imaginez et racontez le « *très joli parcours...* » de Frank.

2 Le patron de l'usine questionne rapidement Frank sur sa personnalité et ses motivations. Imaginez les questions du patron et les réponses.

Exercez-vous

1 Lisez le tableau « Mettre en valeur une idée pour se justifier ».

2 Retrouvez dans le texte les différentes formules utilisées pour mettre en valeur une idée.

Mettre en valeur une idée pour se justifier

Pour mettre en valeur une idée ou une information, on peut placer à la fin de l'énoncé l'élément que l'on souhaite mettre en valeur ou le faire précéder d'une pause /.../.

Phrases sans mise en valeur	Phrases avec mise en valeur
J'ai choisi de faire mon stage ici pour cette raison.	*C'est pour cette raison que j'ai choisi de faire mon stage ici.*
Mes collègues m'apprécient.	*Ils m'apprécient, /.../ mes collègues.*
Mon sens des responsabilités est apprécié par mes collègues.	*Ce que mes collègues apprécient, /.../ c'est mon sens des responsabilités.*

3 Transformez ces énoncés en mettant en valeur les éléments soulignés.
a. J'ai envoyé ma lettre aujourd'hui.
b. Je lis en priorité des romans d'aventures.
c. Le plus difficile est l'exercice des responsabilités.
d. Mes collègues m'apprécient vraiment.
e. L'exercice des responsabilités est le plus difficile.

Jeu de rôles

C'est à vous d'être recruté(e) !

1 Mettez-vous à la place du recruteur. Imaginez par petits groupes les questions qu'il peut poser :
– sur votre expérience, votre formation, vos aspirations ;
– sur votre personnalité ;
– sur vos capacités à intégrer l'entreprise ;
– sur ce que vous souhaitez gagner.

2 Pour préparer le rôle du recruté, trouvez les questions aux réponses suivantes.
a. J'ai abandonné en première année de marketing pour des raisons de santé.
b. Je supporte assez mal le manque d'autonomie dans mon travail.
c. J'ai beaucoup entendu parler de votre entreprise dans mon entourage professionnel.
d. Mes collègues me jugent cordial, efficace et rassurant.
e. À mes yeux, ce métier nécessite d'abord des qualités relationnelles.
f. Vu les responsabilités, je pense que le salaire devrait tourner autour de 30 000 euros.

3 Préparez le jeu de rôles par deux. Imaginez une entreprise ou une association qui recrute une personne.

a• Définissez le poste à pourvoir.

b• Jouez l'entretien d'embauche.

Prononciation
et mécanismes
*exercice 18,
p.158*

Leçon 5 *Valoriser ses compétences*

Dans cette leçon, vous allez créer la PAGE D'ACCUEIL DE VOTRE SITE PERSONNEL sur INTERNET.
Ce site vous permettra de vous faire connaître, de présenter votre association, de proposer un échange de maison pour les vacances, de communiquer votre projet professionnel, de faire connaître l'une de vos inventions, etc.

Le site de Caroline DELMAS : compagnierideau@aol.com

Bienvenue sur mon site !

Qui je suis ?

Fondatrice et directrice de la Compagnie Rideau, comédienne, animatrice d'ateliers-théâtre enfants/adolescents, diplômée de l'École d'art dramatique, rue Blanche (section administration).

Ma formation

Elle est récente et complète dans le domaine des Arts et techniques théâtrales à l'ENSATT.
Mes connaissances théoriques sont approfondies en :
● communication et marketing culturel,
● économie du paysage culturel français,
● aspects juridiques,
● comptabilité et bureautique.

Mon parcours professionnel

J'ai associé depuis dix ans approche administrative et artistique du théâtre vivant.
→ En créant la Compagnie Rideau en 1993 et en obtenant les subventions du ministère de la Jeunesse et des Sports, du conseil général des Hauts-de-Seine et de sponsors privés.

→ En tant que comédienne à Paris et en Province.
Depuis deux ans, je suis au contact d'un public d'enfants et d'adolescents dans un conservatoire municipal de Seine-Saint-Denis où j'ai créé en équipe des ateliers théâtre.

Ce que je souhaite développer ?

Je désire aujourd'hui contribuer à la vie administrative (production, gestion, relations publiques…) et à la création artistique (assistanat à la mise en scène, programmation) d'un établissement culturel.
Peut-être est-ce le vôtre…

Dans ce cas, voudriez-vous me rencontrer ?

Contactez-moi :
delmas.caroline@wanadoo.fr
ou téléphonez-moi :
06 64 13 78 88

Vous voulez en savoir plus ?

→ Alors, cliquez ici pour découvrir mon curriculum vitae détaillé.

Découvrez la page Web

Étudiez attentivement la page d'accueil de Caroline Delmas.

a• Quel est le but de ce site Web personnel ?

b• Quelles sont les informations que l'on trouve dans cette page ?

Écoutez le reportage

a• Résumez les avantages de la lettre-CV par courrier électronique.

b• Notez les conseils proposés par Annabelle et Sébastien au sujet de :

– la présentation ;
– la rédaction ;
– le style ;
– un plan type.

Exercez-vous

1 Lisez le tableau « Parler de ses qualités, capacités et savoir-faire ».

2 Complétez les énoncés suivants avec les adjectifs qui correspondent.

a. Voici ce qui me caractérise : je n'abandonne jamais. Je suis donc...

b. ...Ce que j'aime par-dessus tout, c'est renouveler les manières de faire mon travail. Je suis très...

c. Je ne souhaite pas m'arrêter à un statut d'employé, je veux monter plus haut, je suis un peu...

d. Je n'ai pas besoin que l'on soit tout le temps sur mon dos pour savoir ce que j'ai à faire, je suis particulièrement...

e. Je ne mets pas longtemps à trouver mes repères et à m'intégrer dans un nouveau lieu, je suis...

f. J'aime changer d'emploi du temps, être en contact avec de nouveaux collègues, aller voir les gens dans les différents services. Bref, je suis...

3 Déterminez les capacités nécessaires attendues du candidat.

Ex. : Le candidat devra s'intégrer à une équipe déjà constituée et faire valoir ses choix. → *Le candidat sera doté d'un esprit d'équipe et sera capable de faire valoir ses choix.*

a. Le candidat aura à négocier des contrats au niveau international.

b. Livré à lui-même, dans un environnement hostile, il devra être en mesure de prendre les décisions qui s'imposent.

c. La réalisation du projet qui lui sera confié suppose de s'engager bien au-delà de ce qui est demandé habituellement.

4 Trouvez le contraire de chacune des qualités du tableau ci-dessous.

Ex. : ambitieux → sans ambition, modeste.

Prononciation et mécanismes
exercices 19 à 21, p.158

Discutez

Demandez à deux camarades de souligner les qualités qui reflètent le mieux votre personnalité. Ensemble, discutez leurs choix.

Parler de ses qualités, capacités et savoir-faire

• **Qualités**			• **Capacités**
ambitieux	efficace	positif	avoir le sens de...
attentif	enthousiaste	pragmatique	être capable de...
autonome	exigeant	précis	être doué de...
calme	imaginatif	rapide	avoir l'esprit de...
confiant	indépendant	réaliste	(analyse, synthèse, d'équipe)
consciencieux	innovateur	réservé	s'investir
constructif	intuitif	responsable	s'engager
courageux	méthodique	rigoureux	
débrouillard	minutieux	solide	• **Savoir-faire**
détendu	mobile	stable	gérer (un projet, une équipe)
diplomate	optimiste	sûr de soi	établir (un budget...)
direct	organisé	tenace	intervenir
discret	ouvert	travailleur	élaborer
disponible	patient		mettre en œuvre
dynamique	persévérant		
	posé		

Créez votre page d'accueil

1 Choisissez l'objectif de votre site personnel.

2 Donnez un titre à votre site.

3 Créez votre page d'accueil.
a• Dessinez et légendez un logo qui exprime votre projet.
b• Définissez et mettez en valeur ce que vous proposez.

c• Sélectionnez les aspects essentiels de votre parcours.
d• Résumez vos activités et votre projet professionnels.

4 Présentez vos pages d'accueil en groupe ; sélectionnez les meilleures. Justifiez votre sélection.

vidéo
Talents *de vie*
Sylvie : Leçon de choses

1 Demander des informations

Lisez cette correspondance électronique.

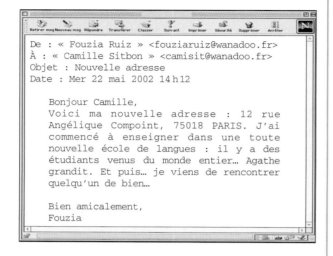

De : « Fouzia Ruiz » <fouziaruiz@wanadoo.fr>
À : « Camille Sitbon » <camisit@wanadoo.fr>
Objet : Nouvelle adresse
Date : Mer 22 mai 2002 14 h 12

Bonjour Camille,
Voici ma nouvelle adresse : 12 rue
Angélique Compoint, 75018 PARIS. J'ai
commencé à enseigner dans une toute
nouvelle école de langues : il y a des
étudiants venus du monde entier… Agathe
grandit. Et puis… je viens de rencontrer
quelqu'un de bien…

Bien amicalement,
Fouzia

Camille envoie maintenant un courrier électronique à Fouzia et lui demande des informations détaillées.

– sur son nouvel appartement, son nouveau quartier ;

– sur son nouvel emploi ;

– sur sa rencontre avec « quelqu'un de bien… » ;

– sur Agathe.

Utilisez les verbes :

décrire - communiquer - raconter - se passer - préciser - se dérouler - donner des détails sur…

2 Raconter son parcours

Reformulez ces informations pour écrire la notice biographique de « Martha Kasparian : sculptrice et enseignante ».

– Naissance pendant la Seconde Guerre mondiale de parents commerçants. Famille de six enfants. Nombreux déménagements. Changements fréquents de pays.

– 1950 : inscription au collège à Marseille.

– 1968 : entrée aux Beaux-Arts ; découverte de la peinture, de la musique et de la révolution…

– 1972 : première exposition. Sculptures marquées par la guerre.

– 1975 : mariage avec un écrivain. Découverte de la poésie.

– 1990-2003 : choix d'une carrière dans l'enseignement. Goût pour l'éducation. Création de sa propre école. Ambition de devenir une référence pour les nouvelles générations.

3 Savoir se justifier

Transformez ces phrases en mettant en valeur l'élément souligné et en utilisant :

1. C'est… que/qui…

Ex. : Je fais mes études en alternance <u>pour être immédiatement opérationnel</u>.
→ *C'est pour être immédiatement opérationnel que je fais mes études en alternance.*

a• Je pars en voyage <u>pour retrouver un équilibre</u>.

b• On jugera <u>votre efficacité</u>.

c• La réussite de votre équipe dépendra <u>de vos qualités de manager</u>.

2. Ils… + *reprise du sujet de la phrase*

Ex. : <u>Nos étudiants</u> sont clairement avantagés au moment de leur insertion professionnelle.
→ *Ils sont clairement avantagés, <u>nos étudiants</u>, au moment de leur insertion professionnelle.*

a• <u>Votre parcours professionnel</u> est totalement atypique !

b• Car <u>notre compétitivité</u> est reconnue par tous !

c• Mais <u>vos principes</u> sont complètement dépassés !

3. Ce que…, c'est…

Ex. : Les étudiants apprécient les formations en alternance car <u>elles concilient les études et le travail en entreprise</u>.
→ *Ce que les étudiants apprécient, c'est que les formations en alternance <u>concilient les études et le travail en entreprise</u>.*

a• Le comité d'entreprise a pour mission de satisfaire <u>votre aspiration aux loisirs culturels</u>.

b• Un cadre doit savoir créer <u>un esprit d'équipe</u>.

c• J'apprécie <u>votre sens des relations humaines</u>.

4 Valoriser ses compétences

Reformulez ces informations en utilisant l'une des formules suivantes :

avoir le sens de - être capable de - avoir l'esprit de.

a• Pour correspondre à ce poste, vous devez être diplomate.

b• Pour réussir dans notre équipe, vous devez être ambitieux.

c• Pour passer en troisième année, vous devrez être mobile.

d• Pour effectuer cette mission, vous devez être indépendant.

e• Pour mener ce projet, vous devez être réaliste.

*I*nnover

Leçon 1 *S'adapter à la nouveauté*

Découvreurs et inventeurs

Christophe Colomb n'invente pas l'Amérique, il la découvre. Pierre et Marie Curie n'inventent pas la radioactivité : ils l'observent et l'expliquent. Le découvreur est celui qui observe ce qui existe, le comprend, l'explique. Les inventeurs conçoivent et construisent ce qui n'existe pas encore.

En fait, la proximité des deux domaines est si étroite que chacun se nourrit de l'autre et ne progresse qu'en s'appuyant sur l'autre. Les sauts technologiques suivent les découvertes fondamentales et, réciproquement, les laboratoires de recherche ne peuvent le plus souvent s'attaquer à de nouveaux problèmes originaux que parce qu'ils disposent d'un outillage technique de plus en plus performant.

Une question est souvent posée : quel est le temps qui sépare le moment d'une découverte de celui de ses applications techniques ? Ça dépend... Citons trois exemples.

Premier exemple, les cristaux liquides. Les cristaux liquides ont été découverts en 1888. Un savant français, Georges Friedel, explique en 1922 le comportement de ces composés étranges. Mais il faudra attendre 1960 pour qu'un premier brevet soit déposé pour leur utilisation dans des systèmes optiques. Aujourd'hui, ils sont nos compagnons quotidiens : ils affichent chiffres et lettres partout où l'on en attend.

Deuxième exemple, la fission nucléaire. À la fin de la décennie 1930, Frédéric et Irène Joliot-Curie étudient et découvrent la fission de certains noyaux atomiques lourds. Dès 1942, Enrico Fermi construit une première pile atomique à Chicago. Puis, le 6 août 1945, une bombe atomique est lâchée sur Hiroshima. En un tout petit nombre d'années, deux applications d'importance majeure pour l'avenir de l'humanité étaient issues d'une découverte de la recherche fondamentale.

À ces deux exemples, ajoutons un troisième : celui des semi-conducteurs, ces électrons qui ont fait basculer notre vie dans l'âge électronique. On les découvre dans les années 1920 ; ce sont les besoins militaires pendant la Seconde Guerre mondiale et surtout pendant la « guerre froide » qui ont accéléré les travaux ; puis la demande civile a pris le relais. Aujourd'hui, grâce au progrès de la théorie et de la technique, l'électronique est partout.

Aujourd'hui, les frontières entre les disciplines s'effacent : il n'y a plus de frontière entre la recherche sur l'inerte et le vivant ; les biologistes apportent aux physiciens et aux chimistes de nouveaux sujets d'étude. Les sociologues nourrissent les réflexions des mathématiciens. Aucun domaine de recherche ne peut se prétendre neutre. La science et la technique sont intégrées à la vie de la cité. On en bénéficie, on en parle, on critique.

Hubert Curien,
extrait de
« Découverte
et innovation »,
Le Monde,
27 octobre
1999.

Découvrez le document

1 **Lisez le texte et dites qui est découvreur et qui est inventeur.**
◆ Cristophe Colomb : ... ◆ Pierre et Marie Curie : ...
◆ Georges Friedel : ... ◆ Frédéric et Irène Joliot-Curie : ... ◆ Enrico Fermi : ...

2 **Quelles applications correspondent à ces découvertes ?**
◆ cristaux liquides : ... ◆ fission nucléaire : ...
◆ semi-conducteurs : ...

3 **Quel est le rapport aujourd'hui entre les biologistes, les physiciens et les chimistes ; les mathématiciens et les sociologues ?**

4 **Quels sont les sujets de la science et de la technologie dont on parle dans votre pays ? Faites-en la liste.**

Exercez-vous

1 **Prévisions. Lisez le texte suivant.**

> C'était à la fin des années 1960, les futurologues avaient tout prévu : la circulation des trains à très grande vitesse sur des monorails, des avions semblables à des fusées, l'accueil des populations sur la Lune, l'invasion de la maison par les robots, la transformation des lasers en armes comme dans « Star Wars ».

2 **Remplacez les mots en rose par des verbes et rédigez ces prévisions en commençant par :**
Les futurologues pensaient que...

3 **Relevez dans le texte de la page 32 les expressions qui indiquent soit un point de départ, soit une durée :**
en, ...

4 **Voici quelques autres expressions :** *au cours de, désormais, dans, d'ores et déjà, d'ici à...*

Complétez les phrases suivantes.
Ex. : L'année prochaine (dans quelques semaines), j'aurai changé d'appartement.

a. Je suis persuadé que ... dix ans la miniaturisation permettra de généraliser l'installation de puces électroniques dans le corps humain.

b. Je ne doute pas qu'... l'année 2010, la microchirurgie sera généralisée.

c. Je pense que ... la convergence entre les technologies de la communication et celles de l'information est inéluctable.

d. Je m'inquiète du réchauffement de la planète ... ces dernières années.

L'expression de la durée

1. Point de départ

Dès... à partir de... aujourd'hui (demain), j'arrêterai progressivement de fumer.
J'ai **d'ores et déjà** commencé à le faire.
Désormais, je ne fumerai plus que trois ou quatre cigarettes par jour.

2. Durée

D'ici à l'année prochaine, **dans** quelques semaines, je partirai en vacances.
J'espère que j'en aurai trouvé un en une semaine.
Je chercherai **jusqu'à ce que** je trouve.

Craintes et angoisses

> Au cours de leur mission, les deux astronautes de « 2001, Odyssée de l'espace » perdent confiance en leur ordinateur, Cal. La vengeance de celui-ci sera terrible.

Exprimez autrement les craintes et angoisses des deux héros face à leur ordinateur cerveau, Cal. Utilisez les verbes suivants : *avoir peur, craindre, être préoccupé par, faire attention à, redouter.*
– Cal m'inquiète, il n'est plus sûr. Il ne veut pas qu'on s'en aperçoive.
– Il ne doit pas remarquer notre inquiétude ; il deviendrait imprévisible.
– Tu es sûr qu'il n'y a aucune chance qu'il nous entende ici ?
– Non, c'est le seul endroit du vaisseau qui n'est pas connecté.
– Ah bon ! parce que je n'ose pas imaginer sa réaction... C'est sûr, il se vengerait.

Prononciation
et mécanismes
exercices 22 et 23 p.158

Exprimer ses craintes et ses espoirs

Par petits groupes, faites la liste de vos craintes et de vos espoirs face à l'avenir.
Présentez-les à la classe. Discutez-en ensemble.

Leçon 2 Résoudre un problème

Glisser à l'ancienne

Tout commence au milieu du XIXe siècle dans la province norvégienne de Télémark. Dans cette contrée isolée, au relief accidenté, un paysan, Sondre Norheim, cherche une solution pour descendre les pentes de neige qui l'entourent sans risquer un accident mortel. Il invente une méthode qui permet de ralentir et de s'arrêter : le « télémark » ; une nouvelle silhouette de skis, plus courte, mais aussi et surtout, une nouvelle technique de glisse. Elle consiste à réaliser un grand pas juste avant de tourner, le genou complètement fléchi vers l'intérieur et le talon libre.

Fort de cette invention, notre homme se rend en 1868 au célèbre concours de ski de Iverslokken... et il gagne toutes les épreuves face aux sportifs fortunés de l'époque. La nouvelle fait le tour du monde. Le télémark part à la conquête des montagnes anglo-saxonnes et alpines. C'est à la fin du siècle, dans les Alpes, qu'émergent les premiers virages parallèles, mieux adaptés aux pentes raides et plus faciles, qui préfigurent le ski alpin moderne...

Dans les années 1930, le télémark tombe dans l'oubli... jusqu'aux années 1970 où il renaît de ses cendres. Les premiers championnats du monde sont organisés en 1987. Depuis, le nombre de pratiquants séduits par cette façon de skier, plus technique mais aussi plus gratifiante que le « talons bloqués », ne cesse d'augmenter. Le voici au goût du jour pour le plus grand bonheur des adeptes de nouvelles sensations, amoureux d'authenticité et d'élégance.

Découvrez le document

1 Notez dans le tableau les principales étapes de l'histoire du télémark.

L'époque	Le lieu	L'événement
milieu du XIXe siècle	...	...
1868	...	...
fin XIXe	...	...
années 1930	...	...
1970	...	...
1987	...	...
aujourd'hui	...	...

2 En quoi consiste exactement le télémark ? Dites si les phrases suivantes sont vraies ou fausses.

a. Pour le télémark, les skis sont plus courts.

b. Le télémark est une nouvelle technique de descente.

c. Il faut faire un grand pas avant de tourner.

d. On doit fléchir le genou vers l'intérieur.

Exercez-vous

1 **Cherchez dans le texte les verbes qui marquent les différentes étapes du succès du télémark.**
Chercher une solution, ...

2 **Utilisez le vocabulaire du tableau ci-contre pour raconter, par deux, les différentes étapes de la résolution d'un problème pratique.**
Ex. : J'ai constaté qu'il était difficile de...
–Votre ordinateur vous pose des problèmes.
–Vous n'êtes pas satisfait(e) de votre préparation des tartes aux pommes.
–Votre enfant a des problèmes à l'école.
– Etc.

Résoudre un problème

- **Identifier le problème**
constater - se préoccuper de - examiner - chercher - s'ingénier à - comprendre
la difficulté
le constat - l'examen
douter - abandonner - laisser tomber

- **Trouver la solution**
envisager - essayer - inventer - concevoir - réaliser - mener à bien
la conception - l'invention - l'hypothèse - la réalisation - l'exécution - le doute - l'abandon

Écoutez le reportage

1 **Cochez les mots qui caractérisent les années 1970.**
travail ◆ sida ◆ voyage ◆ musique ◆ chômage ◆ argent ◆ fête

2 **Associez aux adjectifs suivants les mots qui leur correspondent.**
◆ heureuses : ... ◆ gaie : ... ◆ colorés : ... ◆ proche : ...
◆ folle : ...

3 **Parlez à votre tour des années que vous préférez. Dites pourquoi. Discutez-en en groupe.**

4 **Imaginez ce qu'est devenue la personne qui est interviewée.**

Prononciation et mécanismes
exercices 24 et 25 p.158

Racontez

vidéo
Talents *de vie*

Mathieu :
Un canal,
des canots

Voici quelques exemples de remake, de réédition :

Au cinéma, on reprend souvent le même scénario et on recommence : pour « Les Trois Mousquetaires », « Les Misérables », on ne compte plus le nombre d'adaptations. Autre manière de faire, on fait voyager un scénario d'un pays à l'autre : on garde le scénario, on change les acteurs, les lieux... et c'est ainsi que « Trois Hommes et un couffin » est devenu « Three Men and a Baby », Paris est devenu New York, le pilote de ligne, un acteur, et ainsi de suite. Dans l'automobile, on a vu la vieille et populaire Coccinelle allemande devenir la très branchée et très new-yorkaise ou californienne « Beetlejuice »...

Quant à la mode, on dit souvent que c'est un éternel recommencement.
En réalité, les créateurs reprennent des types de vêtements qu'ils réinterprètent : ainsi, le caban de marin est devenu, grâce à Yves Saint Laurent, un vêtement pour femme, et Jean-Paul Gaultier a fait du pull marin breton le symbole de sa création.

Réédition, remake, récupération, réinterprétation, il existe de nombreux domaines (musique, automobile, cinéma, mode, design...) où l'on fait du neuf avec du vieux.

Choisissez à deux un exemple. Prenez des notes sur ce qui s'est passé, puis présentez oralement votre récit en vous aidant de vos notes.

Leçon 3 Se rencontrer

Comment Cupidon clique...

«Le secteur des rencontres sur Internet est en plein boum. En ce moment, on compte plus de 170 sites », dit Laurent Benson, créateur de l'annuaire spécialisé www.guide-d'amour.com. Ainsi, l'Internet est devenu le meilleur moyen de faire des rencontres. Quatre cybercouples racontent leur histoire.

Guillaume Chazouillères,
Le Nouvel Observateur,
juin-juillet 2002.

Chantal et Thierry
Voilà deux ans que Chantal a rejoint Thierry en Belgique. Ces deux divorcés de 50 ans s'étaient rencontrés sur www.netclub.com. Ils étaient devenus de bons copains, qui communiquaient par courrier électronique. Ils se sont perdus de vue pendant des mois : Chantal avait changé d'adresse e-mail. Un jour, elle est allée rendre visite à cet ami internaute qu'elle n'avait jamais vu. Surprise : elle est restée !

Tom et Amy
Le plus marrant pour Tom et Amy, c'est qu'ils n'avaient pas vraiment besoin d'Internet pour faire des rencontres. Ces deux trentenaires se sont inscrits par curiosité sur la base de données d'un nouveau café parisien. Un concept amusant où l'on se fixe des rendez-vous sur le site www.loveconnectioncafe.com. avant de se rencontrer dans le bar correspondant. Pour Tom, « cet encadrement est plus sécurisant pour les femmes que les sites classiques ». Reste qu'«on ne sait pas quelle image on va renvoyer à cette autre personne qui nous est inconnue », note Amy. Qu'importe, puisque l'objectif est de provoquer la rencontre. Pour les deux tourtereaux, elle a été heureuse.

Patrick et Diana
C'est l'histoire d'un mariage improbable. Patrick, 46 ans, un boulanger normand divorcé, et Diana, 20 ans, étudiante au Gabon, n'avaient qu'un point commun : leur passion pour le Net. Ils se sont rencontrés sur www.ab-cœur.com. C'est le coup de foudre virtuel, suivi d'une avalanche de mails, « *masquant toute différence d'âge* », note Diana. Il est allé la chercher au Gabon et s'étonne encore de « *cette première rencontre avec quelqu'un que je connaissais déjà* ».

Catherine et Christian
« *Notre première rencontre physique s'est faite le jour d'Halloween. Il avait proposé en riant de mettre une citrouille sur la tête pour pas qu'on se reconnaisse.*» Quand elle a vu Christian, Catherine a pourtant été déçue : « *Durant des semaines d'échanges virtuels, je l'avais sans doute beaucoup trop idéalisé* », dit-elle. Et pourtant, ce que ces deux divorcés de 40 ans avaient construit sur www.netclub.com était au bout du compte bien réel. Même si, de Paris à Béziers, ils continuent d'être séparés par 900 kilomètres. Les amies de Catherine ont cessé de mettre en doute le sérieux des relations sur le Net. « *Quelques-unes ont même acheté un ordinateur pour s'y essayer à leur tour* », s'amuse aujourd'hui Christian.

Évoquez une personne idéale

« J'ai fait souvent ce rêve
étrange et pénétrant
d'une femme inconnue,
et que j'aime et qui m'aime
et qui n'est chaque fois
ni tout à fait la même
ni tout à fait une autre,
et m'aime et me comprend. »

(Verlaine)

À votre tour, faites le portrait de la personne idéale que vous aimeriez rencontrer.
Vous travaillez à deux. Chacun note les réponses de l'autre et présente le portrait de l'autre.
Vous vous aidez du canevas ci-dessous.

Où ?... Quand ?... Âge ?... Grand(e), petit(e) ?... Élégant(e), décontracté(e) ?... Rêveur(euse), volontaire ?... Premier mot ?... Premier geste ?... Première proposition ?... Première folie ?...

Découvrez le document

1 Lisez chacun des portraits de couples et notez :

	Âge	Lieu d'origine	Situation personnelle	Première rencontre
Chantal/ Thierry	...	...	...	...
Patrick/ Diana	...	...	...	...
Tom/ Amy	...	...	...	...
Catherine / Christian	...	...	...	...

2 Choisissez un des couples et imaginez le premier message électronique qu'ils se sont envoyé.

Exercez-vous

1 Dans une rencontre, dites ce qui est important pour vous. Utilisez les verbes du tableau.
Ex. : Je fais attention à la manière de m'habiller.

2 Répondez aux questions suivantes en utilisant *en* ou *y*.

a. Vous faites attention à la manière de vous habiller?
–Oui, j'y fais attention.

b. Vous êtes sensible au regard ?
–Non, ...

c. Vous vous préoccupez de l'ambiance du lieu que vous avez choisi ?
–Oui, ...

```
Parler de soi et de l'autre
```

être sensible à...
faire attention à...
s'efforcer de...
se préoccuper de...
s'obliger à...
être attentif à...

• Vous êtes attentive à votre maquillage ?
–Oui, ...
d. Vous vous obligez à ne pas faire de gestes précipités?
–Non, ...

Écoutez le document

1 Lisez la présentation de la pièce, puis écoutez la scène.

2 Après avoir écouté la scène, préparez par petits groupes la mise en scène du dialogue. Pour vous aider, imaginez l'histoire passée des personnages à partir de ce qu'ils disent, les sentiments qu'ils éprouvent au présent ; leurs gestes ; leurs attitudes...

3 Jouez la scène.

Louis Delfeuil, un homme de lettres au passé prestigieux, se retire du monde pour traduire l'œuvre de Winnie Scott, écrivain américain, la seule femme qu'il ait aimée et dont le souvenir l'obsède. Comme il perd la mémoire, il engage un jeune étudiant en cinéma, Henri, comme secrétaire chargé de lui retrouver son passé et ses souvenirs. Un jour, Éloise, une voisine de Louis, reçoit chez elle une jeune femme, Lise. Lise et Henri font connaissance.

Jean-Louis Bauer, *Page 27*, L'Avant-scène, juillet 1996.

Prononciation
et mécanismes
*exercices 26
et 27 p.158*

Leçon 4 Se raconter

Reportage/ Les journaux s'affichent sur la Toile

Les journaux intimes envahissent aujourd'hui Internet. Tout se passe comme si les auteurs d'autobiographie, tous ceux qui écrivent des carnets personnels, avaient envie de partager leur intimité avec d'autres. Pour sortir de la solitude ? C'est probable. Et c'est plus facile, parce que sur Internet on peut avancer masqué : comme Vespe, Froggy, Zébulon, AbFab ou DCA…

 Écoutez le reportage

Lisez l'introduction au reportage puis écoutez le document audio. **Notez, pour chacun, la raison principale qui l'incite à publier son journal intime sur l'Internet.**

Vespe : …
Froggy : …
Zébulon : …
AbFab : …
DCA : …

Donnez votre avis

1 **Si vous vous adressiez à Vespe, quels conseils d'écriture lui donneriez-vous ?**

2 **Si vous vous adressiez à Zébulon, quelles remarques lui feriez-vous sur ses choix, sur ses attitudes ?**

3 **Si vous vous adressiez à AbFab et qu'il vous soit arrivé la même chose, comment réagiriez-vous ?**

4 **Auriez-vous aussi aimé rencontrer les internautes avec lesquels vous auriez été en contact ?**

Découvrez le document

Cher écran…

Tous les journaux intimes sont écrits dans l'espoir d'être lus par quelqu'un d'autre, que ce soit l'amant, le public ou soi-même longtemps après. L'auteur du journal voit dans l'Internet la possibilité de réaliser son rêve d'être lu par d'autres ; en cela, la Toile est idéale. Grâce au pseudonyme, le journal peut être rendu public et garder son secret pour l'entourage de l'auteur.

Parfois, il s'agit d'un message personnel destiné à plusieurs personnes spécifiques. D'autres fois, il s'agit d'une thérapie du pauvre, un témoignage considéré comme une leçon pour d'autres, ou l'espoir d'être vu, montrer qui l'on est.

Quand les individus s'exposent au public sur le Net, leurs confessions sont souvent empreintes d'un grand besoin de créativité et d'ambitions d'écrivain. Sur Internet, tu crées une image de toi selon tes vœux, et le journal intime peut ici être lié à l'idée d'accomplissement personnel. Il permet la mise en scène consciente du moi qui se confirme ensuite face au visiteur du site.

Lisez le document ci-contre et dites si ces affirmations sont vraies ou fausses.

a. On n'écrit pas son journal en pensant uniquement à soi.

b. Le pseudonyme permet de se cacher de ses proches.

c. Le journal intime ne peut contenir de messages personnels.

d. Le journal intime agit comme une vraie thérapie.

e. Les témoignages dans le journal intime peuvent aider les autres.

f. Par le journal intime, son auteur cherche à montrer son talent d'écrivain.

g. Le journal intime fonctionne comme un accomplissement personnel.

h. Le journal intime n'autorise pas une mise en scène de soi.

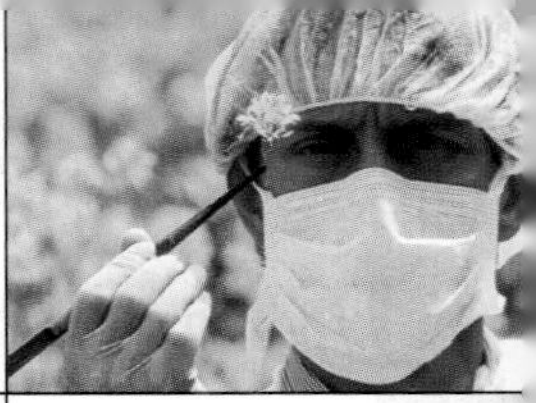

Discutez

1 **a•** En groupe, vous choisissez une des affirmations de l'article. Vous en discutez, vous faites la liste de vos arguments, vous les présentez à la classe. Pour la discussion, vous vous aidez du tableau ci-dessous.

b• Vous n'êtes pas d'accord : argumentez.

Pour discuter

• Se faire préciser

Qu'est-ce que tu veux (vous voulez) dire ? Qu'est-ce que tu entends (vous entendez) par là ?
Ce n'est pas clair... sois (soyez) plus précis...
Je n'ai pas bien compris. Tu peux (vous pouvez) préciser.... recommencer ton (votre) explication...

• Interpréter

Qu'est-ce que tu sous-entends (vous sous-entendez) par là ?
Qu'est-ce que tu insinues (vous insinuez) ?
À quoi fais-tu (faites-vous) allusion ?

• Expliquer

Je veux dire que... ; ce que je veux dire, c'est que... ; je m'explique... ; pour être plus précis... ;
pour parler franchement...

2 Relisez la justification de Froggy :
« J'ai besoin de la pression du public pour me formuler, pour me mettre en mots. Mon journal sur le Net m'aide à savoir qui je suis, ce que je veux. »
Vous n'êtes pas du tout d'accord...
« Tout d'abord, je trouve que c'est de l'exhibitionnisme... »

Rédigez une réponse

1 Lisez cet extrait du journal de **WEG** paru sur le Net.

15 septembre

Aujourd'hui, deux ans après sa disparition...
Je m'aperçois que des jours entiers passent où ni son visage n'apparaît à mes yeux ni sa voix ne résonne à mes oreilles.
Et pourtant JE SAIS QUE JE NE L'OUBLIERAI JAMAIS.
Elle était la seule à trouver les mots justes pour me calmer, à accrocher mon sourire à son sourire, bref à me comprendre.
Je n'ai voulu garder que sa voix, sa voix sur mon répondeur, sa voix dans les interviews... Oui, j'ai fait disparaître toutes les photos : trop immobiles malgré les souvenirs qui y étaient attachés. Parce qu'elle était le mouvement et la vie.

Construire une argumentation

1. Succession des arguments

tout d'abord, pour commencer, premièrement, en premier lieu...
ensuite, deuxièmement, en second lieu...
enfin, pour finir, en dernier lieu.

2. Lien entre deux arguments

d'une part, d'autre part ; d'un côté, de l'autre...

3. Introduction d'un argument complémentaire ou d'un autre ordre

à propos de... quant à... en ce qui concerne... en matière de...

4. Mise en valeur d'un argument supplémentaire

de plus... en outre... par ailleurs... autre choix (solution)... et surtout...

2 Vous venez de lire cet extrait de journal sur Internet : vous décidez de réagir. Vous pouvez réagir sur la forme (l'écriture), faire des remarques sur les attitudes...
Rédigez votre réponse à la manière d'un message sur l'Internet.

Prononciation et mécanismes
exercices 28 et 29 p.158

Leçon 5 Rêver le monde

ARTISANS du Monde
Ain (01)

**vous accueillera
pour une information et pour la vente
de produits artisanaux et alimentaires**

11 août	Hauteville **Foire artisanale et produits du terroir**
8 septembre	Cormoranche **Fête d'ATTAC à la ferme**
14-15 sept.	Montrevel-en-Bresse (avec Planet'ère) **Marché paysan et bio**
5 octobre	Saint-Denis-les-Bourg **Journée festive « Consommons autrement »**
2-3 novembre	Péronnas Salon « **De la terre à la table** »

Vous voulez :
– en savoir plus
– participer à l'animation
 d'Artisans du Monde
– inviter l'association à une manifestation

**Contact
Artisans du Monde
Maison de la vie associative
2, bd Joliot-Curie
01006 Bourg-en-Bresse**

❷

❹

Le commerce équitable

Il concerne essentiellement les denrées alimentaires et artisanales produites dans les pays du Sud.

C'est un commerce qui veut garantir aux petits producteurs :

> une juste rémunération de leur travail,
> des conditions de vie décentes,
> la possibilité de favoriser le développement local.

Les produits sont achetés directement à des coopératives de producteurs, à un prix déterminé après concertation, toujours supérieur à celui du marché.

Un contrat de partenariat garantit des relations durables.

Le commerce équitable s'est développé en France grâce à des associations dont ARTISANS DU MONDE.

Artisans du monde c'est :

> 100 boutiques
> 2 500 bénévoles
> plus de 400 salariés
> 100 groupements de producteurs dans
> 44 pays du Sud

En achetant ces produits, en choisissant cette consommation citoyenne et solidaire, vous participez au développement des pays du Sud.

❸

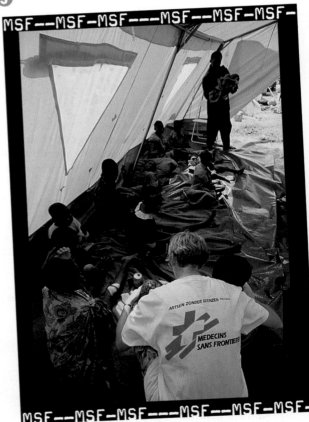

Découvrez les documents

1 Regardez les documents 1 à 4 et dites à quels domaines particuliers s'intéresse chacune de ces associations.

2 Quels sont les objectifs poursuivis par chacune des associations ?

3 Retrouvez dans le document 4 les expressions qui illustrent :
– un esprit mondialiste ;
– une autre relation entre producteurs et consommateurs ;
– la promotion de produits non industriels ;
– la volonté d'éduquer le consommateur.

Donnez votre point de vue

1 Connaissez-vous les organisations présentées ci-contre ? Sont-elles présentes dans votre pays ou en existe-t-il de semblables ?

2 De quelle association vous sentez-vous le plus proche ? Pourquoi ? Avec laquelle aimeriez-vous travailler ? Pour quelles raisons ?

3 Si vous deveniez membre d'une de ces associations, que feriez-vous ? Que proposeriez-vous ?

Exercez-vous

1 Voici une série de verbes de discours pour exprimer son mécontentement : *protester, s'inquiéter, menacer, constater, craindre, dénoncer, s'interroger.*
Complétez les expressions ci-dessous à l'aide de ces verbes.

a. ... contre les conditions d'exploitation des sols.
b. ... la dégradation des sols.
c. ... du sort des populations civiles.
d. ... le travail des enfants.
e. ... de faire la grève de la consommation.
f. ... sur le silence des gouvernements.
g. ... une épidémie face à la dégradation des conditions d'hygiène.

2 À votre tour, choisissez un domaine spécifique (pollution, circulation, éducation, climat, alimentation, etc.) et construisez des expressions de mécontentement avec l'ensemble de ces verbes.

3 **Mettez en valeur l'objet de l'action. Aidez-vous du tableau ci-dessous.**
Pour assurer un développement durable...
– Les sols doivent être préservés.
– Garantir aux pays du Sud des prix décents. C'est nécessaire.
– Préférer une consommation citoyenne et solidaire.
– Favoriser le développement local. C'est important.
– Mettre en place une concertation internationale. C'est souhaitable.

Mettre en valeur l'objet de l'action

1. En utilisant la forme passive
Le développement du commerce équitable a été soutenu par des associations comme « Artisans du Monde ». – Tous les produits sont certifiés d'origine.

2. Avec « il faut »
Il faut garantir une juste rémunération aux petits producteurs.

3. Avec des verbes comme « exister », « manquer », « rester », « suffire », « convenir »...
Il existe des moyens d'assurer des conditions de vie décente aux producteurs du Sud.

4. Avec « il est » + adjectif + « que » (« de »)
Il est important (utile, nécessaire) qu'un contrat de partenariat garantisse des relations durables.

Engagez-vous

1 Vous répondez à l'invitation de l'association « Artisans du Monde » ; vous écrivez pour en savoir plus sur l'association.

2 Vous invitez l'association à une manifestation (foire, salon, dégustation, etc.) que vous voulez organiser.

a• Déterminez en groupe le type de manifestation et ses objectifs.
b• Précisez les conditions de la manifestation (où ; quand ; comment ; avec qui...).
c• Réalisez un document de présentation de votre manifestation.
d• Rédigez la lettre d'invitation à « Artisans du Monde ».

Prononciation et mécanismes
exercice 30, p.158

vidéo
Talents *de vie*
Cédric : La beauté cachée des arbres

BILAN • BILAN • BILAN • BILAN • BILAN

1 Exprimer la durée

Complétez.

a• ... les années 1950, la crainte essentielle, c'était l'invasion de la planète.

b• ... des années 1960, l'influence du livre d'Orwell, *1984*, place la robotisation au cœur des préoccupations. Qu'on se souvienne de *Mon Oncle* de Jacques Tati ... 1961.

c• ... 1968, le film de Stanley Kubrick, *2001, l'Odyssée de l'espace*, projette l'imagination humaine dans la conquête de l'espace. ... des années 1980, c'est la place des technologies qui devient la préoccupation première.

d• ... cette époque, la complexification des technologies, les craintes qu'elles suscitent sont le sujet de nombreux films comme *Matrix*.

2 Exprimer craintes et angoisses

On n'a jamais autant parlé des peurs et des angoisses. Complétez ces témoignages avec :

craindre – avoir peur de – être préoccupé par – faire attention à – redouter.

a• ... la situation économique et par l'écart qui se creuse entre pays riches et pauvres.

b• ... l'avenir pour moi et surtout pour mes enfants. Je ... qu'ils ne connaissent que le chômage et de grosses difficultés matérielles.

c• ... préserver notre capital écologique. Je ... le déclenchement de nouveaux conflits.

3 Résoudre un problème

Remettez dans l'ordre les différentes étapes.

a• J'ai essayé différentes solutions pour le réparer mais aucune n'a marché.

b• J'ai examiné plus attentivement l'appareil, il était bien en panne.

c• Je m'ingéniais à penser que ce n'était pas grave.

d• J'ai réalisé après l'avoir démonté plusieurs fois que c'était seulement un faux contact.

e• Mais après plusieurs jours, j'ai dû admettre qu'il était en panne.

f• J'avais constaté quelques arrêts anormaux de l'appareil, mais chaque fois il repartait.

4 Parler de soi et de l'autre

Utilisez « en » et « y » pour répondre.

a• Vous vous préoccupez beaucoup de votre apparence ? – Oui, ...

b• Par exemple, vous êtes attentif à la couleur de votre cravate ? – Oui, ...

c• Vous vous efforcez de garder un style vestimentaire particulier ? – Oui, ...

d• Vous êtes sensible à l'équilibre de votre alimentation ? – Oui, ...

e• Vous vous obligez à faire du sport ? – Oui, ...

5 Comprendre un point de vue

Écrire son journal intime sur l'Internet et le mettre à la disposition des autres, c'est d'abord écrire pour soi-même, pour le plaisir d'écrire ; mais c'est aussi écrire pour recevoir des réponses qui aident à avancer, à aller au-delà de ses propres mots. Il y a un désir du commentaire, du point de vue, voire du conseil de l'autre.
De nombreux observateurs de ces nouveaux phénomènes d'écriture et de communication pensent que l'échange avec les lecteurs ou avec d'autres auteurs de journaux intimes est le but de cette forme d'expression.
La fidélisation de ses lecteurs est certainement un objectif pour continuer. À mesure que le rôle du public prend de l'importance, le caractère du journal intime se modifie. Il n'a plus rien à voir avec celui qui est enfermé dans son tiroir à secret. Il devient selon Philippe Lejeune « un phénomène propre, curieusement social et prenant un caractère associatif ».

Lisez le texte et dites si ces affirmations sont vraies ou fausses.

a• Écrire son journal intime sur l'Internet, c'est d'abord écrire pour les autres.

b• On a envie de recevoir des commentaires, des conseils.

c• L'objectif recherché est l'échange.

d• La fidélisation des autres lecteurs ne joue pas vraiment un rôle.

e• La lecture par autrui modifie globalement le projet d'écriture.

f• Pourtant un journal intime reste un journal intime, semblable à celui qu'on garde pour soi.

6 Mettre en valeur l'objet de l'action

Utilisez les constructions entre parenthèses (cf. tableau page 41).

a• Ceux qui ont construit le réservoir d'eau ont largement sous-estimé les besoins de la population. *(forme passive)*

b• Nous devons donc construire un nouveau réservoir, c'est absolument nécessaire. *(forme impersonnelle)*

c• Et c'est urgent. Nous pouvons aller vite en utilisant les techniques les plus modernes. *(forme impersonnelle)*

d• Nous devons passer par un contrat de partenariat avec une société locale. *(forme impersonnelle)*

Travailler

Leçon 1 **Décrire un changement**

Un nouveau départ
à la campagne

Changer de vie : pour Éric, le rêve est devenu réalité.

Depuis dix ans, Éric Sainson est ouvrier à la chaîne chez Matra à Romorantin. Le rythme de travail est harassant. Une semaine de 5 heures du matin à 13 h 30. Une semaine de 13 h 30 à 22 heures. « *Je n'avais plus de vie de famille, témoigne-t-il, et ma santé s'en ressentait. L'organisme se détraque vite à ce rythme. Le week-end, j'étais crevé. Mes filles, je ne les voyais pas. Il fallait trouver une solution.* »

Quand le rêve devient réalité...

Changer de vie... Éric et sa femme Évelyne y pensaient. Mais voilà que le rêve semble pouvoir devenir réalité grâce à une association, le Sicler[1], qui met en relation des familles souhaitant changer de vie avec des maires de zones rurales qui refusent de voir mourir leur village et y favorisent l'implantation de petits commerces et d'activités artisanales. « *Si des familles ont réussi à franchir le pas, pourquoi pas nous ?* » se dit Éric. Les Sainson décident de tenter l'aventure et appellent le Sicler. Ils ont un projet : monter une entreprise artisanale de plomberie, le premier métier d'Éric. Immédiatement, les responsables de l'association freinent l'ardeur du couple. Avant de prendre la clé des champs, Éric et Évelyne devront subir une série de tests d'évaluation, de motivation, de logique, ainsi qu'une rencontre avec un psychologue. « *Il ne faut pas faire rêver les gens, quand une famille décide de tout quitter, de vendre sa maison, il n'est pas question qu'elle se plante. C'est pourquoi notre sélection est un vrai parcours du combattant grâce auquel nous connaissons 95 % de*

réussite », explique Xavier de Penfentenyo, président fondateur du Sicler.

Les Sainson passent avec succès la sélection. Premières qualités requises, la motivation, la détermination et la pondération. Pas question pour les candidats de tout plaquer sur un coup de tête. Pour se remettre à niveau, Éric demande à la direction de Matra de bénéficier d'une formation d'un an en plomberie. Parallèlement, Évelyne obtient auprès de l'Agence nationale pour l'emploi un stage de comptabilité.

Éric fait du foot, Évelyne de la gym...

En août 1999, c'est le grand saut. Les Sainson posent leurs valises dans un appartement en plein cœur du village. Trois mois plus tard, le 12 novembre, le jour même des quarante ans d'Éric, l'entreprise Sainson voit le jour. Après deux ans d'activité, le résultat est positif. « *Financièrement, explique Éric, c'est comparable à mon salaire antérieur, mais la qualité de vie que nous avons gagnée est incomparable. Je profite de mes filles et, surtout, je suis mon propre patron.* » « *Éric a changé à*

cent pour cent, confirme Évelyne. Avant, il était nerveux, stressé. Ici, il est devenu plus sociable.* » Pour Jean-Louis, le directeur de l'école de Lazaret, « *l'intégration d'Éric, Évelyne, Jennyfer et Julie s'est faite sans problème, car ils ont de vraies qualités humaines* ». « *Pour être accepté, il faut aller vers les gens, on ne voulait pas attendre que les gens viennent vers nous.* » Alors, Éric s'est inscrit au foot, Évelyne à la gym et aux parents d'élèves. Elle est aussi membre de la chorale des Cigales de Lazaret. Quant à Julie, elle a immédiatement pris l'accent. « *Elle dit "moinsse", comme les gens d'ici* », explique sa sœur.

« *Ceux qui réussissent sont ceux qui ont un métier : si vous êtes plombier en Lozère, je peux vous assurer que vous avez du travail pour les deux prochaines années. Ensuite... Faut-il encore que le courant passe* », conclut le président du Sicler.

**Anne-Marie Thomazeau,
« Ils lisent *Viva* et changent de vie »,
Viva, oct. 2001.**

1. Sicler : Secrétariat d'Information des collectivités locales et régionales.

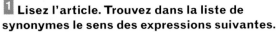

Découvrez l'article

1 **Lisez l'article. Trouvez dans la liste de synonymes le sens des expressions suivantes.**
Ex. : être crevé → ne plus avoir d'énergie.
a. tout plaquer sur un coup de tête
b. un parcours du combattant
c. prendre la clé des champs
d. freiner son ardeur
e. se planter
f. se remettre à niveau

Synonymes : *échouer - étudier - tout quitter sans réfléchir - ne plus avoir d'énergie - une série d'épreuves - maîtriser son enthousiasme - partir*

2 **Retrouvez les différentes étapes du changement de vie des Sainson.**

3 **Décrivez la qualité de vie d'Éric avant et après son départ.**

	Éric à Romorantin	*Éric à Lazaret*
Le travail	...	...
La vie de famille	...	...
La vie sociale	...	...
Les enfants	...	...

Jouez la scène

1 **Préparez à deux l'entretien de sélection entre Éric et le président du Sicler.**
Utilisez le vocabulaire pour préparer les questions et les arguments.
Ex. : Pourquoi voulez-vous prendre un nouveau départ ?
– Je ne supporte plus...

2 **Jouez la scène.**

Exprimer son insatisfaction, ses aspirations et sa satisfaction

• **Exprimer son insatisfaction**
J'en ai assez.
Je n'en peux plus.
J'en ai ras-le-bol. *(fam.)*
Je suis saturé(e).
Je n'y arrive plus.

J'en ai marre. *(fam.)*
Je ne supporte plus rien.
J'ai envie de tout plaquer.
J'atteins mes limites.

• **Exprimer ses aspirations**
J'ai besoin de m'arrêter, de faire le point.
J'aimerais tout changer dans ma vie actuelle.
Je veux redémarrer.

J'ai envie d'une autre vie...
Je veux faire quelque chose de ma vie.
Je veux prendre un nouveau départ.

• **Exprimer sa satisfaction**
Je me réalise pleinement.
J'ai enfin trouvé ma voie.
C'est un tournant magnifique.

Je suis comblé(e).
Je découvre la vraie vie.

Prononciation
et mécanismes
*exercices 31
à 33 p.159*

Découvrez les reportages

1 **Écoutez Frédéric et reformulez ses propos à l'aide du tableau ci-dessus.**
Ex. : Frédéric ne veut plus... Il aspire à... Il souhaite devenir...

2 **Écoutez la suite. Huit personnes expliquent pourquoi elles ont choisi leur métier. Trouvez la profession de chacune d'elles.**
– Accompagnateur de circuits touristiques : ...
– Assistante sociale : ...
– Informaticien : ...
– Avocat : ...
– Responsable ressources humaines : ...
– Employé de la poste : ...
– Moniteur de ski : ...
– Architecte d'intérieur : ...

Leçon 2 Donner des conseils

Alain et Patrick Giberstein :
Un destin de carte postale

Des deux frères, c'est Alain qui est parti le premier. À 30 ans, il décide de prendre une année sabbatique pour faire un tour du monde. Après plusieurs mois en Asie, il rejoint des amis au Mexique. Et c'est là qu'il y a treize ans, il s'installe.
Il commence différents métiers, au gré de ses passions et de ses rencontres. « *J'ai commencé à me plonger dans la photo, qui a toujours été mon hobby. J'ai publié dans des magazines comme Mexico desconocido* », se souvient-il en évoquant son premier reportage sur la Semaine Sainte à Ixtapalapa.

Avec un ami français arrivé en même temps que lui, il se lance aussi dans la pâtisserie, « *on faisait des tartes, comme des bons Français !* », et s'associe avec deux sœurs, réfugiées catalanes, qui tenaient une galerie d'art. « *On organisait des cocktails pour leurs expositions. Une des deux m'a embarqué sur des tournages de films comme assistant. J'ai passé deux ans entre les photos, les tartes et les tournages de films.* »

Ils trouvent un créneau, la carte postale. Tous les ans, son frère Patrick lui rend visite au Mexique. Il finit par s'y installer lui aussi.

À eux deux, ils décident de fonder une société. [...] Les deux frères, tous deux ingénieurs agronomes de formation, se transforment en photographes passionnés : « *On a appris sur le tas.* »

Sans cesse en voyage, ils parcourent tous les lieux touristiques du Mexique. Leur collection la plus importante : *Cancùn et la Riviera Maya, De Cancùn au site archéologique de Tulum.* Et, pour eux, tous les moyens sont bons pour prendre des photos : le parachute, l'ULM, l'avion et même l'escalade des toits d'hôtels ! [...]. Pour vendre leurs cartes postales, ils mettent en place tout un réseau de distributeurs. « *Aujourd'hui, on a une bonne équipe, les plus anciens ont huit-neuf ans avec nous.* » Chaque représentant a son stock de cartes postales, s'occupe de ses factures. Ils ont comme clients les boutiques, les sites touristiques, les hôtels. « *Aujourd'hui, relève Alain, on est le numéro 1 de la carte postale au Mexique !* » [...] Ils proposent au total environ 500 modèles de cartes postales. Patrick et Alain développent parallèlement une deuxième activité : une banque d'images spécialisées de 17 000 photos sur le Mexique. Ils travaillent avec des agences de publicité et différents magazines. [...] Quant à sa vie personnelle, Alain assure qu'« *on a une meilleure qualité de vie ici qu'à Paris. Les gens sont plus disponibles, il y a moins de stress. Quand je vivais à Paris, je travaillais de 8 h à 20 h, je n'avais pas beaucoup de temps à moi, tout le temps était consacré au travail. Ici, de 14 h à 17 h, tu peux déjeuner avec des amis, avoir une vie sociale plus importante* ». Et il apprécie « *la chaleur humaine des Mexicains, leur disponibilité et leur facilité pour faire la fête* ».

Céline About, « Français à l'étranger », déc.-janv. 2000.

Découvrez le texte

1 Lisez ce texte et reconstituez l'itinéraire des deux frères.
– À 30 ans, Alain prend une année sabbatique. Séjour de plusieurs mois en Asie.
– Il rejoint des amis au Mexique...

2 Placez dans le texte les intertitres suivants :
De passions en rencontres | Se former sur le tas | Une qualité de vie incomparable.

3 Expliquez quel est l'objectif de cet article.

4 D'après vous, ce texte est surtout : un récit ? une description ? une explication ? une source d'informations ?

5 Expliquez le titre de l'article : « Un destin de carte postale ». Est-ce un bon titre ? Pourquoi ?

Exercez-vous

Ne pas nommer le sujet du verbe

1. Les formes impersonnelles permettent d'effacer le sujet
Je ne souhaite pas que tu partes → Il n'est pas souhaitable que tu partes.

• **Il est** + adjectif + **de** + infinitif
Il est nécessaire de vivre une expérience internationale.

• **Il est** + adjectif + **que** + subjonctif
Pour exprimer un but, un jugement, une incertitude.
Il est utile (nécessaire, important, primordial, souhaitable, hors de question, peu probable, peu sûr) que nous partions avant la naissance du bébé.
Il n'est pas certain que tu fasses le bon choix.

• **Il est** + adjectif + **que** + indicatif
Pour exprimer une information certaine.
Il est absolument certain que je partirai avant la fin de l'année.

2. Le pronom indéfini permet d'exprimer :

• Un nombre plus ou moins important de personnes : *certains, beaucoup, la plupart*
Certains pensent que l'expatriation est une chance.

• Une identité non déterminée
– de personne(s) : *quiconque, qui que ce soit, n'importe qui, je ne sais qui, je ne sais lequel...*
Quiconque a vécu cette expérience sait qu'elle est unique.
N'importe qui pourrait te voler tes papiers.
– de chose(s) : *n'importe quoi, je ne sais quoi, je ne sais lequel...*
Je suis prêt à faire n'importe quoi pour partir !
Il pense à je ne sais quoi.

1 **Complétez ces phrases en utilisant les informations de l'article. Alain raconte sa vie.**
À 30 ans, je suis parti parce qu'il fallait que je ... .
Quand je suis arrivé au Mexique, il était nécessaire que je ... . Pour que mon frère et moi réussissions dans notre entreprise, il était important que nous ... .
Il a fallu que ... . Au départ, il n'était pas certain que... .
En ce qui concerne la vie au Mexique, il est certain que
... . Il est agréable de ... . Il est peu probable que ... .

2 **Formulez les conseils en employant l'expression entre parenthèses.**
Un cadre international a noté les qualités qu'il faut avoir pour exercer son métier. Il donne des conseils à des étudiants d'une école de commerce.
*Ex. : **a.** Il est important que vous ayez une expérience de l'étranger.*

a. Avoir une expérience de l'étranger. (*Il est important que vous...*)
b. Être curieux. (*Il est nécessaire de...*)
c. Être bilingue. (*Il est souhaitable que vous...*)
d. Comprendre les mentalités du pays.
(*Il faut que vous...*)

e. Savoir relativiser les choses. Avoir une vision internationale de l'entreprise. (*Il est utile que le cadre international...*)
f. Savoir écouter les autres. (*Il faut...*)

3 **Reformulez les mots en gras. Dans quelle situation chacune des phrases suivantes peut-elle être prononcée ?**
a. Ne laisse entrer personne. **Qui que ce soit !**
b. Ne fais pas à **autrui** ce que tu ne voudrais pas qu'on te fasse à toi-même.
c. **Quiconque** a beaucoup vu peut avoir beaucoup retenu. (La Fontaine, *Fables*)
d. J'aime beaucoup Mathilde. Elle a un **je ne sais quoi** qui fait son charme.
e. J'ai demandé si je devais faire une réclamation. **Un tel** me dit de la faire. Un autre affirme que je n'ai aucun droit.
f. Qui vole un œuf vole un bœuf. (Proverbe)
g. Il est allé **je ne sais où**.
h. **Tel** est pris qui croyait prendre. (Proverbe d'après La Fontaine)

Prononciation et mécanismes
exercices 34 à 36 p.159

Partagez vos points de vue

Aimeriez vous avoir (ou avez-vous eu) une expérience internationale ?

Notez les cinq motivations de votre choix.
Discutez-les en groupe.

Leçon 3 *Parler de ses activités*

LE JEU DES 7 FAMiLLES

John Holland, psychologue américain, répartit les individus en sept familles selon leur comportement.

1. Les RÉALISTES

Le réaliste est à l'aise dans un environnement simple et naturel... Il apprécie les activités physiques et techniques (manipulation d'objets, d'outils, de machines ou le contact avec des animaux). Adroit de ses mains, il aime manier des outils, conduire des machines. Il est sensible aux choses et a besoin d'obtenir des résultats concrets. Il a de l'endurance et travaille avec régularité.

2. Les INVESTIGATIFS

L'investigatif a du goût pour les activités intellectuelles. Il aime analyser des idées, étudier des données ou des faits, observer des comportements... Il est guidé par le besoin de comprendre et d'accroître ses connaissances. Rigoureux et méthodique, il apprécie le travail en profondeur.

3. Les ARTISTIQUES

L'artistique est, avant tout, quelqu'un qui a besoin de s'exprimer dans ce qu'il fait. Il est souvent attiré par des activités artistiques ou littéraires, mais peut aussi bien utiliser sa créativité dans tout autre domaine... Il apprécie le changement dans son travail et s'adapte facilement à de nouvelles conditions.

Découvrez le document

1 Lisez les présentations des 7 familles et choisissez dans les phrases suivantes celles qui correspondent le mieux à chacune des familles.

a. Mon plus grand plaisir, ce sont les grandes discussions au cours de dîners entre amis.
b. Je trouve mon équilibre grâce aux ateliers d'écriture que j'anime depuis dix ans.
c. J'aime sentir que je peux influencer mon environnement, ma vie, mes amis, mes collègues.
d. Depuis que je suis toute petite, je pose des questions sur tout et dans tous les domaines !
e. J'adore bricoler, dans l'appartement je fais toutes les réparations !
f. Tous les soirs, elle fait ses comptes. Elle entre toutes ses dépenses dans son ordinateur.

2 Inspirez-vous du dessin de la septième carte pour nommer la septième famille.

3 Définissez la septième famille, puis trouvez une phrase qui, comme dans l'exercice 1, résume ses caractéristiques.

4 Recherchez les professions que pourrait exercer chaque famille d'individus.
Ex. : Les réalistes → mécanicien, éleveur, etc.

Partagez vos points de vue

1 Choisissez la (ou les) famille(s) dont vous vous sentez le (la) plus proche et le (la) plus éloigné(e).

2 Notez les raisons et, en groupe, expliquez pourquoi.

4 Les SOCIAUX

Le social recherche les contacts avec les autres pour les informer, les conseiller, les aider... ce qui le prédispose à des activités à vocation sociale ou, plus généralement, à des activités de communication. Il est à l'aise dans un environnement chaleureux et participatif, qui satisfait son besoin d'appartenance.

5. Les ENTREPRENEURS

L'entrepreneur aime prendre des initiatives et exercer une influence sur les autres. Réactif, il est à l'aise dans des situations qui réclament rapidité de décision et combativité. Il lui faut relever des défis à la mesure de son ambition. Il a du goût pour les relations d'affaires et les activités commerciales.

6. Les CONVENTIONNELS

Le conventionnel est à l'aise dans un environnement stable et structuré. D'une grande conscience professionnelle, il aime le travail bien fait. Ayant le sens des chiffres, il apprécie les activités de gestion. Il sait se conformer à des règles et veiller à ce qu'elles soient appliquées par les autres.

7. ....

J.-D. Schiffre, J. Teboul,
La Motivation et ses nouveaux outils, Éditions d'Organisation.

Écoutez le reportage

1 Vérifiez votre compréhension. Vrai ou faux ?
a. Audrey s'occupe de la voix et du langage.
b. Elle exerce une profession depuis longtemps.
c. Elle travaille en centre de rééducation ou en hôpital.
d. Elle voudrait travailler avec des enfants.
e. Elle fait aussi du piano et chante dans une chorale.
f. Elle aime discuter avec des gens sur Internet.

**2 Approfondissez votre compréhension.
Réécoutez le reportage et notez les avantages des différentes activités d'Audrey** (orthophoniste, chorale, Internet).

3 Situez Audrey dans une (ou plusieurs) famille(s) du jeu des 7 familles. Justifiez votre choix.

Prononciation et mécanismes
exercice 37, p.159

Jouer en groupe

En groupe, cherchez les dix compétences nécessaires pour être :
– infirmier : ...   – plombier : ...   – enseignant : ...
– dessinateur : ...   – secrétaire : ... – épicier : ...   – pilote : ...

Compétences : s'adapter, anticiper, décider, être autonome, communiquer, être disponible, apprécier la diversité, être dynamique, être efficace, prendre des initiatives, innover, manager, maîtriser son stress, être mobile, négocier, tenir mes objectifs, saisir les opportunités, organiser un débat, créer des partenariats, créer des relations, être rigoureux, être souple, être stratège, travailler en réseau.

Rédigez un questionnaire d'enquête

La classe rédigera le questionnaire d'enquête qui permet de classer les personnes interrogées selon les 7 familles.
a• Partagez-vous les 7 familles.

b• Chaque groupe rédige cinq questions qui permettent de savoir si la personne interrogée appartient à la famille qu'il a choisie.
c• Regroupez les questions.

Leçon 4 *Envisager des conséquences*

ALORS LES 35 HEURES ? UN DÉFI ! ET CE N'EST PAS GAGNÉ D'AVANCE !

Dans le film « Ressources humaines », Franck, le nouveau cadre stagiaire, va devoir s'occuper du passage aux 35 heures hebdomadaires de travail, une initiative gouvernementale pour lutter contre le chômage ; il s'entretient ici avec Chambont, directeur des Ressources humaines, et M. Rouet, patron de l'usine.

Chambont : Je vous présente Frank Verdot, monsieur Rouet, notre stagiaire.

M. Rouet : Restez assis, restez assis…

Franck Verdot : Bonjour monsieur.

M. Rouet : Bonjour… Oui, je vous ai peut-être interrompu, là…

Chambont : Écoutez, on entamait le dossier des 35 heures…

M. Rouet : Grand sujet ça, qu'est-ce que vous en pensez ?

Franck : Ce que j'en pense ?

M. Rouet : Oui, oui, j'aime bien que mes collaborateurs aient des convictions […]. Dites-moi ce que vous en pensez vous, personnellement.

Franck : C'est-à-dire que moi, j'ai pas envie de vous effrayer parce que je sais que

beaucoup de chefs d'entreprise y sont très opposés… (Il bouge sur son siège.)

M. Rouet : Soyez rassuré, aujourd'hui il n'y a plus grand chose qui nous fait peur.

Franck : Bien alors euh […] j'espère que les négociations autour du temps de travail vont permettre d'impliquer davantage les employés au sein de l'entreprise. Et ça, je trouve que c'est vraiment intéressant de les responsabiliser.

Chambont : Oui mais vous vous doutez bien que ça ne va pas être évident à mettre en place ça, on va y laisser des plumes…

Franck : Mais attention ! Moi j'ai pas du tout

dit que ça allait être simple et évident. Il est sûr que l'organisation du temps de travail doit être repensée globalement. On travaillera moins, donc il faudra travailler mieux. Moi, je vois ça comme un défi, un challenge, et je le trouve d'autant plus excitant que, justement, ce n'est pas gagné d'avance.

M. Rouet : Eh bien c'est parfait : nous allons gagner ça ensemble !

> ***Ressources humaines***
> **un film de Laurent Cantet, 2001 © Haut et court**

D écouvrez le document

1 Lisez la scène du film « Ressources humaines » et son introduction.
Qui sont les personnages ? De quoi parlent-ils ?

2 Quelle est l'opinion de chacun d'eux sur la « question des 35 heures » ?

3 Imaginez les arguments pour ou contre la loi sur la réduction de la durée du travail à 35 heures :
– chez les chefs d'entreprise ;
– chez les ouvriers ;
– pour un jeune étudiant d'une école de commerce.

4 Comment Franck voit-il l'entreprise de l'avenir ?

5 Vous êtes le metteur en scène du film *Ressources humaines*. Quels conseils donneriez-vous à chaque acteur pour interpréter son personnage ?
Ex. : « Tu es Rouet, le directeur de l'entreprise.
Tu es très poli avec tes collaborateurs.
Tu aimes qu'ils expriment leurs idées personnelles… »

É coutez le reportage

1 Écoutez le reportage sur «Les 35 heures et le temps des loisirs» et reliez les expressions suivantes avec leurs définitions.
1. Sofres
2. RTT
3. crouler sous la demande
4. la courbe de fréquentation
5. Nouvelles Frontières

a. une agence de voyages
b. l'évolution des fréquentations
c. société française de statistiques
d. être confronté à une demande énorme
e. réduction du temps de travail

2 Réécoutez le reportage et relevez les activités pratiquées en dehors des heures de travail.
–activités familiales : … –activités sportives : … – activités touristiques : …

Exprimer une opposition

1. On utilise «bien que» ou «quoique» pour indiquer une opposition : la cause exprimée n'aura pas la conséquence attendue.
Bien qu'il soit devenu très riche, mon ancien patron est mort misérable.

Cause : *devenir très riche.*
Conséquence logique attendue : *mourir riche.*
Conséquence exprimée : *mourir misérable.*
La cause est exprimée au SUBJONCTIF.

2. Une autre manière d'exprimer la même idée avec « avoir beau » + infinitif :
Mon patron a eu beau devenir très riche, il est mort misérable.

On utilise	Pour exprimer	On conjugue le verbe	
quoique, bien que	que la conséquence attendue est rejetée	au subjonctif	*Quoique/Bien que l'État donne des aides aux entreprises, tous les dirigeants ne créent pas toujours des emplois.*
avoir beau	que la conséquence attendue est rejetée	à l'infinitif	*J'ai beau travailler avec lui depuis vingt ans, je ne lui fais pas entièrement confiance.*

Prononciation et mécanismes
exercices 38 et 39 p.159

Exercez-vous

1 Formez des phrases avec *bien que* ou *quoique*.
Ex. : Diminution des heures de travail, mais pas de création d'emploi.
→ *Bien que les heures de travail aient été diminuées, il n'y a pas eu de création d'emplois nouveaux.*

a. Moins d'heures travaillées, mais plus de stress.
b. Plus de temps libre, mais pas de quoi se payer des loisirs.
c. 35 heures par semaine, mais nécessité de travailler plus pour gagner autant qu'avant.

d. Diminution du temps de travail, mais augmentation des heures supplémentaires.
e. Loi sur les 35 heures très critiquée, mais progrès social.

2 Transformez vos phrases en utilisant « avoir beau ».
Ex. : On a eu beau diminuer les heures de travail, il n'y a pas eu de création de postes.

vidéo
Talents *de vie*

Mathieu :
Le monde
de Mathieu

Échangez vos points de vue

En France, en 1840, la durée quotidienne du travail était de 45 heures. Elle est progressivement passée à 40 heures hebdomadaires (1936), puis à 39 heures (1982) et à 35 heures (1998).
a• Pensez-vous qu'elle puisse encore diminuer ?
b• Pourquoi ? À quelles conditions ?

c• Réfléchissez en petits groupes et notez vos arguments.
d• Organisez un débat entre les optimistes et les pessismistes.

Leçon 5 *Concevoir un projet*

✘ *Dans cette leçon, vous allez créer l'Agence pour la gestion du temps des citoyens : l'AGETEC. Son but : prendre en compte les nouveaux rythmes de vie et créer des services adaptés aux besoins des citadins.*

« Porté par le désir de réussir sa vie dans tous ses instants, "l'homme pressé" est le parfait représentant de l'individu contemporain. **»**

« Les individus sont pris entre "l'immédiateté" qui hache le présent et la reconquête d'un temps pour soi. **»**

Découvrez les documents

Observez les publicités et les photos et répondez aux questions suivantes :

a• **Que voit-on sur chacun des documents ?**

b• **Qui sont les personnages ? Que font-ils ?**

c• **Quels sont les objets ?**

d• **À quel thème renvoie chacun de ces documents ?**

Expliquez les citations

Lisez les trois citations. Relevez les expressions entre guillemets. À quelles situations de la vie quotidienne font-elles penser ?

Cherchez par petits groupes et décrivez ces situations.

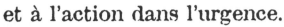

« Plus ou moins délivrés des contraintes de l'espace, nous **sommes livrés à "la tyrannie du temps"** et à l'action dans l'urgence. **»**

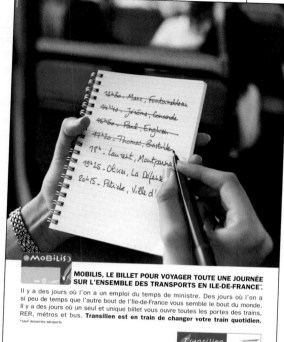

MOBILIS, LE BILLET POUR VOYAGER TOUTE UNE JOURNÉE SUR L'ENSEMBLE DES TRANSPORTS EN ILE-DE-FRANCE*.

Il y a des jours où l'on a un emploi du temps de ministre. Des jours où l'on a si peu de temps que l'autre bout de l'Ile-de-France vous semble le bout du monde. Il y a des jours où un seul et unique billet vous ouvre toutes les portes des trains, RER, métros et bus. **Transilien est en train de changer votre train quotidien.**
*sauf dessertes aéroports

Transilien SNCF

Partagez vos points de vue

(Travail en petits groupes)

1 Lisez le tableau ci-contre. Pour chacune des expressions suivantes, trouvez des situations :
– rattraper le temps perdu
– prendre son temps
– avoir un rythme d'enfer

2 Écoutez l'interview et relevez :
– les types de citadins concernés : …
– les problèmes : …
– les besoins : …
– les solutions mises en œuvre : …

Exprimer le temps

• Le temps
gagner du temps / perdre son temps
arriver à temps / rattraper le temps perdu
ne pas remettre à demain ce qu'on peut
faire le jour même…
par opposition : prendre son temps

• L'urgence
être pressé
pousser, bousculer
talonner, serrer de près
aller à fond de train = aller à toute vitesse
avoir un rythme d'enfer
par opposition :
le train-train quotidien = la routine

Montez votre agence pour la gestion du temps

1 Choisissez une ville.

2 Énumérez les types de citadins, usagers de cette ville.
Ex. : Les salariés (qui n'habitent pas sur place, qui ont des horaires de nuit, les employés des services, etc.), les femmes, les enfants, etc.

3 Formez des équipes spécialisées sur chaque type de citadins.

4 Discutez des points suivants :
– **Besoins et problèmes rencontrés par chaque type de citadins ?**
– **Que faut-il inventer ?**
– **Quelles sont les solutions ?**

5 Mettez vos propositions en commun.

6 Présentez et discutez vos solutions.

vidéo
Talents *de vie*

*Jean-Luc :
Le semeur
de paysage*

cinquante-trois

53

BILAN • BILAN • BILAN • BILAN • BILAN

1 Décrire un changement

Vous écrivez à un(e) ami(e) français(e) pour lui annoncer que vous n'habitez plus la même ville, que vous n'exercez plus la même activité et que votre mode de vie a changé.

Rédigez la lettre selon les indications suivantes.

a• Vous n'étiez pas heureux(se) dans la ville que vous habitiez avant (climat, rencontres, possibilités de loisirs, etc.).

Votre activité professionnelle ou vos études ne vous plaisaient pas (manque d'intérêt, collègues, chefs ou professeurs, etc.).
→ *Exprimez vos insatisfactions en 5 à 6 lignes.*

b• Pendant les vacances, vous avez fait un séjour dans une ville qui vous a plu. Vous y avez rencontré quelqu'un dont l'activité vous a passionné(e).

Cette expérience correspondait à vos aspirations.
→ *Exprimez ces aspirations. Racontez cette expérience en 5 à 6 lignes.*

c• Vous avez décidé de vous établir dans cette ville. Votre vie a changé.
→ *Exprimez votre satisfaction. Donnez des exemples de changements dans votre mode de vie (6 lignes).*

2 Exprimer une conséquence inattendue

1. Lisez l'interview d'Hélène Conway.

Hélène Conway, déléguée au Conseil supérieur des Français de l'étranger en Irlande, répond à nos questions.

Si vous aviez un conseil à donner à un Français désireux de s'expatrier en Irlande, quel serait-il ?

Hélène Conway : Il est facile d'y trouver un emploi, notamment pour les jeunes dans les « Call Centers ». Mais avec un salaire de 1 500 euros, on peut avoir un mal fou à s'en sortir. Plus que pour tout autre pays, il s'agit de bien préparer son départ. L'idée romantique que certains se font de l'Irlande ne reflète pas toute la réalité. Depuis quelque temps, je remarque une paupérisation de la communauté française en Irlande.

Une recette pour une intégration réussie ?

Hélène Conway : Il faut vraiment s'adapter, s'ouvrir. Pour les Irlandais, tout est allé trop vite. Les mentalités n'ont pas suivi le boom économique. Les Français doivent absolument s'abstenir, comme ils ont parfois tendance à le faire, d'arriver en terrain conquis, de faire sentir qu'ils sont les plus beaux, les plus forts, que tout est mieux chez eux.

Magazine des Français à l'étranger, décembre-janvier 2000.

2. Une amie française veut s'expatrier en Irlande. Mettez-la en garde. Utilisez les formes *bien que, quoique* **et** *avoir beau* **(voir p. 51).**

Votre amie : Il paraît qu'on peut trouver facilement du travail en Irlande. J'ai envie d'y aller.

Vous : Attention ! Bien qu'on …

Votre amie : On me propose un salaire de 1 500 €. Ce doit être suffisant.

Vous : …

Votre amie : Il y a un boom économique en Irlande. La vie doit être facile.

Vous : …

Votre amie : Les Français doivent s'adapter facilement.

Vous : …

Votre amie : Je crois que les Français sont très appréciés en Irlande.

Vous : …

3 Employer les formes impersonnelles

Transformez les phrases suivantes en utilisant les formes impersonnelles.

Ex. : **a•** *Il est possible que nous n'ayons pas le même rendement.*

Les dirigeants d'une entreprise parlent du problème de la réduction du temps de travail.

a• Nous n'avons pas le même rendement. C'est possible.

b• Les ouvriers n'approuveront peut-être pas la suppression des heures supplémentaires. C'est possible.

c• Tout le personnel sera consulté. C'est nécessaire.

d• Pourrons-nous recruter ? Ce n'est pas sûr.

e• Nous aurons une période d'adaptation. C'est important.

4 Caractériser une personne

Caractérisez les personnes suivantes avec un mot de la liste.

a• Il s'intéresse aux autres. Il aime les accueillir et leur parler.

b• Elle fait toutes les petites réparations de la maison.

c• Il peut courir dix kilomètres sans se fatiguer.

d• Elle aime prendre des initiatives et sait entraîner les autres avec elle.

e• Il est ému devant les belles œuvres d'art.

f• Ses dossiers sont bien organisés, clairs et complets.

- adroit
- chaleureux
- endurant
- entreprenant
- rigoureux
- sensible

Créer

Les jouets sont fabriqués en Chine et revendus dans les pays développés.

L'économie à l'épreuve de la morale

C'est pour profiter de la main-d'œuvre à bas salaire que les usines textiles ont été délocalisées hors d'Europe. La guerre des prix impose ses implacables règles.

Contre la main-d'œuvre à bas prix

Dans certaines usines, le patron ne paie pas les heures supplémentaires, licencie les femmes enceintes, fait travailler les enfants ou leur confie les tâches les plus dangereuses.

Pour un commerce éthique

Faire du commerce éthique un phénomène comparable à celui de l'agriculture bio. Un délire ? Non, c'est l'objectif de Tristan Lecomte.
Diplômé d'HEC[1], ce garçon de 26 ans se demandait comment financer son activité bénévole de conseil aux associations.
« *Ma sœur m'avait parlé du commerce solidaire, des magasins Artisans du Monde. J'ai quitté mon job chez L'Oréal et ouvert avec des amis ce magasin, Alter Eco* », dit-il.
Mais en bon diplômé d'école de commerce, Tristan veut rendre le commerce éthique rentable. Le pari n'est pas gagné d'avance : les 80 magasins Artisans du Monde, qui vendent du café Max Havelaar, des jus de fruits du Laos ou encore du batik d'Indonésie, s'en sortent grâce à 2500 bénévoles se relayant comme vendeurs. Tristan, lui, a recruté des vendeurs pros pour écouler des articles mieux adaptés à la demande, dans sa boutique parisienne.
« *Au début, il n'y avait que des militants. Puis le succès est arrivé et a touché le grand public, sans qu'on perde en qualité.* »
D'autres entrepreneurs pourraient flairer là un marché prometteur…

1. HEC : Hautes études commerciales, une des grandes écoles françaises.

Découvrez le document

1 Lisez l'article. Trouvez les mots qui signifient :
déplacer une usine – dur, sévère – renvoyer
qui attend un enfant – idée folle – activité non payée
travail – qui rapporte de l'argent – tissu décoré – réussir
– professionnel – vendre – sentir, avoir l'intuition.

2 Retrouvez dans l'article les informations concernant :
– les problèmes de délocalisation ;
– la mise en œuvre d'un rapport plus moral entre producteur, vendeur et consommateur.

Exercez-vous

1 Reliez les deux phrases comme dans l'exemple.

Ex. : **a.** *Je suis sûr(e) qu'il y a beaucoup de travail clandestin en France.*

a. Il y a beaucoup de travail clandestin en France. J'en suis sûr(e).
b. Il y a des ateliers clandestins à Paris. Je ne le nie pas.
c. Ont-ils une autre solution ? Je ne le crois pas.
d. Les pouvoirs publics sont-ils toujours au courant ? Je n'en suis pas sûr(e).
e. La police n'est pas assez sévère avec les employeurs. Je le regrette.

2 Imaginez ce qu'ils disent.

La scène se passe dans une galerie d'art, à l'occasion de l'exposition d'un célèbre peintre qui fait des œuvres abstraites.

Un homme et une femme regardent... Lui est passionné. Elle essaie de comprendre, perplexe...

Participer à un débat

• **Prendre position**
– Moi, je pense que/je crois que...
– Je suis persuadé que...
– À mon avis / Selon moi...
– Il faut dire que...
– Ce qui (me) semble important, c'est que...

• **Exprimer son accord**
– Je suis tout à fait d'accord avec...
– Vous avez raison...
– Bien sûr ! / C'est bien vrai...
– C'est exactement ce que je pense.

• **Faire des concessions**
– C'est peut-être vrai, mais...
– J'admets volontiers que...
– Je dois avouer que...
– Je ne nie pas que...
– Vous avez peut-être raison, mais...

• **Exprimer son désaccord**
– Vous avez tort quand... / si...
– Ce n'est pas vrai ! / C'est faux ce que...

– Je ne suis pas d'accord / absolument pas d'accord / pas du tout d'accord...
– Vous n'allez pas me faire croire que...
– Je regrette de faire remarquer que...

• **Hésiter**
– Oui, peut-être, je ne sais pas, moi...
– Je ne sais pas trop si...
– Bof, vous savez...
– Je ne suis pas sûr...

• **Insister**
– Je vous répète que...
– Vous savez bien que...
– Vous n'ignorez quand même pas que...
– Écoutez-moi bien...
– C'est bien ce que...

• **Demander des précisions**
– Qu'est-ce que vous voulez dire par... ?
– Que signifie... ? Pourriez-vous m'expliquer... ?
– J'aimerais avoir des détails...
– Je ne sais pas si j'ai bien compris, mais...

Prononciation et mécanismes
exercice 40, p.159

Simulez un débat

vidéo
Talents *de vie*
Bernard : L'art d'accommoder les restes

Voici les participants au débat :
– Marcel Lenoir, qui, comme Tristan Lecomte, veut rendre le commerce éthique rentable ;
– une représentante des syndicats qui essaient d'assurer la défense des enfants exploités dans certaines usines, dans certains pays du monde ;
– une vedette du foot qui a un contrat avec la marque en question ;
– une bénévole des magasins Artisans du Monde, qui défend l'idée de l'association Max Havelaar.

1 Préparez le sujet du débat. Résumez l'article de la page 56 en relevant les informations concernant :
– les problèmes que pose la délocalisation de certaines industries hors des pays développés ;
– la raison pour laquelle la position du magasin Alter Eco peut être qualifiée de commerce éthique ;
– le développement d'un commerce rentable pour le producteur et le distributeur.

2 Organisez le déroulement du débat.

a• Vous travaillerez en petits groupes pour préparer les arguments de chaque participant.

b• Vous choisirez des observateurs qui prendront des notes et rédigeront ensuite un compte rendu de la réunion (100 mots) à faire parvenir aux journaux locaux les plus importants.

Leçon 2 Parler de la publicité

Aimez-vous la publicité ?

1 En faisant des courses dans votre quartier, vous remarquez...
- ● quelques publicités dans des endroits précis
- ▲ des publicités partout
- ■ la saleté ou la propreté des rues de votre quartier

2 Si vous étiez publicitaire, à quel slogan vous identifieriez-vous ?
- ▲ Publicitaire ? Boulot super !
- ● Publicitaire ? Boulot précaire !
- ■ Publicitaire ? Boulot d'enfer !

3 Vous avez été choisi pour un film publicitaire ! Déguisé(e) en pot de yaourt, vous devrez danser avec une citrouille.
- ▲ Vous acceptez immédiatement.
- ■ Vous dites non sans hésitation.
- ● Votre seule préoccupation est de savoir si on pourra vous reconnaître.

4 Il y a des gens qui n'aiment pas du tout la pub. Qu'en pensez-vous ?
- ▲ Ils n'ont rien compris à leur époque.
- ■ Ils ont raison !
- ● Ça dépend des pubs qu'ils voient.

5 Au cinéma, les publicités :
- ● c'est bon... pour rigoler avec les copains.
- ▲ sont indispensables, comme partout ailleurs.
- ■ permettent de ne pas rater le film si on arrive en retard.

6 Vous retenez facilement ou difficilement les slogans. Combien pouvez-vous en citer ?
- ■ un ou deux
- ● une dizaine
- ▲ beaucoup, beaucoup

7 Finalement, la publicité à la télé n'est pas si mal que ça. Elle permet...
- ■ d'aller chercher à boire sans rien rater du film qu'on voit
- ▲ de découvrir les nouveaux produits
- ● de zapper d'une chaîne à l'autre

8 Une bonne publicité vous donne envie d'acheter le produit dont elle parle...
- ▲ Toujours !
- ● Rarement
- ■ Jamais !

Faites le test

a• Faites le test et consultez les résultats.

b• Comment appelle-t-on, dans le texte des résultats, ceux qui adorent la publicité, ceux qui détestent la publicité, et ceux qui sont indifférents ?

c• Êtes-vous d'accord avec le profil qui vous a été donné ? Dites pourquoi.

Résultats

Vous avez obtenu une majorité de ▲

Vous êtes **publifan !**

Vous savez reconnaître immédiatement une publicité et vous avez vos préférées. Et puisque vous êtes convaincu(e) de l'influence de la publicité sur l'image du produit, vous pouvez continuer cette leçon et devenir créateur de pubs.

Vous avez obtenu une majorité de ●

Vous êtes **publifof !**

La publicité pour vous, c'est à petites doses et à condition qu'elle soit bonne ; et puis vous préférez les pubs télé. Bien sûr vous aimez les marques, mais de là à acheter à cause de la publicité... Conclusion : vous pouvez continuer cette leçon, mais... en travaillant en groupe.

Vous avez obtenu une majorité de ■

Vous êtes **publiphobe !**

Vous détestez la publicité ! Pour vous, ce n'est que mensonge pour faire vendre et, à la limite, il faudrait l'interdire. Vous pouvez sauter cette leçon, car vous ne serez jamais créateur de pubs !

Analysez les documents

1 Analysez chacune de ces publicités à l'aide de la grille suivante.

Organisation de la publicité		
L'IMAGE	Formes	. . . .
	Couleurs	. . . .
	Ce qu'elle représente	. . . .
	Ce qu'elle signifie	. . . .
L'ÉCRIT	Nom du produit	. . . .
	Caractères d'imprimerie	. . . .
	Slogan	. . . .
	Texte éventuel	. . . .
RAPPORT IMAGE/ÉCRIT		. . . .

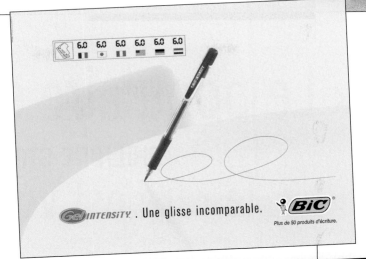

2 Répondez aux questions suivantes.

a. Qui a fait faire la publicité ?

b. Quel est le public visé ? Justifiez votre réponse.

3 Quelle publicité aimez-vous ou n'aimez-vous pas ? Justifiez votre réponse.

Parler de la publicité

• **L'annonceur, le publicitaire**

Le public visé/le public cible
Le produit, la marque
L'annonce, le message/le slogan publicitaire
Le support (affiche, radio, presse, TV)
La publicité mensongère

• **La publicité sert à :**

– informer
– faire vendre
– faire rêver
– séduire.

Prononciation et mécanismes

exercice 41, p.159

Devenez publicitaire

(par groupes de 5)

Votre agence a reçu plusieurs commandes.
Vous devez créer des publicités pour :
– le grand magasin Petits Prix qui veut attirer
des clients pour la Fête des pères ;
– la Société des chemins de fer français qui annonce
des nouveautés pour l'été ;
– un site Internet de vente de cartes postales
du monde entier ;
– une association qui s'occupe de commerce éthique
(voir leçon 1, p.56).

Pour mieux réussir votre tâche :

a• **Choisissez votre client.**

b• **Cherchez ce qui peut influencer ce public
en tenant compte des habitudes, des goûts,
des croyances, des superstitions...**

c• **Passez ensuite à l'organisation matérielle
(servez-vous de la grille d'organisation d'une
publicité ci-dessus).**

Leçon 3 *Caractériser un objet*

« Le populaire est élégant,
PHiLiPPE STARCK
le rare est vulgaire »

[...] Célèbre dès les années 1983-1984 pour un café aujourd'hui démoli – le café Costes aux Halles – [...] Philippe Starck correspond à l'universelle idée que l'on se fait du rôle du designer. L'ancien élève peu assidu de l'école Camondo, qui dessinait « pour que les filles enfin le remarquent », se souvient que ce métier n'existait pas dans les années 1970, car alors « un designer, c'était forcément un Italien... ».
Alors comment a-t-il pu [...] décrocher cette inusable réputation internationale ? C'est simple, il a tout fait : des meubles (d'abord refusés en France, édités et fabriqués avec succès en Italie), des magasins, des cafés, de l'architecture intérieure, des manifestes, des objets-symboles et des objets usuels et si possible les deux à la fois, des tables et des fauteuils, des fourchettes et une moto, une flamme olympique et des lampes d'appoint, des chambres drapées de blanc à New York et Miami, des bars tendus de noir à Paris et à Dallas, un grand restaurant kitsch à Hongkong...
Et encore d'autres meubles pour les 3 Suisses, et puis une table avec un tronc d'arbre pour rappeler d'où vient le bois, une brosse à dents et même, dans ce catalogue de vente par correspondance, les plans d'une maison [...]. Ensuite, avec Thomson, il a voulu réinventer les postes de télévision et les radios-réveils. Avec Alessi, il énumère des objets pour la table.

M. Champenois,
Le Monde, 22 août 1998.

Découvrez le document

1 Lisez l'article.
a• Relevez les créations de Philippe Starck :
– objets
– lieux
– espaces

**b•Dans quelles villes a-t-il travaillé ?
Pour quelles marques ?**

2 Classez les mots qui désignent des objets dans la grille ci-dessous.

Objets désignés par un seul mot	Objets désignés par un mot accompagné d'un adjectif	Objets désignés par un mot composé	Objets désignés par un mot suivi d'un complément déterminatif
– des meubles – ...	– de l'architecture intérieure – ...	– des objets-symboles – ...	– des lampes d'appoint – ...

Exercez-vous

1 Pour Philippe Starck, « une brosse à dents, c'est 20 grammes de matière, 4,27 euros à l'achat, et c'est fait pour enlever les bouts de viande entre les dents... ». Sur ce modèle, définissez :

– une tasse à café ;
– une cuillère à soupe ;
– un moulin à café ;
– un pot à moutarde ;
– un tabouret de cuisine ;
– des lunettes de soleil ;
– un portemanteau ;
– un presse-citron ;
– un lave-vaisselle.

Caractériser

1. Avec **qui, que (qu'), où**
*Angkor est un lieu magique **qui** me plaît, **que** j'aime beaucoup, **où** je suis allée plusieurs fois.*

2. Avec **dont**
– complément d'un verbe : *Le monument **dont** je t'ai parlé est difficile à trouver.*
– complément d'un nom : *C'est un ami **dont** les propos sont toujours très radicaux.*
– complément d'un adjectif : *C'est un lieu **dont** je suis amoureux.*

3. Avec :
– **à qui** (pour une personne), et **auquel, à laquelle, auxquels, auxquelles** : *Ludovic est un ami **à qui** j'ai beaucoup parlé de Venise, une ville **à laquelle** il est maintenant très attaché.*
– **de qui** (pour une personne) et **duquel, de laquelle, desquels, desquelles** :
*L'ami auprès **de qui** tu t'es rendue... Non, ce n'est pas celui à côté **duquel** tu as vu Pierre.*

4. Avec une préposition : + **qui** (personne) ou **lequel, laquelle, lesquels, lesquelles** :
*C'est une amie **sur qui** tu peux compter.*
*C'est un guide **dans lequel** tu trouveras des informations précieuses.*

2 **Complétez le texte ci-dessous avec les éléments qui manquent.**

Orangina : une mode qui défie le Temps

Dans les années 30, Orangina s'appelle Naranjina, une recette familiale de boisson sucrée aux zestes d'oranges _____ se boit très frais. Les années passent, la recette s'améliore à un détail près : il faut bien secouer la bouteille avant de boire, sinon la pulpe reste au fond ! Mais ce _____ pourrait être un défaut deviendra bientôt le principal argument de vente. [...]
Dès 1972, la saga de cette boisson, _____ le nom a été définitivement transformé en Orangina, est lancée. Les premiers spots, _____ le réalisateur est Jean-Jacques Annaud, mettent en scène un barman _____ passe ses soirées à secouer des bouteilles d'Orangina au point d'en perdre les pédales et de secouer des bouteilles de champagne. Puis le serveur se met au ski, il glisse, il dévale et arrive à point pour servir un Orangina bien frais. [...] En trente ans, la stratégie est intacte. [...] En 1994, Orangina confie sa pulpe à Alain Chabat _____ crée un univers décalé sans changer la recette gagnante. On secoue toujours, humour et audace en plus. Chabat recentre son message sur les 13-20 ans _____ on connaît la préférence pour les soldats et... les films d'horreur _____ Chabat fait souvent des clins d'œil. [...] On est en plein dans l'univers adolescent, les signes de reconnaissance sont là. Encore une fois, c'est gagné. Le succès continue.

B. Girard, « Les recettes qui marchent », *Phosphore*, avril 2002.

Prononciation et mécanismes
exercice 42, p.159

vidéo
Talents *de vie*
Pascale : La ferraille de Pascale

À vous de jouer

Philippe Starck déclare : « Le populaire est élégant, le rare est vulgaire. » Des admirateurs de Starck partagent cette affirmation, d'autres prétendent le contraire.

Préparez, en petits groupes, en 10 minutes, tous les exemples qui peuvent soutenir l'une ou l'autre thèse et après... à vous de jouer !

Leçon 4 — Commenter un récit

L'école

L'école est dans la mosquée. On y entre en se déchaussant. Mais ici la plupart des enfants n'ont pas de chaussures. La terre est jaune. Les murs sont rouges. Des pèlerins de retour de La Mecque y ont dessiné un avion ou un bateau. Quatre murs et un toit en pisé[1]. Heureusement qu'il ne pleut pas souvent. Après la dernière pluie tout a été reconstruit.

Dans le village, l'arbre est plus important que l'école. Je connais bien cette terre ; j'ai failli y perdre mes yeux. La poussière est chargée de microbes qui donnent le trachome[2]. J'ai été soigné en ville et grâce à mon oncle, chauffeur de taxi, j'ai eu la chance d'étudier.

Je suis le nouvel instituteur. En fait je dois être le premier enseignant désigné par le ministère pour ce poste. Le matin est un jour de fête. J'ai distribué aux élèves des cahiers et des crayons envoyés par la France et des buvards venus de Belgique. Ils sont trente enfants, garçons et filles. Ils sont tous passés par l'école coranique. Certains savent lire et écrire. Ils ont des yeux vifs et des corps secs. Comme moi. Je suis long et maigre. Je porte des lunettes. Je suis content d'être de retour dans cette plaine perdue entre les collines et les sables. Mes souvenirs d'enfance ne sont pas tristes. On manquait de tout. Cela faisait de la peine à nos parents. Nous autres gamins, nous aimions jouer avec des chats morts.

En faisant l'appel, les enfants rient. Le deuxième jour deux élèves manquent. Sont-ils malades ou se sont-ils perdus ? Personne ne répond. Deux absents sur trente, ce n'est pas mal. Ils viendront demain.

Justement, le lendemain ils ne sont pas venus. Trois autres enfants manquent. Je m'inquiète. Je n'ai pas de directeur à qui m'adresser. Je suis l'instituteur, le directeur et le gardien des lieux. Les enfants ne disent rien.

Je donne mes cours avec une petite inquiétude. Au bout d'un mois, je me suis retrouvé avec la moitié des élèves. Où sont passés les quinze autres ? Je décide de parler au chef du village, Haj Baba. Je le retrouve en fin d'après-midi sous l'arbre, entouré de quelques hommes. Il me dit :
– Les enfants sont des cailloux, des branches d'un arbre qui perd ses feuilles, des mots bleus, des éclats de rire… Ils vont, ils passent et ne laissent pas de traces… Tu dois savoir tout ça, toi qui viens de la ville !

1. Pisé : maçonnerie faite avec de la terre argileuse, délayée avec des cailloux, de la paille et comprimée.
2. Trachome : maladie des yeux.
3. Gourdin : gros bâton, lourd et solide.

Découvrez la nouvelle

Lisez le texte. Retrouvez-en le schéma en rétablissant le bon ordre des parties qui le constituent.
a. identification du village ;
b. décision de l'instituteur de quitter le village ;
c. premier dialogue de l'instituteur avec Haj Baba ;
d. découverte de ce qui se passe dans la bâtisse blanche ;
e. identification de l'instituteur ;
f. dialogue de l'instituteur avec le berger ;
g. identification de l'école ;
h. dialogue de l'instituteur avec le gardien de la bâtisse blanche ;
i. identification des enfants ;
j. inquiétude de l'instituteur quant à l'absence de ses élèves ;
k. deuxième dialogue avec Haj Baba.

Identifiez les points de vue

1 **Relevez, dans le texte, comment les élèves sont caractérisés par :**
– l'instituteur (ex. : « La plupart des enfants n'ont pas de chaussures », « ils sont trente, garçons et filles », …).
– Haj Baba (ex. : « Les enfants sont des cailloux »…).

– le gardien de la bâtisse blanche (ex. : « Tes élèves préfèrent ma fabrique à ton école… »).

2 **Dites à quoi est due, à votre avis, la différence de « regard » des trois personnes.**

– Mais pourquoi ne viennent-ils pas à l'école ?

– Tu as vu l'état du bétail ? Tu n'étais pas là l'année dernière. Pas une seule goutte de pluie.

– Vous avez peur d'une épidémie ?

– C'est quoi, « une épidémie » ?

– Une maladie qui touche tout le monde.

– Non, pas de maladie. Regarde autour de toi. Qu'est-ce que tu vois ? Du sable, des pierres, un arbre, celui sous lequel nous sommes assis, du vide, du vent, de la poussière, un fou qui parle tout seul, et puis cette mosquée transformée en école. Voilà, c'est tout.

– Je dois aller les chercher et les ramener à l'école.

– Si tu les trouves. Peut-être ont-ils été avalés par un puits, un puits sec, un trou où se tient actuellement le congrès des scorpions et des serpents à sonnettes. Les enfants nous échappent, comme des paroles ; ils s'envolent et partent avec les rares nuages qui s'arrêtent au-dessus de nos têtes.

– Je parlerai à leurs parents.

– C'est une idée, mais elle ne te fera pas avancer. Circule plutôt, regarde un peu au loin…

J'ai pris mon vélo et je suis parti à la recherche des enfants. Un berger me montre du doigt une bâtisse à l'horizon. Je ne la connaissais pas. Il me dit que lui aussi aimerait aller à la bâtisse blanche, mais il ne trouve personne pour garder les moutons.

– Qu'est-ce qu'on fait dans cette bâtisse blanche ?

– On gagne de l'argent.

– En faisant quoi ?

– Je ne sais pas. Tous ceux qui y vont sortent avec de l'argent. Moi, je n'ai jamais eu d'argent.

La porte de la bâtisse est fermée. Je la force. Un gardien me menace avec un gourdin[3]. Je recule et j'attends. Je lui propose quelques cigarettes et il m'ouvre la porte. J'entre dans un couloir et au bout je me trouve face à une salle où une centaine d'enfants sont en train de coudre des morceaux de cuir blanc et noir jusqu'à former un ballon. Mes élèves fabriquent des ballons en vue de fêter l'an 2000 dans les capitales européennes. La tête baissée, ils travaillent en silence et vite. Les ballons sont testés par un chef blanc, puis mis dans des filets. Je m'approche. Il s'étonne puis il me dit :

– Tu es l'instituteur ?

– Oui.

– Tes élèves préfèrent ma fabrique à ton école. Au moins, ici, ils gagnent de l'argent.

– Mais ce sont des enfants, des mineurs. Vous n'avez pas le droit de les faire travailler.

– Je ne les oblige pas. D'ailleurs, toute la classe est là. Tu pourrais leur faire cours quand ils mangent. Parce que je leur donne aussi à manger. En Amérique, ils utilisent des machines. Ici, c'est la main qui coud. C'est du solide. À présent, dégage !

Les élèves n'osent pas me regarder en face. La peur ou la honte.

De retour au village, j'informe Haj Baba, qui hoche la tête et me dit :

– Tu n'es pas plus fort que le vent, ni plus cruel que le ciel. La terre a soif et le bétail est en mauvais état. Un dollar par jour et par enfant, ce n'est pas rien. L'école est là, elle ne bougera pas. Dès que ça ira mieux, tu reprendras tes cours. Le savoir peut attendre, pas le ventre de l'homme.

À la fin de la journée, je suis repassé à l'école, j'ai ramassé mes affaires et j'ai pris mon vélo pour repartir à la ville. Sur le chemin j'ai rencontré mes élèves, qui m'ont entouré et empêché d'avancer. J'ai dû faire demi-tour, poussé en arrière par les enfants serrés les uns contre les autres.

T. Ben Jelloun, « L'école »,
L'Express, Le Magazine, décembre 1999.

bservez les lieux

1 **a•** Relevez, dans le texte, tout ce qui caractérise l'école et le village où elle est située (couleurs, odeurs, bruits…).

b• Comparez votre école à l'école décrite dans le texte.

2 **Dans le village, « l'arbre est plus important que l'école » : pourquoi ?**
Quel est chez vous le lieu le plus important de la vie civile ?
Et de la vie culturelle ?

Prononciation et mécanismes

exercices 43 et 44, p.159

À vos plumes !

À votre tour, racontez un souvenir d'école qui vous a marqué(e).

Leçon 5 Créer son vocabulaire

Savez-vous parler << djeun's ? >>

<< Je kiffe pas ces keums qui font crari parce qu'ils ont de la maille. >>

<< Trop mortelle l'ambiance dans cette téci : y a plein de Pakpak et de Chichi qui font de la zikmu. >>

<< Mate le Jean-Édouard avec sa Marie-Chantal : de vraies fesses d'oignon. >>

<< Oh, mon tacot est encore cramé, sa race ! >>

<< Barry White, y a les kisdés qui s'radinent. >>

<< Mes renps, y z'ont du taf pour nourrir tous mes reufs. >>

<< Y en a grave marre que tu te sapes comme un sonac. >>

<< Salut, Chloé, j'fais une teuf sam'di, y aura plein de gossbo, grave, on va kiffer à mort. >>

Traduisez le message

1 Lisez les phrases ci-dessus que vous pourriez entendre aujourd'hui en France. Essayez de les traduire à l'aide du mini-dictionnaire « djeun's » ci-dessous.

Askeum = comme ça	*Jean-Édouard* = jeune bourgeois	*Reup* = père
Barry White (de barre-oit, à son tour de barre-toi) = va-t'en	*Keuf* = policier	*Reus* = sœur
Chichi = Chinois	*Keum* = mec, homme	*Se radiner* = arriver
Chourave = voler	*Kiffer* = aimer, s'amuser	*Se saper* = s'habiller
Cramé = en panne	*Kisdé* = policier	*Sonac* = si mal
Crari (faire) = frimer	*Maille* = argent	*Skeud* = disque
Fesse d'oignon = Français de souche	*Marie-Chantal* = jeune bourgeoise	*Tacot* = voiture
Gossbo = beau garçon	*Mater* = regarder	*Taf* = travail
Grave = oui, très (ex. : il est grave beau) ; débile (ex. : il est grave) ; cela m'énerve beaucoup (ex. : y en a grave marre)	*Meuf* = femme	*Ta/sa race !* = merde !
	Mortel = très bon	*Téci* = cité
	Nuigrave = cigarette	*Teuf* = fête
	Pakpak = Pakistanais	*Zikmu* = musique
	Renps = parents	*Zonzon* = prison
J'hallucine = je n'en crois pas mes yeux	*Reuf* = frère	
	Reum = mère	

Texte et tableau de Florence Monteil, © *Phosphore*, Bayard Presse.

2 À l'aide des indications suivantes, trouvez comment sont formés les mots du mini-dictonnaire.

a. Redoublement de la première ou de la dernière syllabe (*zonzon* = prison).
b. Inversion des syllabes d'un mot : parler en verlan (à l'envers) (*teuf* = fête).
c. Emploi de prénoms stéréotypés (*Marie-Chantal* = jeune fille bourgeoise).

d. Métaphore (*fesse d'oignon* = Français de souche).
e. Emprunts à d'autres langues : anglais (*boss* = chef de gang), arabe (*roloto* = indésirable), argot (*chouraver* = voler), etc.

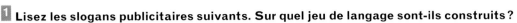

 Lisez les slogans publicitaires suivants. Sur quel jeu de langage sont-ils construits ?

a. La vie Auchan (hypermarchés Auchan)

b. Synthol, protégez-nous (produit pharmaceutique Synthol)

c. Qui s'y frotte, s'y fixe (bande adhésive Rubafix)

d. La voie Lactel (produits laitiers Lactel)

e. Les couleurs qui marchent (chaussettes Pingouin)

d. La vue est belle (lunettes Atol)

2 **Imaginez des slogans publicitaires pour les marques suivantes.**

a. Les jeans Lee → jouer sur la prononciation « Lee = lit ». *Ex. : On n'est bien que dans son Lee.*

b. Les biscuits Lu.

c. Les conserves alimentaires Bonduelle.

d. Le loueur d'automobiles Avis.

D **écouvrez les mots-valises**

Lisez le texte et retrouvez les mots qui sont à l'origine des mots-valises donnés comme exemple.

Petite fabrique de mots

Prenez deux vocables, mariez-les en ne vous attachant qu'à leur apparence et vous obtenez un joli mot qui ne figure dans aucun dictionnaire. [...] Cette pratique ludique, voire poétique, a été baptisée « mot-valise » en 1952. Selon le *Petit Robert*, ce mot est calqué sur l'anglais *portmanteau word*, créé par Lewis Carroll ; il est généralement « composé de morceaux non signifiants de deux ou plusieurs mots », ainsi « mortel », formé de *motor-car* et de *hotel*. [...]

Quelques exemples :

Ambrassade : représentation diplomatique dans un pays très très ami.

Banquiet : banquier angoissé pendant un déjeuner d'affaires.

Casta-Net : apprentissage du flamenco sur le Web.

Escabot : échelle qui a un pied de travers.

Hebdromadaire : journal ne paraissant qu'une fois par semaine et dirigé par un seul boss.

Ingraltitude : manque de reconnaissance qui atteint des sommets.

Méremptoire : maman très autoritaire.

Pathé de campagne : cinéma itinérant en milieu rural.

Titanike : chaussures de sport qui prennent l'eau.

Watture : véhicule électrique.

J.-L. Chiflet, *Le Cafard laqué. Les mots portemanteaux*, Mots et Cie, 1999.

 vous de créer

Pour créer des mots-valises, prenez, à votre tour, des mots quelconques et divisez-les en syllabes. Mélangez les syllabes et vérifiez d'abord dans un dictionnaire si les mots ainsi obtenus existent.

S'ils n'existent pas, ce sont des vrais mots-valises et vous pouvez donner leur définition et un exemple d'utilisation.

Ex. : Avec les mots « chérie » et « hérisson » on obtient : Chérisson → *être dont on aime le charme piquant.*

BILAN • BILAN • BILAN • BILAN • BILAN

1 Rapporter **la parole des autres**

Vous avez assisté au débat autour du thème
« Comment être sûr qu'en achetant une paire
de chaussures ou un ballon, on n'encourage pas des
pratiques d'un autre temps à 15 000 km de chez nous ? »,
et vous devez écrire un petit article sur l'événement.

**Préparez cet article en récrivant au style indirect
les opinions des participants au débat.**

M. Lenoir : Je suis persuadé qu'on peut faire
du commerce éthique quelque chose de rentable...

Vendeur bénévole : Je suis tout à fait d'accord avec
vous et d'ailleurs certaines expériences de commerce
éthique le prouvent abondamment.

Représentant des syndicats : Moi, ce qui me semble
important dans cette histoire, c'est qu'on trouve le
moyen de ne plus exploiter des enfants.

X, footballeur célèbre : Bof, vous savez, de toute façon,
ce n'est pas avec ce débat qu'on va résoudre le
problème...

M. Lenoir a affirmé que .... Un vendeur bénévole est
intervenu en disant que .... Le représentant des
syndicats a précisé que ....

Quant au footballeur, il s'est montré plutôt sceptique
en disant que ....

2 Prendre **position**

**Vous participez au forum « Pub et manipulation »
sur l'Internet. Vous réagissez aux opinions des
trois internautes ci-dessous.**

Corto 73 – Je suis publivore. La pub, moi, j'aime ça. Il ne
faut pas la prendre telle qu'elle est, mais l'analyser. C'est
comme un film : on aime ou non. **Vous exprimez votre
désaccord : la publicité est comme une drogue...**

Nanne – Réagissons à l'agression publicitaire.
Récupérez les pubs pour en modifier le message ! **Vous
exprimez votre accord sur l'agression, mais vous
hésitez sur le moyen proposé.**

Amélie – La pub reflète l'esprit du public, c'est
intéressant de voir comment elle évolue et comment
elle perçoit les tendances de la société. **Vous prenez
position pour une utilisation intelligente de la
publicité, mais avant vous demandez des précisions
sur la phrase « La pub reflète l'esprit du public ».**

3 Compléter **un récit**

**Complétez ce début de récit dans lequel a été
supprimé systématiquement le 5e mot.**

–Tu es nouveau ?

– Oui, ... et toi ?

– Moi aussi.

Il ...... petit, presque minuscule. Ses ...... frisés,
d'un noir ......, faisaient ressortir sa pâleur ......
Ses yeux brillaient comme ...... l'anthracite, et
sur ...... tempe on voyait de ...... veines bleues.

– D'où ...... -tu ?

– De l'école ...... de la rue de ......

– Moi, je viens du ...... des Chartreux.

Nous fûmes ...... tout de suite.

– En ...... classe es-tu ?

– En ...... B1.

– Moi en sixième ......

– Alors, nous ne serons ...... dans la même
classe, ... on est tous les ...... en septième
d'études.

– Comment ...... appelles-tu ?

– Oliva.

– C'est toi qui ...... été reçu premier aux ...... ?
Il rougit à peine.

– ...... Qui te l'a ...... ?

– J'ai été reçu ......!

M. Pagnol, *Le Temps des secrets*, 1960.

4 Décrire **un objet**

**Vous venez d'acheter ce lampadaire pour votre
appartement.**

ATON Lampadaire avec le corps diffuseur
orientable en toute direction horizontale ou
verticale. Tige en aluminium moulé sous pression,
verni dans les couleurs blanc, rouge, noir. Base en
métal revêtue de caoutchouc noir. Ampoule
halogène. Régulateur d'intensité et voyant
de fonctionnement. Objets à éclairer à un mètre de
distance minimum. Idéal pour salon ou salle
de séjour.

**Vous en parlez au téléphone avec un ami/
une amie à qui vous donnez tous les détails sur :
la forme, le matériel, le lieu où vous l'avez placé,
pourquoi vous l'avez acheté...**

5 Écrire **une affichette**

Vous trouvez dans les escaliers de l'immeuble où vous
habitez une chaussure noire ornée de brillants.

**Écrivez l'affichette à mettre dans l'entrée pour
chercher la propriétaire de la chaussure en
question. Donnez des détails concernant :**

la pointure, le talon (haut, plat, aiguille...), la matière
(cuir, tissu...), le dessin éventuel formé par les
brillants, le lieu où vous avez trouvé la chaussure...

Agir

Alphabétisation

À quoi servent mes poèmes
Si ma mère ne sait me lire?
Ma mère a vingt ans
Elle ne veut plus souffrir
Ce soir elle viendra
Épeler mes lettres
Et demain elle saura
Écrire
Émancipation
À quoi servent mes poèmes
Si mon père ne sait me lire?
Mon père a cent ans
Il n'a pas vu la mer
Ce soir il viendra
Épeler mes lettres
Et demain il saura
Lire
Dignité.
À quoi servent mes poèmes
Si mon copain ne sait me lire?
Il a vécu dans les prisons
Mon copain n'a pas d'âge
Ce soir il viendra
Épeler mes lettres
Et demain il saura
Crier
Liberté.

Rachid Boudjedra, *Pour ne plus rêver*,
SNED, Alger, 1965.

Le Déserteur

Monsieur le Président
Je vous fais une lettre
Que vous lirez peut-être
Si vous avez le temps

Je viens de recevoir
Mes papiers militaires
Pour partir à la guerre
Avant mercredi soir

Monsieur le Président
Je ne veux pas la faire
Je ne suis pas sur terre
Pour tuer des pauvres
gens

C'est pas pour vous
fâcher
Il faut que je vous dise
Ma décision est prise
Je m'en vais déserter

**Boris Vian,
éd. Julliard, 1955.**

Soweto

Dis-moi
Quel triste désert
Nous assiège
Bruit des pas
Et bruit des armes
Le long des jours
Le long des nuits
Quelles armes nous bercent
Quel sang
Quel cri
Derrière les barbelés
À chaque pas
À chaque geste
Les pas les pas
Les bottes
Sur ma terre
Dis-moi combien d'enfants sont morts
À Soweto
(...)
Les pleurs les pleurs les pleurs
Dans la nuit du silence
La nuit amère
Et l'instant nominal de l'holocauste
Le feu le sang
Partout
Dans les rues de Soweto
Où l'horizon
S'habille de deuil
Et sème la haine

Paul Dakeyo, Anthologie
de la poésie camerounaise d'expression française,
compilée par P. Kayo, PUF, Yaoundé.

Courage

Paris a froid Paris a faim
[...]
Paris ma belle ville
Fine comme une aiguille forte comme une épée
Ingénue et savante
Tu ne supportes pas l'injustice
Pour toi c'est le seul désordre
Tu vas te libérer Paris
Paris tremblant comme une étoile
Notre espoir survivant
Tu vas te libérer de la fatigue et de la boue
Frères ayons du courage
Nous qui ne sommes pas casqués
Ni bottés ni gantés ni bien élevés
Un rayon s'allume en nos veines
Notre lumière nous revient
Les meilleurs d'entre nous sont morts pour nous
Et voici que le sang retrouve notre cœur
Et c'est de nouveau le matin un matin de Paris
La pointe de la délivrance
L'espace du printemps naissant.

Paul Eluard, *Au rendez-vous allemand*, Éditions de Minuit, 1945.

 Découvrez

1 Lisez puis écoutez le poème « Alphabétisation ». Quelles remarques pouvez-vous faire sur sa construction ?

2 Dans chaque partie du poème, repérez :
– les phrases qui se répètent ;
– la personne dont on parle ;
– l'âge de cette personne ;
– ce qu'elle va pouvoir faire.

Analysez

1 Écoutez chacun des autres poèmes ci-contre.

2 À quel événement chaque poème se réfère-t-il ?

3 Quels sont les sentiments que chaque auteur veut faire partager ?

Exercez-vous

1 Rétablissez les citations exactes. Associez.
a. Pour connaître les hommes, ...
b. Il faut agir en homme de pensée et penser...
c. Nous sommes ennuyés de livres qui enseignent, donnez-nous...
d. Le roman : c'est un miroir...
e. Que mon livre t'enseigne à t'intéresser plus à toi qu'à lui-même, puis...

1. ... qu'on promène le long d'un chemin. (Stendhal)
2. ... à tout le reste plus qu'à toi. (A. Gide)
3. ... -en pour émouvoir. (A. d'Aubigné)
4. ... il faut les voir agir. (J.-J. Rousseau)
5. ... en homme d'action. (H. Bergson)

2 Associez deux termes, un terme concret avec un terme abstrait.
Ex. : L'hiver de la vie.
a. La plage dorée ...   – *du bonheur*
b. La jungle ...   – *de l'enfance*
c. L'oasis ...   – *de la passion*
d. Le gouffre ...   – *des villes*

Échangez vos points de vue

1 Trouvez des exemples d'engagement :
– contre la guerre, l'injustice, les inégalités, etc ;
– pour la liberté, la paix, l'égalité, la fraternité, etc.

2 Pensez-vous que la poésie puisse changer le monde ? Discutez vos réponses en groupes et présentez vos conclusions à la classe.

Écrivez

Choisissez un des documents ci-contre. Imaginez un court récit de ce qui s'est passé avant.

3 Expliquez le titre du poème.

4 Relevez et expliquez tout ce qui vous paraît étrange.
Ex. : La mère du poète a 20 ans → Le poète pense à sa mère lorsqu'elle était jeune. Elle ne savait pas lire. Elle devait travailler, etc.

5 Quel est le sens de ce poème ? Pourquoi peut-on dire qu'il s'agit d'une poésie engagée ?

Créez un poème

1 À votre tour, créez un poème en vous inspirant de la même structure que le poème « Alphabétisation ».
À quoi servent mes... si... ne sait pas...
Mon/ma... Il/Elle ne... pas...
Ce soir il/elle viendra... et demain il/elle saura...

2 Lisez vos textes en groupes.

Leçon 2 Justifier une action

Lire et faire lire

Nous sommes en 1998, quelques semaines après le décès de ma tranquillité [...]. Dans mon salon se pressent la trentaine de zèbres[1], démocrates jusqu'au bout des ongles[2], qui vont fonder le *Relais civique*. Si un passant avait écouté à la porte, il nous aurait pris pour un club de cinglés[3]. Les gens que j'ai réunis adhèrent tous à une idée : faire participer les citoyens à la résolution de leurs (emmerdes[4]) problèmes. Comment ? En repérant les initiatives locales qui ont fait leurs preuves pour résoudre un échec inadmissible de notre société ; puis, sans craindre l'adversité, nous tenterons de bâtir une extension nationale – mais oui ! – en fédérant les forces nécessaires [...].

À quels problèmes de société allons-nous nous attaquer ? Tous ! [...] On commence par quoi ? Par le commencement, la base : l'échec scolaire, les 15 % d'enfants – soit 100 000 mal partis[5] – qui entrent chaque année en sixième sans savoir lire correctement[6]. [...] Trois ans plus tard – et après les efforts de tant de gens ! –, notre premier

programme, *Lire et faire lire*, fonctionne dans quatre-vingt-sept départements. Plus de cinq mille bénévoles retraités interviennent chaque semaine pour transmettre le plaisir de la lecture et contribuer ainsi à mener les enfants vers la réussite. Trois mille écoles participent à ce système grâce à la ténacité

... UN LIVRE ?

des militants de la Ligue française de l'enseignement[7] et des associations familiales [...]. Le financement est venu, au début, de robinets essentiellement privés : France Telecom[8] et Picard Surgelés[9], aujourd'hui remplacés par les magasins Tati[10] de façon très innovante. [...] Toute la société participe à cette aventure civique qui parie sur

le lien intergénérationnel : les bénévoles qui redécouvrent ce que le mot *citoyen* peut avoir de chaleureux, des entreprises conscientes de leur rôle social, de grandes centrales associatives, les professionnels de l'enseignement, leurs représentants et l'Administration qui, pour une fois, a vraiment accepté de coopérer avec la rue [...].

Lire et faire lire s'appuie sur une expérience magnifique menée à Brest. Pendant quinze ans, des retraités bretons sont venus se faire plaisir en lisant des histoires à des petits groupes de trois ou quatre enfants. Cette pratique conviviale et simple – donc reproductible – a montré une surprenante efficacité pour diminuer l'échec scolaire : elle a créé une habitude de lecture – plaisir qui favorise le succès à l'école. Toute la méthode du *Relais civique* est là : identifier des pratiques bonnes pour notre société, simples et peu onéreuses[11] ; puis réunir dare-dare[12] des partenaires pour les étendre.

Alexandre Jardin, *1+1+1...*
Grasset, 2002.

---

1. Personne originale.
2. Complètement, entièrement.
3. Fou.
4. (Très familier) problème.
5. Qui a mal commencé dans la vie.
6. Cette forme d'illettrisme chez l'enfant est le résultat d'une perte de la maîtrise de la lecture. Plus largement, l'illettrisme touche en France 2 millions d'adultes. La moitié d'entre eux n'a pas eu le français comme langue maternelle.
7. Association qui s'occupe de l'éducation en dehors des heures de classe.
8. France Télécom : entreprise de télécommunication en cours de privatisation.
9. Picards Surgelés : chaîne de magasins spécialisés dans les aliments surgelés.
10. Tati : on trouve tout dans ce grand magasin très bon marché : vêtements, objets pour la maison, bijoux, etc.
11. Coûteux.
12. Rapidement.

Découvrez les documents

1 **Observez le dessin. Décrivez-le.**

2 **Lisez le texte et notez :**
a. le nom de l'association : ...
b. la date de sa création : ...
c. ses objectifs : ...
d. le premier problème auquel elle s'est attaquée : ...
e. les chiffres qui traduisent son succès : ...

3 **Retrouvez dans le texte :**
a. sur quelle conviction repose l'association « Relais civique » ;
b. quelle est la méthode de l'association ;
c. comment s'organise l'action.

Découvrez le reportage

1 Écoutez le dialogue entre le directeur d'une chaîne de magasins et un responsable d'association. Précisez quel est l'intérêt d'une « marque sociale » comme « Lire et faire lire » :
– pour la chaîne de magasins ;
– pour l'association « Lire et faire lire » ;
– pour les consommateurs (enfants et parents).

2 Imaginez en groupes la réponse que vous donneriez au directeur du magasin. Comparez vos réponses. Discutez-les.

Justifier une action

1. Expliquer ses raisons d'agir : étant donné que, vu que, comme, puisque (introduit surtout une justification).

Étant donné que ce programme a eu d'excellents résultats à Brest, nous pensons qu'il est souhaitable de l'étendre à toute la France.

2. Donner les conditions de son action :
– condition nécessaire : du moment que, dès lors que, à force de (+ *nom ou infinitif*) (continuité ou répétition de la cause)...
Du moment que les enseignants sont dans le coup, ce programme a toutes ses chances de réussir.
À force de dynamisme, les bénévoles ont contribué à la réussite de milliers d'enfants.
– condition manquante : faute de (+ *nom ou infinitif*)...
Faute d'avoir des informations concrètes, les hommes politiques restent éloignés des réalités.

3. Signaler le point de départ : à partir du moment où...
À partir du moment où vous nous donnerez le feu vert de l'Administration, nous lancerons notre projet dans toute la France.

Exercez-vous

1 Faites correspondre les causes (ou les conditions) avec les conséquences.

Causes ou conditions	Conséquences
1. Étant donné que 15 % des enfants ne lisent pas,	**a.** il faut la démultiplier.
2. Vu que 4 000 retraités ont envie de transmettre leur savoir,	**b.** autant que leur argent soit utile à l'association !
3. Dès lors qu'une pratique résout vraiment un problème,	**c.** il faut les faire travailler avec les enfants illettrés.
4. Puisque les parents doivent acheter des cartables à leurs enfants,	**d.** il faut d'urgence les initier à la lecture-plaisir.

2 Imaginez les conséquences et complétez ces phrases.
a. Faute de pouvoir lire...
b. Faute de savoir écrire...
c. À partir du moment où tu sauras lire...
d. À force de volonté, ...

3 Imaginez la cause qui précède.
a. ... , autant donner mon argent à une marque sociale !
b. ..., autant créer une marque sociale !
c. ..., autant suivre l'exemple des initiatives qui marchent !

Prononciation et mécanismes
exercice 45
p.159

Échangez vos points de vue

1 Recherchez les raisons expliquant le succès de l'opération « Lire et faire lire ». Donnez vos réponses en groupes.

2 Connaissez-vous des initiatives du même type qui ont permis de résoudre d'autres problèmes ? Citez-les et dites en quoi elles ont été utiles.

Leçon 3 *Expliquer*

Alice, un Clown solidaire

Alice voulait faire médecine.
Malheureusement, elle n'a pas pu. Mais elle a de la suite dans les idées, Alice. Elle a donc décidé qu'elle soignerait autrement qu'en blouse blanche. Les enfants de préférence.
Elle est devenue le clown le plus attendu des services de pédiatrie.
Avec Alice et son association « Clown solidaire », les enfants malades oublient pendant quelques heures la réanimation et ses bip-bip, le scanner de demain, les piqûres de tous les jours.
Alice sait qu'elle a le plus beau public du monde.

Depuis sept ans, Alice est solidaire.

Contacter : clownsolidaire@worldnet.fr
Adresse : Alice et le clown solidaire
8, passage Rochebrune 75011 Paris
Tél. : 01 43 43 78 09

Découvrez les documents

1 **Observez cette annonce.**

2 **Sélectionnez dans la liste ci-dessous trois mots pour décrire :**
  a. le visage de cette petite fille,
  b. le visage d'Alice, tel que vous l'imaginez.
douceur - dureté - sérieux - insouciance - volonté - maturité - immaturité - méfiance - confiance - écoute - agressivité - intelligence - ruse - naïveté - détermination.

3 **Justifez votre sélection.**

Imaginez

1 **Pourquoi Alice a-t-elle créé l'association « Clown solidaire » ?**
Imaginez et formulez sa réponse.

2 **Imaginez que la photographie illustre une autre annonce publicitaire : pour quel type de produit ? avec quel message ?**

Exercez-vous

1 **Lisez le tableau grammatical p. 73.**

2 **Complétez cette interview en vous aidant du tableau grammatical.**
Journaliste : Qu'est-ce qui a ... la création de ton association ?
Alice : J'ai créé l'association « Clown solidaire » ... j'en avais assez de voir des enfants tristes dans l'hôpital où je travaillais.
Journaliste : Qu'est-ce qui t'a ... l'idée de t'occuper des enfants plutôt que des adultes ?
Alice : ... de mon engagement doit être recherchée dans mon adolescence, lorsque je rendais visite tous les jours à mon petit frère gravement accidenté.
Journaliste : C'est cette expérience qui t'a ... à t'occuper des enfants malades, qui t'a ... sensible à la détresse des enfants ?
Alice : Oui. Mais c'est la rencontre avec des élèves de l'École du cirque qui a vraiment ... ma passion pour le travail du clown. Voilà d'où ... mon projet associatif.

3 **Complétez ces témoignages en formulant la cause de ces actions. Utilisez le tableau.**

a. ... ... lutte contre la misère ? J'achète mes voyages dans une agence de tourisme qui reverse 1 % de ma facture à une organisation non gouvernementale de développement durable.

b. ... de mon engagement contre la faim dans le monde, c'est un voyage en Inde.

c. Ce projet ... la conviction commune qu'il fallait aider les enfants à faire leurs devoirs le soir, après l'école.

Pour remonter aux causes

1. S'interroger sur les causes

Pourquoi... ? – Pour quelle(s) raison(s)... ?
Comment se fait-il (que...) ?
Qu'est-ce qui a causé (provoqué, produit, engendré, déclenché) ma vocation de clown ?
Qu'est-ce qui vous a amené à... donné envie de... ?
Qu'est-ce qui l'a rendu attentif, sensible à... ?
Qu'est-ce qui a fait naître sa passion ?

2. Rechercher la cause : l'origine, le point de départ, la source, le fondement, la raison, le motif, la motivation... de son action.
Le point de départ (de mon projet), c'est...

3. Donner des raisons : parce que, car, d'autant plus que...
Alice est d'autant plus heureuse avec les enfants malades qu'elle voulait être médecin.
Sa décision vient de..., s'explique par..., etc.

Prononciation et mécanismes
exercices 46 et 47 p.158

Réalisez une interview

vidéo
Talents *de vie*
Martine : La peinture au café

1 **Lisez cette annonce publicitaire.**

2 **Définissez les termes :** *label, ONG, développement durable.* **Donnez des exemples.**

3 **Imaginez une illustration pour cette annonce.**

4 **Vous êtes journaliste et vous interviewez le directeur d'un hôtel qui a choisi le label « Tourisme pour le développement ».**

a• **Situez cet hôtel dans un pays de votre choix.**

b• **Préparez et jouez la scène avec votre voisin(e).**

0 € C'est tout ce qui vous en coûtera pour lutter efficacement contre la misère.

Aujourd'hui, c'est de votre mobilisation dont nous avons besoin. L'idée est simple : ayez le réflexe d'acheter vos voyages – France et étranger – exclusivement chez les professionnels du tourisme qui ont choisi notre label éthique d'entraide : Tourisme pour le développement.1 % de votre facture sera reversé à une ONG qui a fait ses preuves en termes de développement durable. 13 micro-projets d'eau, de nutrition et d'habitat ont déjà été soutenus par notre label. Devenez des « nouveaux voyageurs », qui ne veulent plus voyager impuissants devant la misère. C'est urgent ! Mobilisez-vous. Parlez-en autour de vous.

un MONDE coupé en deux...

L'expérience de l'internat[1] a sans doute joué un rôle important [...] en m'inclinant[2] à une vision réaliste et combative des relations sociales [...]. Ceci notamment à travers la découverte [...] de la coupure entre le monde violent et rude de l'internat, école terrible de réalisme social, où tout est déjà présent, à travers les nécessités de la lutte pour la vie, l'opportunisme, la servilité[3], la délation[4], la trahison, etc., et le monde de la classe, où règnent des valeurs en tout point opposées et ces professeurs qui, notamment les femmes, proposent un univers de découvertes intellectuelles et de relations humaines que l'on peut dire enchantées [...].

D'un côté, l'étude, les internes venus des campagnes ou des petites villes des environs qui [...] aimaient parler de filles ou de rugby, copiaient leurs dissertations de français sur les anciens ou dans des recueils de corrigés, préparaient des « fausses copies » pour les épreuves trimestrielles d'histoire.

De l'autre, la classe, avec les profs évidemment, [...] mais aussi les externes, sortes d'étrangers un peu irréels, dans leurs vêtements apprêtés, culottes courtes un peu attardées ou pantalons de golf bien coupés, qui tranchaient avec nos blouses grises, et aussi dans leurs manières et leurs préoccupations, qui évoquaient toute l'évidence d'un monde inaccessible[5]. Je me souviens de l'un d'entre eux, un « réfugié[6] » à l'accent « pointu[7] », qui, toujours au premier rang et totalement absent à tout ce qui l'entourait, écrivait des poèmes. Un autre, fils d'instituteur, attirait les persécutions[8] sans que l'on sache exactement s'il les devait au fait qu'il était reconnu comme homosexuel ou au fait qu'il se retirait régulièrement, pendant les récréations, pour jouer du violon [...]. Tel qui devint mon principal rival dans les classes terminales, fils d'une femme de ménage des faubourgs de Pau, mais très proche, à travers le scoutisme[9], des fils d'instituteurs ou de médecins de la ville [...], me blessait souvent en prononçant à la manière des paysans du pays et en plaisantant sur le nom, symbole de toute l'arriération[10] paysanne de mon village [...].

J'ai retrouvé beaucoup plus tard, à la khâgne[11] de Louis-Le-Grand[12], la même frontière, entre les internes, provinciaux barbus aux blouses grises ceinturées par une ficelle, et les externes parisiens qui impressionnaient beaucoup tel prof de français [...] par les élégances bourgeoises de leur tenue autant que par les prétentions littéraires de leurs productions scolaires, dès lors conçues comme des productions d'écrivains.

Pierre Bourdieu

1. École dans laquelle les élèves vivent jour et nuit, pensionnat. 2. En m'orientant vers... 3. La soumission, la bassesse. 4. Le fait de dénoncer. 5. Un monde auquel on n'a pas accès, que l'on ne peut pas atteindre. 6. Un homme qui a fui son pays et cherche asile en France. 7. L'accent du nord de la France. 8. Un mauvais traitement, injuste et cruel. 9. Mouvement éducatif qui offre aux jeunes des activités de plein air, des jeux... 10. Le retard culturel. 11. Classe préparatoire à l'École normale supérieure. 12. Grand lycée parisien.

Découvrez le document

1 Lisez le texte. Quel souvenir évoque Pierre Bourdieu ? Pourquoi ce souvenir l'a-t-il marqué ?

2 Reformulez les expressions suivantes en utilisant les mots entre parenthèses.
– « Une vision réaliste et combative des relations sociales » (*dynamique, conception, rapports, lucide*).
– « L'internat, école terrible de réalisme social » (*formation, pensionnat, cruelle, se confronter à la réalité*).

3 Reformulez les expressions suivantes avec vos propres mots.
– « Totalement absent à tout ce qui l'entourait ».
– « Les élégances bourgeoises de leur tenue (et) les prétentions littéraires de leurs productions scolaires ».

4 **Relevez les éléments qui opposent le monde des internes et celui des externes :**
– vêtements
– écriture
– sujets ou style de discussion
– relations humaines
– loisirs
– état d'esprit et manières d'être

5 **Retrouvez dans le texte :**
a• les valeurs en tous points opposées dont parle Pierre Bourdieu ;
b• en quoi consiste le « monde inaccessible » ;
c• ce qui fait des externes des « étrangers un peu irréels ».

Exercez-vous

Exprimer des oppositions

1. Opposer des personnes ou des choses

*À Louis-le-Grand, il y avait une frontière entre **d'une part** les internes et **d'autre part** les externes.*
*Les internes étaient en gris, **alors que** les externes portaient des vêtements à la mode.*
*Les internes étaient en blouse. **En revanche (par contre)**, les externes...*

2. Opposer deux actions, deux idées, deux situations

• Dans une même phrase :
*Il était pauvre, **mais** il a pu faire des études grâce à l'internat.*

En dépit de ⎫
Malgré   ⎬ *sa condition modeste, il a pu faire des études.*

***Certes**, elle n'était pas riche **mais** elle a pu faire des études.*

• Succession de deux phrases :
*Elle était de condition modeste. **Cependant (toutefois, néanmoins, pourtant)**, elle a pu faire des études...*

3. Enchaînement de trois idées

*On dit que Paul n'est pas intelligent. **Or** il a réussi au bac. C'est **donc** qu'on n'a pas su reconnaître ses qualités.*
(Voir aussi p.51)

1 **Utilisez le tableau pour retrouver les oppositions dans le texte.**
Ex. : Alors que les uns font du rugby, les autres jouent du violon.

2 **Soulignez les oppositions suivantes. Utilisez :**
alors que, en revanche, par contre.
a. Les sports populaires (football, rugby, boxe) valorisent l'esprit de sacrifice et la force.
Les sports des classes moyennes et supérieures (golf, tennis, escrime) privilégient l'ampleur, la distance, l'absence de contact direct.
b. Les préférences alimentaires des classes populaires sont guidées par une recherche inconsciente de la force et de l'utilité : on aime la viande, le gras.

Les classes moyennes rechercheront plutôt du raffinement et une nourriture légère : le corps a besoin d'esthétique plutôt que de robustesse.

3 **Construisez à votre tour des oppositions. Faites des phrases avec les éléments suivants.**
a. Films d'aventures / fims psychologiques.
b. Vacances à la campagne près de chez soi / recherche des grands espaces des pays lointains.
c. Cuisine à l'huile / cuisine au beurre.
d. Les petites boutiques où flâner / les grands magasins pour ne pas perdre de temps.
e. Les soirées entre amis à la maison / sortir dans des bars, aller dans des discothèques.

Parlez

1 **Par groupes, faites la liste des circonstances dans lesquelles on peut se retrouver dans un milieu social et culturel différent.**

2 **Si cette expérience vous est arrivée, racontez et répondez aux questions des autres étudiants.**

Prononciation et mécanismes
exercice 48
p.159

vidéo
Talents *de vie*
René : Album de famille de village

Leçon 5 | Donner son opinion

 Dans cette leçon, vous créerez un forum de discussion et vous l'animerez.

Forum « Global tchatche » (aujourd'hui 10 h-12 h)

Présentez-vous !

Adam : Je suis écologiste à *Chiche!*. Je lutte contre les organismes génétiquement modifiés (OGM) et pour la réduction des inégalités Nord-Sud.

Nico : Je suis antimilitariste dans le mouvement « Faut réagir ! »

Fanfan : Je suis antipublicités à la RAP (Résistance anti-publicitaire) : je détourne les publicités. Je veux organiser une Journée sans achats.

Mariella : Je suis solidaire avec les personnes sans papiers et sans terre. Je voudrais lancer une campagne dans les écoles contre l'effet de serre.

Cédric : J'ai 26 ans, ma vie d'activiste a commencé avec les « Restos du cœur ». Je souhaite organiser un 1er Mai « Pour un autre futur » avec cinéma, concerts et fanfares.

Abdel : J'ai 29 ans, je suis responsable du Syndicat de la restauration rapide. J'ai organisé la « hamburgrève » au Mc Donald's de St-Germain ! Je veux lancer un charivari : « un festival pour une mondialisation des alternatives et des solidarités ».

Jean : Je suis un militant politique traditionnel.

Vous êtes éparpillés çà et là, dans le brouhaha du mouvement citoyen.
Ce forum vous est ouvert. Présentez-vous, dites quels sont vos actions, vos projets, vos idées, vos critiques.
Le but de Global tchatche : faire circuler vos idées à Prague, Göteborg, Bruxelles, Gênes, Barcelone... pour inspirer d'autres actions festives, solidaires, récréatives, décontractées et pragmatiques. Pour faire bouger les foules, il faut être inventif !

Discutez !

Message de : Jean
À : Adam, Nico, Fanfan, Mariella, Cédric, Abdel
Objet : *Critique*

D'après vos présentations, je trouve que vous êtes des militants experts : vous choisissez un sujet et vous vous spécialisez, vous ne vous intéressez qu'à ça, vous êtes totalement indifférents aux autres thèmes. Vous ne prenez pas une responsabilité politique globale !

Réponse de Mariella : Jean, tu te plantes complètement ! Je ne suis pas du tout une « experte », au contraire, je suis multicartes parce que chaque lutte se construit différemment.

Réponse d'Adam : Tu vois, Jean, il est impossible de tout maîtriser dans ce monde. Je préfère commencer par une lutte concrète sur un sujet que je connais bien car ça peut déboucher sur quelque chose. A +

Réponse de Nico : Tu peux appeler cela comme tu veux ! Moi, je fais de la « micropolitique » de terrain et, au moins, je vois les résultats concrets ! Salut !

Réponse de Fanfan : Je ne suis pas du tout convaincu par ton analyse. Moi je m'engage sur plusieurs fronts, je suis pour un militantisme sur mesure, adapté à mes envies. Et toi, qu'est-ce que tu fais ?

Réponse de Cédric : Je suis d'accord avec Mariella : pour agir ensemble, on n'est plus obligés d'être d'accord sur tout. À bon entendeur, salut !

Réponse d'Abdel : Je suis du même avis que Mariella et Cédric. Ma colère prend des formes différentes : je veux une vraie mondialisation équitable pour les pays du Sud et du Nord. Bon vent.

Réponse de Mariella : Jean, tu n'as pas compris que nous tous, avec nos « spécialités », nous créons une internationale de l'espoir. C'est pour ça qu'on se spécialise mais c'est aussi pour ça qu'on se met ensemble, comme ça on se lie à d'autres pour agir ENSEMBLE !! A +

THÈMES DE DISCUSSION QUI CIRCULENT SUR L'INTERNET

COURS VITE ! LE VIEUX MONDE EST DERRIÈRE TOI ! ///// SUPPRIMONS LES VOITURES ! ///// SEUL CELUI QUI AGIT COMPREND. (Nietzsche) ///// NE MANGEONS QUE DES BONNES CHOSES ! ///// BOYCOTTEZ MCDO ! ///// JE PRENDS MES DÉSIRS POUR LA RÉALITÉ CAR JE CROIS EN LA RÉALITÉ DE MES DÉSIRS. ///// CONSOMMEZ PLUS, VOUS VIVREZ MOINS. ///// VIVEZ L'ÉPHÉMÈRE. ///// NOUS NE VOULONS PLUS COLLABORER À LA DESTRUCTION DE LA PLANÈTE. ///// TOUT CE QUI EST DISCUTABLE EST À DISCUTER... ///// QUI SÈME LE VENT RÉCOLTE LA TEMPÊTE : ABOLITION DES OGM.

Découvrez le document « Forum »

1 D'où est extrait ce document ? Qui l'a produit ? À qui s'adresse-t-il ?

2 Complétez le tableau pour chaque participant au forum.

	Préoccupation Motif d'engagement	Choix d'action
Adam	...	...
Nico	...	...
Etc.	...	...

3 Que signifie « agir ensemble » pour :
– Cédric : ...
– Abdel : ...

Organisez un forum

1 Lisez la liste des thèmes de discussion qui circulent sur l'Internet, p. 76.

2 En groupes, classez ces thèmes de discussion selon leur degré d'intérêt pour chaque groupe.

3 Choisissez un thème de discussion et un nom pour votre forum.

4 Organisez la discussion écrite.

a• Écrivez et lisez vos premiers messages.

b• Écrivez vos réponses, vos nouvelles idées, vos témoignages, vos arguments, etc.

Formuler votre accord ou votre désaccord

• Être d'accord
Je suis d'accord (avec...).
Vous avez (entièrement) raison.
Je suis convaincu (*convaincre*) que...
Je suis persuadé (*persuader*) que...
J'admets (*admettre*) que...
Je suis du même avis que...
J'approuve vos idées. Je vous approuve.
Marielle et moi nous sommes tombés d'accord.

• Être en désaccord
Je ne suis pas d'accord (avec...).
Je suis en (total) désaccord avec ses idées.
Il a tort.
Je n'approuve pas ses idées.
Je ne l'approuve pas.
Je m'élève (*s'élever*) contre ce projet.
Je m'oppose à ce projet.
Je me refuse à signer (*se refuser*).
Je refuse de signer.
Ces idées sont en contradiction (en opposition) avec...
(*Voir aussi p. 57*)

Prononciation
et mécanismes
exercice 49
p.159

Élisez le meilleur forum

1 Lorsque le temps d'échange est écoulé, résumez la discussion de chaque forum.

2 Un responsable présente oralement ce résumé aux autres forums.

3 Élisez la meilleure discussion en prenant en compte les critères suivants :
– originalité du thème du forum ;
– exemples intéressants ;
– diversité des points de vue.

BILAN • BILAN • BILAN • BILAN • BILAN

1 Interpeller

Associez les verbes et les mots suivants, puis utilisez les expressions ainsi formées pour compléter la lettre (pastiche de la chanson « Le Déserteur »).

a. s'opposer   **1.** pour la dignité des enfants.

b. (ne pas) supporter   **2.** sa révolte

c. crier   **3.** au travail des enfants

d. s'engager   **4.** certaines injustices

Monsieur le président,

Je vous fais une lettre car j'ai décidé de m' . . . . . . au . . . . . .

Je ne . . . . . . plus cette . . . . . .

Je suis sur terre pour . . . . . .

Ma décision est prise, je vais . . . . . . pour . . . . . .

2 Relier causes et conséquences

Complétez ces phrases en leur associant les conséquences ci-dessous :

a. Étant donné que tu es un homme d'action, ...

b. Puisque tu veux exercer une activité artistique, ...

c. Comme j'ai mis de l'argent de côté, ...

d. Faute de temps, ...

e. À partir du moment où l'on veut communiquer, ...

1. je peux financer ses études.

2. tu n'as qu'à t'inscrire aux Beaux-Arts !

3. tu ne peux pas rester inactif sur une plage.

4. on progresse rapidement dans une négociation.

5. elle ne prend pas soin de sa santé.

3 S'interroger sur les causes

Complétez cette interview avec les mots suivants :

le fondement - déclencher - le point de départ - pousser - fonder.

a• *Qu'est-ce qui t'a . . . . . . à te marier après 25 ans de vie commune ?*

. . . . . ., ça a été l'achat de notre maison. Je me suis dit : bon voilà, maintenant on est vraiment ensemble pour le reste de notre vie. C'est ce qui a . . . . . . ma décision.

b• *Quel était . . . . . . de votre couple avant cet achat ?*
Notre couple est simplement . . . . . . sur l'envie de vivre ensemble, sur le bien-être que nous ressentons chaque jour !

4 Enchaîner des arguments

Complétez le texte de cette « scène de ménage » avec les mots suivants :

mais - en dépit de - d'une part - d'autre part - alors que.

– J'en ai assez de tes contradictions ! . . . . . . tu me dis « oui », tu penses « non ».

–Tu me promets que tu vas t'occuper des vacances, des enfants. pour finir, c'est toujours moi qui fais tout.

– Je suis bien bête car, ... ton attitude, j'ai toujours voulu te faire confiance, depuis quelque temps j'ai des doutes.

– . . . . . ., je suis fatiguée et, ..., je suis en train de changer : j'ai envie d'une autre vie.

5 Exprimer une opposition

Opposez les éléments de chaque colonne, puis créez des phrases en utilisant *alors que, toutefois, néanmoins*.

Ex. : J'aime beaucoup cuisiner pour mes amis, toutefois j'apprécie encore plus d'être leur invité !

a. Être brillant à l'école   **1.** ne pas perdre ses amis de vue

b. Avoir de nombreux admirateurs **2.** toujours prévenir

c. Réussir sur le plan professionnel **3.** être maladroit avec son petit frère

d. Être souvent en retard à ses rendez-vous **4.** souffrir de la solitude

6 Exprimer son accord/désaccord

Lisez cette coupure de presse, puis faites des phrases pour exprimer votre accord ou votre désaccord vis-à-vis des mesures.

LA GUERRE EST DÉCLARÉE aux « barbares » de la route

La France détient le record d'Europe des morts – 8 000 chaque année – dans les accidents de la route et souhaite lutter contre ce « scandale national ».
Pour lutter contre l'insécurité routière, le gouvernement devrait annoncer trois mesures :
1. la multiplication des contrôles,
2. l'aggravation des sanctions,
3. la lutte contre l'alcool au volant.

Ex. : Je suis convaincu que la multiplication des contrôles sera efficace !/ Je suis en désaccord total avec la multiplication des contrôles !

a• Je suis convaincu qu'il est nécessaire de . . ./ Je ne pense pas qu'il soit nécessaire de . . .

b• Je suis persuadé qu'il faut . . ./ Je n'admets pas . . .

c• J'approuve . . ./ Je suis opposé à . . .

Comprendre

Leçon 1 | Reformuler

Reportage/ # Impressions de séjour...

Il y a Sabine et Kristel, deux étudiantes allemandes qui résident à Paris à la Cité universitaire ; il y a Thomas et Julie qui séjournent depuis quelques mois aux États-Unis, l'un est étudiant, l'autre travaille en entreprise. Chacun a une expérience, un regard différent sur la réalité qui l'entoure, une réalité pas toujours facile à expliquer. Écoutons-les.

Écoutez le document

1 Écoutez le document et notez de qui ou de quoi parlent :
– Kristel et Sabine : ...
– Julie et Thomas : ...

2 Recherchez les différentes façons d'exprimer :
• **dans le dialogue entre Kristel et Sabine :**
a. le souci esthétique : les plus jolies du monde, elles sont soignées...
b. l'absence de personnalité : ...
• **dans le dialogue entre Julie et Thomas :**
c. le sens de l'accueil : ...
d. l'indifférence : ...

3 Trouvez les expressions utilisées pour introduire des reformulations.
– Sabine : En d'autres termes – ...
– Thomas : ...

4 Quels sont les buts des reformulations dans les deux dialogues ?

	D1	D2
a. Lever un malentendu ?	❑	❑
b. Prouver que l'on a bien compris ?	❑	❑
c. Maintenir le contact avec son interlocuteur ?	❑	❑
d. Clarifier les propos de son interlocuteur ?	❑	❑
e. Traduire en français standard ce qui a été énoncé en style argotique ?	❑	❑

Exercez-vous

Pour chacune des bulles suivantes :
a• Trouvez la situation : qui parle ? à qui ? dans quelle situation ?
b• Reformulez le propos.
Ex. : (1) Désolé, je ne peux pas payer plus cher (c'est mon dernier prix)...

1• Non, franchement, je ne peux pas aller au-delà dans mon offre ; après c'est moi qui perds de l'argent.

2• J'ai trouvé le film bien. Cela dit, on pourrait reprocher au scénario d'être très prétentieux et à la mise en scène d'être trop voyante...

3• Tu n'es jamais là quand j'ai besoin de toi ; tu ne me dis pas où tu vas quand tu sors tard le soir ; je ne sais pas où te joindre... Tu ferais mieux d'aller habiter ailleurs !

4• Dans ce roman, j'ai essayé de faire un récit où le destin du héros est vu sous plusieurs angles différents ; certaines parties nous échappent, restent dans l'ombre...

5• Oui, c'est pas mal : l'accueil est un peu froid, le service peut-être un peu lent. Et puis la cuisine est moins originale qu'on nous l'avait dit.

Reformuler des paroles

Ainsi, selon vous / toi...
Vous voulez dire que... Tu veux dire que...
En d'autres termes,...
À votre / ton avis donc...
Ainsi, tu penses que... Ainsi, vous pensez que...
Si je comprends bien,...
Ton / votre sentiment est que...
(voir p. 39)

Réfléchissez

Recherchez des situations dans lesquelles vous avez dû reformuler
les propos de votre interlocuteur..

Jouez la scène

(À faire à deux)

**Vous avez endommagé la voiture (la maison, l'appartement…) qu'un(e) ami(e) vous a prêté(e). Vous
n'osez pas le lui avouer franchement. Votre ami(e) est chaque fois obligé(e) de reformuler ce que vous
dites avant de découvrir la vérité.**

Reformulez un récit

ALFRED : Ce matin dans *Paris-Jour*,
il y avait une histoire marrante[1]…
ANGELA : Quoi ?
ALFRED : Une fille qui est amoureuse de
deux types[2] en même temps. Elle leur
envoie un pneumatique[3] pour leur
donner rendez-vous. Un, gare du Nord
et l'autre, deux heures après, porte
d'Italie. Elle va mettre les pneumatiques
à la poste. Et juste après les avoir mis,
paf! Elle s'aperçoit qu'elle s'est
trompée d'enveloppe. Par exemple que
la lettre où il y a marqué : « Paul, mon
chéri… » est dans l'enveloppe de Pierre
et réciproquement.
Alors elle est complètement affolée.
Elle galope chez le premier type. Le

Vous avez quelque chose à déclarer ?

1. Amusante.
2. Hommes.
3. Au début du XXᵉ siè-
cle, un pneumatique
(ou pneu) était un mes-
sage déposé au bureau
de poste et envoyé à tra-
vers un tube où passait
de l'air comprimé.
4. *(fam.)* La met à la
porte.

pneumatique n'est pas encore arrivé. La fille dit au type : « Écoute, mon chéri, tu vas recevoir un
pneumatique. Ne crois pas ce qu'il y a dedans. » Il lui demande des explications. Elle est forcée de
tout dire. Finalement, il la fout à la porte[4]… quand il apprend qu'elle sort avec un autre.
Alors la fille se dit : j'en ai perdu un mais je pourrais toujours garder l'autre. Elle traverse tout
Paris et galope chez le deuxième type. Mais le pneumatique était déjà là. Le deuxième type n'a pas
du tout l'air fâché. Au contraire. Alors la fille lui dit : « Tu es gentil toi, tu me pardonnes. » Il a
l'air tout étonné mais il ne dit rien. Alors elle lui raconte de nouveau toute l'histoire car elle croit
qu'il fait exprès de l'humilier avant de lui pardonner vraiment. Et brusquement le deuxième type
la fout aussi à la porte, en lui montrant le pneumatique. Et la fille découvre alors qu'elle ne s'était
pas du tout trompée d'enveloppe.

Jean-Luc Godard, extrait de *Montparnasse-Levallois*, 1964.

Prononciation
et mécanismes
*exercices 50
et 51, p.159*

1 Découvrez l'histoire.

a• **Qui sont Paul et Pierre ?**   b• **Notez les trois erreurs successives de la jeune fille.**

2 **Par petits groupes, imaginez chacune des scènes. Écrivez les dialogues. Utilisez les formules du
tableau pour introduire les reformulations.**
a. Première scène : la jeune fille va chez Pierre et elle commence :
« Écoute, mon chéri, tu vas recevoir un pneumatique. Ne crois pas ce qu'il y a dedans. »
b. Deuxième scène : chez Paul :
« Tu es gentil toi, tu me pardonnes… ».

3 Jouez les scènes.

vidéo
Talents
de vie

*Mohammed :
Un cœur gros
comme ça*

quatre-vingt-un

81

Leçon 2 Raconter un itinéraire personnel

Alexandra Verga : peindre de Buenos Aires à Paris

Alexandra Verga est peintre, argentine et installée en France depuis 1990. Elle fait des livres d'art à partir de mots découpés dans de vieux livres invendus.

La peinture d'Alexandra a un lien étroit avec son continent d'origine. En effet, c'est à l'École des beaux-arts de Buenos Aires qu'elle étudie de 1985 à 1990 la peinture latino-américaine... Plongée dans la vie culturelle argentine, elle côtoie[1] les peintres du moment.

Des images et leurs mots

En mai 1990, ses études terminées, Alexandra quitte l'école. Elle quitte également famille, amis, langue et pays. Direction : Paris, une ville et une langue inconnues où elle ne peut pas se remettre à peindre immédiatement car il lui faut s'installer, trouver un atelier, organiser sa nouvelle vie.

L'atelier enfin aménagé, elle évalue pour la première fois l'impact de son environnement[2] sur sa créativité : l'importance des mots. Avant de quitter son pays, elle pensait pou-

voir peindre n'importe où : elle pensait que les lieux étaient interchangeables[3]. C'est une illusion : en fait, ses toiles argentines répondaient à une phrase, une chanson, une conversation qui avaient éveillé en elle l'écho[4] d'autres paroles à partir desquelles elle trouvait un titre, préalable à une nouvelle toile. Mais en France, aucun mot ne déclenche[5] ces sensations. Il lui faudra des années pour se sentir en écho avec la langue française, en effet, « *ce n'est pas parce qu'on parle une langue qu'on se l'approprie* ».

Pourtant, Alexandra ne renonce pas à son travail de peintre. Et ceci grâce à une rencontre. Lors d'un séjour en Espagne, au cours d'une corrida, elle découvre « le » taureau. Elle tente d'en faire un symbole. Oui mais comment ? Par hasard, elle tombe dans la rue sur la photographie d'un taureau : elle photocopie cette représentation qui, démultipliée, devient la clé de sa nouvelle œuvre. Ce lien avec l'Espagne la fait progresser formellement.

D'une langue à l'autre

De retour à Paris, Alexandra fait alors son premier livre. Quelque temps après son retour, elle trouve l'image de la Truite. Elle se procure un vieux livre et tout se fait naturellement : au fur et à mesure qu'elle découpe ce livre, elle y reconnaît ses propres thèmes autobiographiques. Elle retrouve le plaisir de travailler. Pendant toute cette période, elle s'approprie la langue française. Elle recommence à être attentive à ce qu'elle lit, à nourrir son imaginaire. Petit à petit, elle abandonne l'usage de l'espagnol dans ses tableaux. Ce qu'elle raconte désormais dans ses livres, elle ne l'aurait pas même imaginé dans sa langue maternelle !

D'après le dossier *Faire de sa vie une création*, Culture en mouvement, mai 2000.

1. Elle vit aux côtés de...
2. L'importance de sa vie quotidienne.
3. Des lieux équivalents.
4. Éveiller un souvenir.
5. Réveiller.

Découvrez le document

1 **Lisez le texte et reconstituez les différentes étapes du parcours d'Alexandra.**
De 1985 à 1990 : ...
En mai 1990 : ...
Lors d'un séjour en Espagne : ...
De retour à Paris : ...

2 **Reformulez les expressions suivantes.**
a. Elle évalue l'impact de son environnement sur sa créativité.
b. Elle pensait que les lieux étaient interchangeables.
c. Aucun mot ne déclenche ces sensations.
d. Il lui faudra des années pour se sentir en écho avec la langue.

Exercez-vous

1 Lisez le tableau ci-dessous.

Expliquer les circonstances

• Situer le début

–avec précision : Le 22 juillet 1962...
Dès que... Le jour même... À l'instant où...
À partir de maintenant... Désormais...
–de façon imprécise : Au cours de l'été...
Dans les années... Un dimanche soir...
Aux environs de.

• Donner un rythme

–précis : Au bout de deux heures...
Deux mois plus tard... Le jour suivant...
Dès le mois de mai...
–imprécis : Au printemps... En avril... Autour
du... Pendant une dizaine d'années... Dans
les années... Quelques jours plus tard... Par
hasard... Un jour... Quelque temps après...

• Préciser le déroulement

Au fur et à mesure que... Au cours de... Lors
de... Pendant toute cette période... Petit à
petit... Peu à peu... Progressivement.

• Indiquer la fin

–avec précision : Arriver le... Se terminer le...
–de façon imprécise : Arriver, partir aux
alentours du...

• Donner des raisons précises

En raison de... Motivé par...

• Donner des raisons imprécises

Pour tout un ensemble de raisons...
Pour des raisons très diverses...

• Préciser les différentes étapes

Commencer par... Se poursuivre avec...
S'interrompre lorsque... Continuer avec...
Prendre fin avec...

2 Relevez dans le texte les mots indiquant
la succession et le déroulement des actions
dans le temps.

3 Choisissez entre ces deux itinéraires :
a. L'itinéraire d'une personnalité historique,
littéraire, médiatique ou artistique que vous
aimez particulièrement. Vous racontez cet
itinéraire en vous aidant du tableau.

b. L'itinéraire imaginaire de quelqu'un qui décide
de tout quitter et dont vous retrouvez finalement
la trace. Il vous raconte son histoire. Imaginez
cette histoire et son parcours en vous aidant du
tableau.

4 Décrivez deux actions simultanées.
Reformulez les phrases en associant deux
éléments.
*Ex. : Être plongé dans la vie culturelle | côtoyer les
peintres du moment → Plongée dans la vie culturelle
argentine, elle côtoie les peintres du moment.*
a. Être coupé de sa langue / ne plus pouvoir
communiquer.
b. Partir un matin / ne jamais revenir.
c. Être persuadé de gagner / battre tous ses
adversaires.
d. Devenir francophone / pouvoir créer en français.
e. Être absorbé par son travail / ne plus s'occuper des
enfants.

Prononciation
et mécanismes
*exercice 52,
p.159*

Racontez

Racontez maintenant votre itinéraire personnel
par écrit : indiquez les événements, les
rencontres, les lieux qui vous ont marqué(e)
et vous ont fait évoluer.

Leçon 3 Comprendre les jeunes

JEUNES ET ENGAGÉS

Tolérants, antiracistes, généreux, les 15/24 ans sont disponibles pour défiler, manifester, pétitionner mais peu engagés dans les associations ou organisations.

Ils se mobilisent contre : l'intolérance (38 %), la pauvreté (38 %) et l'égoïsme (24 %).

Ils se déclarent prêts à descendre dans la rue contre le sida (40 %), le racisme (35 %), pour l'emploi (35 %), contre la guerre (2 %), pour l'environnement (8 %).

Ils sont très faiblement représentés au sein des associations ou des organismes tels que les organisations lycéennes ou étudiantes. 13 % seulement appartiennent à une association de lutte contre le sida, 12 % collaborent à une association humanitaire, 8 % agissent pour lutter contre le racisme.

Les manifestations de rue ont mobilisé 64 % d'entre eux contre une réforme universitaire, 22 % contre un acte raciste, 14 % en faveur de la lutte contre le sida, 8 % en faveur de l'environnement.

Ils ont fait des dons : à Sidaction[1] (21 %), aux Restos du cœur[2] (19 %), au Téléthon[3] (18 %), à une association humanitaire (16 %), et aux mendiants ou vendeurs de journaux pour la moitié d'entre eux.

Ils ont déjà signé des pétitions : 84 % des étudiants et 69 % des lycéens.

Ils ont de bons sentiments, souhaitent que les choses changent mais veulent rester libres et autonomes.

Le Monde de l'éducation (enquête menée auprès d'un échantillon de 543 jeunes de 15 à 24 ans).

Le groupe Zebda, à l'origine du mouvement des « Motivé-e-s »

1. Sidaction : mouvement d'action contre le sida.
2. Restos du cœur : association créée par un humoriste (Coluche) pour lutter contre la pauvreté.
3. Téléthon : émission de télévision dont le but est de rassembler des dons pour soutenir la lutte contre la myopathie.

Découvrez le document

1 Lisez l'enquête du magazine *Le Monde de l'éducation.*
Définissez les mots suivants :
défiler - manifester - pétitionner - descendre dans la rue - se mobiliser.

2 Relevez :
– les thèmes qui mobilisent le plus les jeunes ;
– les types de mobilisation qu'ils préfèrent.
Classez-les du plus au moins important.

3 Donnez votre avis sur ce classement.

Exercez-vous

1 Complétez en employant les expressions de la rubrique du tableau « Idée de progression ».
Un militant
a. ... Pierre rencontre de chômeurs, ... il milite pour l'emploi.
b. Il est ... sensible à ce problème qu'il a été lui-même chômeur.
c. ... que Pierre comprend que beaucoup d'hommes politiques font leur métier par ambition, il se détourne des partis politiques.
d. Il a ... envie de s'inscrire à un parti.
e. Il en a ... envie qu'il veut rester libre de ses actes.

2 D'après l'enquête du magazine, ces comparaisons sont-elles vraies ou fausses ? Lorsqu'elles sont fausses, rétablissez la vérité en une phrase.
a. Les 15/24 ans se mobilisent aussi bien contre l'intolérance que contre la pauvreté.
b. Ils sont plus mobilisés contre le sida que contre le racisme ou pour l'emploi.
c. Ils sont autant concernés par la guerre que par l'environnement.
d. Ils sont aussi faiblement représentés dans la lutte contre le sida que dans la lutte contre le racisme.

1. Nuancer une comparaison

un peu
beaucoup — plus/moins (+ adjectif ou adverbe) que
bien — plus de/moins de (+ nom) que
tellement — plus/moins (placés après le verbe) que

Il est aussi généreux que... - Il donne autant d'argent que... - Il donne autant que...

N.B. : bon → meilleur/moins bon - bien → mieux/pire, moins bien.
« Davantage » (=plus) ne se construit qu'avec un verbe ou un nom.

2. Idée de progression

→ plus/moins... plus/moins
Plus *il explique,* **moins** *je comprends.*

→ de plus en plus/de moins en moins
L'écart entre les riches et les pauvres est **de plus en plus** *grand.*

→ au fur et à mesure que...
Au fur et à mesure qu'*elle prenait conscience des problèmes sociaux, elle s'engageait politiquement.*

→ d'autant plus/moins/mieux... que
Il est **d'autant plus** *sensible aux propos racistes* **qu'***il en a été victime.*

Prononciation et mécanismes
exercice 53, p.159

Exprimez-vous

1 Lisez le texte d'appel de la liste des « Motivé-e-s ».

2 Expliquez l'orthographe des mots suivants : Motivé-e-s ; individu-e-s ; élu-e-s...

3 En groupe, dites où et quand a été écrit ce texte ? Par qui ? Dans quel(s) but(s) ?

4 Le programe de la liste des « Motivé-e-s » vous paraît-il : original ?
intéressant pour les habitants de Toulouse ? réaliste ? efficace ? Justifiez votre réponse.

5 Écrivez maintenant votre propre programme.

vidéo
Talents *de vie*
François :
L'art au cœur des forêts

Texte d'appel de la liste des Motivé-e-s
(campagne pour les élections municipales de mars 2001)

On est toulousains, on est toulousaines, d'ailleurs ou d'ici, on aime notre ville. Comme vous, on est simple citoyen, citoyenne, acteur, actrice du mouvement social. On vous présente une liste qui souhaite réfléchir tout simplement.
Nos idées sont celles d'une société basée sur l'égalité, la justice sociale, la solidarité, dans un cadre de vie qui donne de l'air [...]. Nous ne détenons aucune vérité, si ce n'est l'envie de tenter de faire autrement. [...]
Nous sommes motivé-e-s à l'idée que les habitant-e-s puissent soulever des problèmes, participer de plus près au débat public.
Nous sommes motivé-e-s à l'idée de casser la frontière qui existe entre élu-e-s et citoyens/citoyennes.
Nous voulons de l'espace pour critiquer, s'informer, élaborer, décider et contrôler la gestion de notre ville [...]. Toulousains, Toulousaines [...], on vous invite donc à nous rejoindre tranquillement...

Extrait de *Motivés, motivés, soyons motivé-e-s*, Points Virgule, Seuil, 2002.

Leçon 4 *Défendre une idée*

Métissages

Jean-Claude Izzo, Amin Maalouf, tous deux sont méditerranéens ; tous deux viennent d'une terre (Marseille, le Liban) aux identités mêlées. À Marseille comme au Liban se retrouvent côte à côte des peuples, des religions, des cultures... Une matière inépuisable pour les écrivains.

Et puis j'étais persuadé qu'elle l'avait eue sa maîtrise. Poésie et devoir d'identité. Je l'avais lue, il y avait quinze jours, et j'avais trouvé que c'était un travail remarquable. Mais je n'étais pas le jury et Leila était arabe.

Elle s'était inspirée d'un écrivain libanais, Salah Stétié, et avait développé quelques-uns de ses arguments. Elle jetait des ponts entre Orient et Occident. Par-dessus la Méditerranée. Et elle rappelait que dans les *Mille et Une Nuits*, sous les traits de Sindbad le Marin, transparaissait tel ou tel épisode de l'*Odyssée*, et l'ingéniosité reconnue à Ulysse et à sa malicieuse sagesse.

Surtout, j'avais aimé sa conclusion. Pour elle, enfant de l'Orient, la langue française devenait ce lieu où le migrant tirait à lui toutes ses terres et pouvait enfin poser ses valises. La langue de Rimbaud, de Valéry, de Char saurait se métisser, affirmait-elle.

Jean-Claude Izzo,
Total Kheops, Gallimard.

Moitié français, donc, et moitié libanais ? Pas du tout ! L'identité ne se compartimente pas, elle ne se répartit ni par moitiés, ni par tiers, ni par plages cloisonnées. Je n'ai pas plusieurs identités, j'en ai une seule, faite de tous les éléments qui l'ont façonnée, selon un « dosage » particulier qui n'est jamais le même d'une personne à l'autre.

Parfois, lorsque j'ai fini d'expliquer, avec mille détails, pour quelles raisons précises je revendique pleinement l'ensemble de mes appartenances, quelqu'un s'approche de moi pour murmurer, la main sur mon épaule : « Vous avez eu raison de parler ainsi, mais, au fin fond de vous-même, qu'est-ce que vous vous sentez ? »

Amin Maalouf,
Les Identités meurtrières, Grasset, 1998.

Découvrez les documents

1 **Lisez le texte de Jean-Claude Izzo.**
a• Trouvez les expressions qui signifient :
– dans le 2ᵉ paragraphe : *relier* ;
– dans le 3ᵉ paragraphe : *retrouver son pays natal – se stabiliser – évoluer en intégrant des mots étrangers*.

b• Qui est Leila ? Qu'a-t-elle fait ? Pourquoi Jean-Claude Izzo parle-t-il d'elle ?

c• Quel est le sujet du mémoire de maîtrise de Leila ?

d• Quelle est, d'après Leila, la fonction de la langue française pour les migrants ? Donnez votre avis sur les conclusions de Leila.

2 **Lisez le texte d'Amin Maalouf.**
a• Relevez les mots qui évoquent :
– l'idée de « parties » et de « séparation » ;
– l'idée de « totalité » et de « réunion ».

b• Retrouvez dans le texte la définition de l'identité.

c• Illustrez par des exemples la définition de l'identité selon Amin Maalouf.

d• Que pensez-vous de cette définition ?

3 **Essayez de dire, par petits groupes, ce que les deux textes ont en commun. Rapprochez les mots de l'un et de l'autre.**

É coutez le reportage

1 Pour chacun des personnages suivants, notez comment ils définissent l'identité.
– Yasmina : ...
– Andrea : ...
– Rachid : ...
– Mariella : ...

2 Comparez les définitions de l'identité que vous venez de relever dans le reportage avec celles des deux textes.

Défendre une idée

• Annoncer l'idée
Je voudrais (je peux) prouver..., démontrer..., montrer que...
Cette idée ne démontre (ne prouve)...

• Donner des exemples
Par exemple... – C'est le cas de... – On peut donner comme exemple...
Cette idée peut-être illustrée par...
Le besoin de retrouver ses racines se manifeste par...

• Passer des faits aux idées
Ces faits, ces exemples, ces observations prouvent, montrent, relèvent (que)...
Cette situation confirme l'idée (que)...
Ces manifestations sont des arguments en faveur de...

• Présenter un nouvel argument
En outre... De plus... Par ailleurs...

• Préciser ou insister
Certains immigrés s'adaptent difficilement. **En particulier** (**Notamment**... **Surtout**...) ceux qui restent dans leur communauté. **D'ailleurs**, certains ne cherchent pas à s'intégrer.

E xercez-vous

1 Dans les deux textes, relevez les marques de l'argumentation.

2 Recherchez et présentez des arguments. Donnez des exemples en utilisant les expressions du tableau.
Vous avez décidé de vous expatrier (dans un pays de votre choix). Vous en parlez à des amis. Certains prononcent les phrases suivantes. Vous réagissez...
a. Pour les gens de ce pays, tu resteras toujours un étranger.

b. Tu vas perdre une partie de toi-même.
c. Tu ne comprendra pas leur humour et leurs plaisanteries. Tu vas perdre le goût de rire.

3 Réécoutez le reportage et faites un résumé des différents arguments en montrant qu'ils s'opposent et se complètent (voir les tableaux des pages 39 et 75).

O rganisez un débat

1 Cherchez, par petits groupes, ce qui peut composer votre identité. Faites la liste des éléments.
Comparez ensuite vos listes. Discutez de vos choix. Établissez une liste commune.

2 Comparez maintenant votre conception avec celle des écrivains et avec celles des jeunes dans le reportage.

Leçon 5 Réfléchir à son apprentissage

 Dans cette leçon, vous allez réfléchir sur votre apprentissage du français (et éventuellement des autres langues étrangères que vous apprenez). Vous raconterez une réussite ou un échec. Vous présenterez un objet et une personne qui ont joué un rôle important dans votre vie d'étudiant en français.

Vous et les langues...

▸ 1- Quelles langues est-ce que tu as eu l'occasion d'écouter (conversations, chansons, cours…) et de lire dans ta vie (même sans les comprendre) ? Quelle est (ou quelles sont) celle(s) que tu préfères ? Pourquoi ?

▸ 2- Avec quelles cultures est-ce que tu as déjà été en contact (à travers des personnes, des œuvres d'art, de la nourriture, des films…) ? As-tu des préférences ? Lesquelles ? Pourquoi ?

▸ 3- Est-ce que tu as déjà traduit des idées exprimées dans une langue étrangère vers ta langue maternelle (ou vers une autre langue) ?

▸ 4- Est-ce que tu as déjà cherché à comprendre et à interpréter un phénomène culturel étranger ? Le(s)quel(s) ?

▸ 5- Est-ce que tu as déjà expliqué à un étranger quelque chose qu'il ne comprenait pas ?

▸ 6- Est-ce que tu es déjà intervenu(e) pour aider des personnes à se comprendre entre elles ?

▸ 7- Est-ce que tu te considères comme plutôt monolingue ? bilingue ? plurilingue ? monoculturel(le) ? biculturel(le) ? pluri-culturel(le) ? interculturel(le) ? Peux-tu me dire pourquoi.

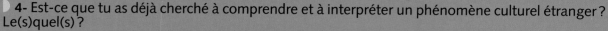

Parlez de votre relation avec les langues étrangères

1 Lisez le questionnaire.

2 Pour chaque question du texte, rédigez une réponse de 2 à 5 lignes.

3 Utilisez le questionnaire pour interviewer votre voisin(e) et vous faire interviewer par lui (elle).

C'est de la part ?

« C'est de la part ? » *dit la voix au téléphone, et je panique. C'est le 3 septembre 1973, je viens de poser le pied pour la première fois sur le sol français, j'ai réussi à mettre les bonnes pièces dans les bonnes fentes du téléphone et à demander à parler avec mon seul et unique contact sur ce continent, Mme Baratin, je n'invente pas, elle dirige l'antenne parisienne de mon université new-yorkaise, et voilà qu'au lieu de me la passer, on me répond par cette phrase désespérément opaque : « C'est de la part ? » Qu'est-ce que ça peut bien vouloir dire ? Encore et encore, au cours de cette première année, je serai confrontée à l'abîme qui sépare le français scolaire, livresque, fantasmatique qui est le mien, et le français vivant tel que les Français le parlent. Les enfants surtout me terrifient : des grappes d'enfants babillant[1] de façon incompréhensible dans le métro, dans les cours de récré : comment se peut-il que des petits morveux[2] sachent parler si bien, si vite, alors que moi, en dépit de mes diplômes, je n'arrive plus à coller trois mots ensemble ? L'effort continuel pour comprendre me fatigue et me crispe ; parfois, en fin de soirée, je renonce à suivre la conversation et me mets à écouter les voix françaises comme une musique chaotique, dénuée de significations précises.*

1. Parlant. **2.** Enfants, gamins.

Nancy Huston, *Douze France*, Actes Sud, 1999.

Racontez un moment difficile

1 Lisez le texte « C'est de la part ? », p. 88.
Trouvez la définition des adjectifs suivants :
opaque – scolaire – livresque – fantasmatique – vivant.
Ex. : « opaque » = qui ne laisse pas passer la lumière.

2 Imaginez le dialogue entre Nancy et la secrétaire, puis jouez ce dialogue.
Nancy : Allô ! Je voudrais parler à ... !
La secrétaire : ... ?
Nancy : ... ?, etc.

3 Souvenez-vous d'un moment (de réussite ou de difficulté) dans votre apprentissage des langues. Vous en faites le récit par écrit.

Évoquez un lieu ou un objet lié à l'apprentissage

Le piano et le clavecin

De manière fortuite, il se trouve que l'apprentissage de la langue française a coïncidé dans ma vie avec la découverte du clavecin (1971). Et que, deux ans plus tard (1973), l'abandon de ma langue maternelle a été accompagné d'un abandon analogique du piano [...]. *L'anglais et le piano* : instruments maternels, émotifs, romantiques, manipulatifs, sentimentaux, grossiers où les nuances sont soulignées, exagérées, imposées, exprimées de façon flagrante et incontournable. *Le français et le clavecin* : instruments neutres, intellectuels, liés au contrôle, à la retenue, à la maîtrise délicate, une forme d'expression plus subtile, plus monocorde, discrète et raffinée. Jamais d'explosion, jamais de surprise violente en français, ni au clavecin. Ce que je fuyais en fuyant l'anglais et le piano me semble clair.

Nancy Huston, *Nord Perdu*,
Actes Sud, 1999.

1 Lisez le texte. Trouvez les mots qui ont la signification suivante.
a. qui arrive par hasard
b. évident
c. obligatoire
d. rare et raffiné

2 Relevez les qualificatifs associés :
– à la langue maternelle de Nancy Huston ;
– au français.

3 Quels adjectifs utiliseriez-vous pour caractériser votre langue maternelle et le français ?

4 Décrivez un lieu ou un objet (un parc, un banc, etc.) qui a joué un rôle particulier dans votre apprentissage des langues.

Prononciation
et mécanismes
*exercice 54,
p.159*

Évoquez un personnage

1 Écoutez le témoignage de Yolande et répondez par « vrai » ou « faux ».
a. Le professeur d'espagnol est arrivé avec une guitare.
b. Il a expliqué les chansons puis on a chanté.
c. La musique latino-américaine est sa seconde patrie.
d. Elle croit que la langue a une dimension affective.

2 Évoquez à votre tour un personnage ayant joué un rôle important dans votre apprentissage des langues. Racontez.

BILAN • BILAN • BILAN • BILAN • BILAN

1 Reformuler

Relisez le texte de J.-L. Godard p. 81 et reformulez les expressions suivantes en choisissant des synonymes :

courir - être paniqué - zut ! - jeter quelqu'un dehors - réaliser - être obligé de.

a• Elle s'aperçoit qu'elle s'est trompée d'enveloppe.

b• « Paf ! »

c• Elle est complètement affolée.

d• Elle galope chez le premier type.

e• Elle est forcée de tout dire.

f• Il la fout à la porte.

2 Enchaîner les arguments

Remettez les répliques de ce débat en ordre. Enchaînez-les quand cela est nécessaire avec :
or, mais, en particulier, alors.

a• Monsieur, pour cela vous devez prouver que le pays va mal

b• Vous devriez reconnaître que votre politique a été un échec

c• Tout démontre le contraire

d• Dans le domaine économique

e• Ces grèves sont des arguments en faveur d'une autre politique

f• Je souhaite démontrer que votre politique sociale a été un échec

g• Si vous prenez les grèves pour illustrer nos erreurs

h• Madame, les grèves récentes confirment nos analyses

i• Votre politique conduit à la catastrophe

3 Décrire deux actions simultanées

Reliez les deux actions qui vont ensemble et rédigez une phrase.

Ex. : Être bénévole la nuit/délaisser son travail le jour
→ Bénévole la nuit, il délaisse son travail le jour.

a. Être coupé du peuple

b. Être motivé par la vie de la cité

c. Être passionné par la musique

d. Être révolté par la guerre

e. Être hostile aux médias

1. organiser une marche pour la paix

2. ne pas allumer la télévision

3. ne plus savoir parler aux gens de la rue

4. vouloir en faire un métier

5. se présenter aux élections municipales

4 Expliquer les circonstances

Complétez les propos de Bénédicte avec les expressions suivantes :

Désormais - Au cours de l'été 62 - progressivement - Quelques jours plus tard - Jusqu'au jour où - Pour des raisons très diverses - c'était le jour de - le jour même - Pendant les dix premières années.

Bénédicte :

......, on est arrivé de Lisbonne en train, avec notre fils et une valise chacun. Ma deuxième fille allait naître dans le train, ...! ...... nous allions vivre une autre vie ! ......, il a fallu beaucoup travailler, la vie était difficile, nous ne sommes pas retournés au Portugal. Pourquoi ? ...... : le travail surtout occupait tout notre temps. ...... je suis tombée par hasard sur une ancienne voisine qui quittait son emploi à la mairie. ......, j'ai reçu un coup de fil. Je m'en souviendrai toujours, ... mes trente ans ! C'est comme ça que je suis ...... devenue assistante maternelle.

5 Réfléchir à son apprentissage

Voici des notes à propos de ce qu'une étudiante dit de son apprentissage du français et des gens qui ont compté pour elle. Reformulez ces notes en texte suivi.

Français : pas sa discipline préférée.

En Grande-Bretagne, sa matière la plus faible.

Manque de confiance en elle quand elle doit le parler.

Représentation du français comme une langue difficile.

Vit les examens oraux comme de vrais cauchemars.

Impossible pour elle de dormir une semaine avant l'examen.

Rencontre de Jason ; déblocage.

Longues conversations ; patience, gentillesse de Jason ; qualité d'écoute.

Sans l'aide de Jason et sa disponibilité, pas de séjour en France aujourd'hui.

Se distraire

Leçon 1 Généraliser

Moi, raciste ! Salomon ! Ah non, Dieu merci !

« Les Aventures de Rabbi Jacob » de Gérard Oury est l'un des films les plus célèbres de Louis de Funès. Cette comédie a été vue par des millions de spectateurs. C'est une satire de toutes les sortes de racismes.

Victor Pivert (Louis de Funès), riche industriel, roule sur les routes de Normandie avec son chauffeur Salomon pour aller au mariage de sa fille. Il est pressé et double, au-delà de la ligne blanche, des files de voiture.

Pivert : Mais qu'est-ce qu'il fout dans la troisième file ? Vous avez vu : c'est un Anglais. Anglais ! J'aime pas, moi, les Anglais. Vous aimez les Anglais ?
Salomon : Ben oui.
Pivert : Moi je les aime pas. Regardez : un Suisse et un Allemand.
Salomon : Ben alors ?
Pivert : On n'est plus en France, ici. Bon voilà, maintenant on est derrière un Belge.
Salomon : Pourquoi, les Belges non plus vous les aimez pas ?
Pivert : Ils nous polluent, les Belges. Regardez son pot : c'est un pot belge… Tiens, je vais le doubler, le tripler ! *(Il se trouve à côté d'une 2 CV conduite par un Français rondouillard.)* Alors là, regardez, Salomon, regardez : eh bien c'est propre, c'est net, c'est silencieux, il n'y a pas de fumée. Eh eh : c'est un Français ! Monsieur…
Le Français *(agressif)* : Dis donc toi, tu peux pas faire la queue, comme tout le monde ! Abruti, crétin, cocu ! Andouille !
Pivert : Vous avez entendu, hein ? C'est ça, les Français.

Le Français : Faut pas te gêner…
Le gendarme : Hé, ho, c'est fini, oui ?
Pivert : Qu'est-ce qu'il y a, qu'est-ce qui se passe encore ?
Le gendarme : Vous voyez bien : c'est un mariage.
Pivert : Justement, moi aussi je marie ma fille, alors laissez-moi passer… Vous avez vu la mariée ?
Le gendarme : Oui.
Pivert : Elle est noire ! Elle est même pas café au lait : elle est noire. Et lui il est blanc.
Le gendarme : Et alors ?
Pivert : Il est blanc ; elle est noire. Elle est noire… Oh !… laissez-moi passer : je marie ma fille ! Allons…
[…]
Salomon : En tout cas, c'est pas à Monsieur que ça risquerait d'arriver…
Pivert : Quoi donc ?
Salomon : Que Mademoiselle épouse un Noir.
Pivert : Qu'est-ce que ça veut dire ça ?
Salomon : Que Monsieur est peut-être un peu raciste.
Pivert : Raciste ! Moi, raciste ! Salomon ! Raciste ! Ah non Dieu merci, Antoinette épouse un Français, bien blanc, bien blanc…
[…]
Salomon : Et son cheveu sur la langue…
Pivert : Il a un cheveu, mais est riche. Riche comme moi, et catholique comme tout le monde.
Salomon : Pas comme tout le monde, Monsieur, parce que moi par exemple, je suis juif.
Pivert : Vous êtes juif ? Comment, Salomon, vous êtes juif ? Salomon est juif… Oh !
Salomon : Et mon oncle Jacob, qui arrive de New York, il est rabbin.
Pivert : Mais il est pas juif ?
Salomon : Ah si !
Pivert : Pas toute votre famille ?
Salomon : Si.
Pivert : Écoutez, ça fait rien, je vous garde quand même.

> **Les Aventures de Rabbi Jacob**
> **Film de Gérard Oury**
> **Scénario : Gérard Oury**
> **Adaptation : Gérard Oury et Danièle Thompson**

Réfléchissez en groupe

À quoi associez-vous le mot « racisme » ? Établissez en groupe une liste de dix mots.

Puis faites une mise en commun et écrivez la liste type.

Découvrez le document

1 Lisez le dialogue entre Pivert et Salomon.

2 Associez les jugements de Pivert à chacun des représentants des groupes de population qu'il croise.
– L'Anglais : …
– L'Allemand : …
– Le Suisse : …
– Le Belge : …
– Le Noir : …
– Le Juif : …

3 Quel jugement de Pivert se rapporte à :
– un sentiment : …
– une appartenance géographique : …
– la propreté : …
– une boisson : …
– une appartenance religieuse : …

4 Vous venez d'assister à la scène, vous décrivez Pivert à vos amis.

Exercez-vous

Exprimer la sympathie et l'antipathie

• **La sympathie :** être sympathique, aimable, bienveillant, accueillant, cordial, sociable.
• *Exprimer l'acceptation :* accepter, admettre, tolérer quelqu'un, avoir des affinités, s'accorder.

• **L'antipathie :** être antipathique, froid, réservé, distant, désagréable, odieux.
• *Exprimer le rejet :* rejeter, mettre à l'écart, repousser, détester, haïr.
Se disputer, se détester, se haïr.

1 **Comment réagissez-vous aux situations suivantes ? Que dites-vous ?**
• *Situation 1 :* Vous êtes dans le train et vous lisez un roman passionnant. Une femme de 70 ans, qui habite la région que vous traversez, monte dans le train, s'assoit à côté de vous et essaie d'engager la conversation. Elle a beaucoup de choses à raconter...
Ex. : Au début, j'ai envie de ne pas lui répondre et de me montrer antipathique. Je ne me sens aucune affinité avec elle...

• *Situation 2 :* Vous êtes invité(e) chez un couple d'amis. Une dispute violente éclate entre lui et elle. Ils vous prennent à témoin et vous invitent à prendre parti.
• *Situation 3 :* Quelqu'un vous arrête dans la rue, vous salue amicalement ; il ne vous a pas vu(e) depuis longtemps, commence à vous poser des questions sur le temps passé...

Généraliser, particulariser

On généralise et on particularise :
1. par une expression de la quantité :
L'Anglais ; l'Allemand ; le Belge
Anglais ! J'aime pas, moi, les Anglais !
La plupart des... La majorité des... Tous (les Anglais).
mais aussi : le plus, les plus (propres).
Assez, très, plutôt (riche).
2. par une expression de la fréquence :
toujours, souvent, quelquefois, rarement, la plupart du temps.
3. par le recours à une catégorie :
les jeunes ; les policiers ; les timides.
4. par le recours à certains verbes :
se caractériser par, se distinguer, se différencier de, se singulariser, contraster avec.

2 **Remplacez les expressions de la quantité par des expressions de la fréquence et inversement.**
Ex. : La plupart des femmes, à métier égal, gagnent moins que les hommes. → À métier égal, les femmes gagnent souvent moins que les hommes.
a. 40 % des Parisiens n'ont pas de voiture. Ils utilisent **souvent** les transports en commun.
b. La majorité des Français rejettent les thèses racistes. Cependant, ils souhaitent **souvent** un contrôle de l'immigration.
c. Une grande majorité de Français habitant en région estiment qu'ils ont une qualité de vie supérieure à celle des Parisiens.
d. Le métier de pompier et celui d'infirmière sont **toujours** parmi les plus respectés.
e. Nombreux sont les enseignants qui pensent que leur métier est devenu beaucoup plus difficile.

Prononciation et mécanismes
exercice 55
p.159

video
Talents *de vie*

Hugues :
Le jardin
des invités

Exprimez-vous

1 **Discutez le point de vue ci-après.**

« Sous des formes édulcorées, l'imaginaire contemporain repose toujours sur des préjugés dont la mode des tatouages, des musiques du monde, des vêtements ethniques sont parmi d'autres le reflet. Face à un progrès générateur d'angoisses, le besoin d'évasion, le retour aux sources, la quête d'une pureté originelle, les extrêmes géographiques représentent le dépaysement absolu et l'envers de la culture occidentale. »

Christine Barbault, *Peuples des Antipodes*, décembre 2001.

2 **Présentez les particularités culturelles d'une société que vous connaissez bien. Aidez-vous du canevas suivant :**
– population
– organisation de la société
– vie économique et sociale
– religions et croyances
– mode de vie quotidien (alimentation, hygiène, manières de s'habiller, se coiffer, se parer...)

Leçon 2 *Découvrir la bande dessinée*

Tout va bien pour la bande dessinée…

Une production record, 2000 albums édités, 160 albums qui paraissent chaque mois, des succès considérables, le dernier « Astérix » d'Uderzo (3 millions d'exemplaires), « Titeuf », le héros préféré des cours de récréation (1,5 million d'exemplaires), « Le Petit Spirou » de Tome et Janry (600 000 exemplaires), le neuvième art, comme on appelle la bande dessinée ou BD ou encore bédé, est sur un petit nuage…

Dix albums vedettes

Les entremondes

Patrice et Manu Larcenet (Dargaud)
Attention chef-d'œuvre. L'histoire met en scène un veilleur de centrale nucléaire qui va se perdre dans le temps au cours d'une ronde de nuit. L'album se dévore d'une seule traite au fil d'un dessin remarquable.

Cosmik Roger

Julien/CDM (Fluide Glacial)
Cosmic Roger doit trouver une nouvelle planète accueillante pour sauver l'humanité. Mais le héros passe son temps au Bar des Anneaux à frimer[1] devant ses potes[2] mutants… Rire garanti.

Global underground

Bollée et Aymond (Dargaud)
Polar haletant sur fond d'extraterrestres, de vérité-qui-est ailleurs[3] et de manipulations géopolitiques. Le dessin, très efficace, mêle l'étrange, l'action avec bonheur.

Cyberculture mon amour

Lewis Trondheim (Dargaud)
Lewis Trondheim décortique nos modes de vie avec humour et tendresse. Ici, Patrick et Félix se lancent dans la conception du jeu vidéo « Excréminator »… Le dessin est un régal.

Lait entier (t. 2)

De Moor et Desberg (Le Lombard)
Et si les hommes découvraient la vérité sur leurs origines ? Ce serait la cata[4] que l'agent Pi (La Vache) doit éviter à tout prix. Une BD vraiment originale.

Célestin Spéculoos (Les affreux, t. 1)

Bodart et Yann (Vents d'Ouest)
Congo, 1967. Dans une Jeep bourrée de mercenaires qui roule vers Bukavu, Célestin Spéculoos s'angoisse… On ne comprend pas très bien qui est contre qui, mais à l'époque, sur le terrain, c'était également le cas !

La Nurse aux mains sanglantes (Canardo, t. 12)

Pour l'inspecteur Canardo, son trench-coat pourri et sa trogne[5] de travers, aucune cause n'est impossible et il va le prouver dans une enquête plus éclatante que jamais. Le style Sokal fonctionne à merveille.

Hack & Cash

Alain Maindron (Albin Michel)
Aka n'aurait jamais dû recevoir ce mail mystérieux qui va signer la fin tragique de ses copains hackers. Un graphisme nouveau pour ce thriller haletant.

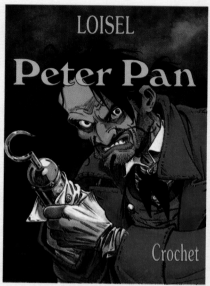

Crochet. Peter Pan

Régis Loisel (Vents d'Ouest)
Au pays des rêves d'enfants, la chasse au trésor est ouverte. Le capitaine Crochet n'est pas le dernier à s'y mettre, même si sa priorité est maintenant de mettre la main (celle qui lui reste, bien sûr) sur Peter dont il veut se venger. Le cinquième tome des aventures de *Peter Pan* est à l'image de ceux qui l'ont précédé : foisonnant, lumineux, féerique. Une aventure sans pareille, comme seuls des enfants sont capables de l'imaginer.

Lanfeust des étoiles

Arleston et Tarquin (Soleil)
Après avoir écumé Troy, Lanfeust et ses compagnons s'envolent pour les étoiles. Dans le plus pur style « heroïc fantasy », un album que les fans s'arrachent.

François Blaise,
in ***Métro.***

1. Se mettre en valeur.
2. Ami.
3. Autre forme de vérité que la nôtre.
4. Catastrophe.
5. Figure, visage.

Découvrez le document

1 Lisez chacun des résumés et classez les albums par genre.
- Action : ...
- Comédie : ...
- Heroïc fantasy : ...
- Policier : ...
- Science-fiction : ...
- Société : ...

2 Relevez les manières de caractériser :
- les albums : ...
- le dessin : ...
- le plaisir de lire : ...

3 Découvrez les scénarios de la bande dessinée.
- Personnages : ...
- Lieux : ...
- Temps : ...
- Actions : ...

Échangez vos points de vue

1 Quel est :
- le ou les personnages les plus attachants, d'après-vous ?
- le récit qui vous intéresse le plus ?
- le lieu ou l'époque qui vous plaît davantage ?

2 Comparez vos choix. Discutez-les.

Devenez auteur de BD

1 Lisez l'interview de Régis Loisel.

DES HISTOIRES POUR ADULTES QUI PARLENT D'ENFANT...

Chacun de vos albums se vend à 200 000 exemplaires. Comment expliquez-vous ce succès énorme ?

[...] C'est le public qui décide ce qu'il veut lire. Ma chance, c'est d'avoir un dessin qui séduit. Et puis les histoires que je raconte sont animées par des personnages très humains, dont j'exploite encore plus les faiblesses les qualités. Les gens peuvent s'identifier à ces personnages. Mais je ne calcule pas tout ça. [...]

Peter Pan, c'est une histoire pour adultes qui parle du monde de l'enfance, un monde de rêves et aussi de cauchemars. Qu'est-ce qui vous a donné envie de raconter cette histoire ?

C'est le film de Disney que j'ai vu quand j'étais enfant. Mais j'ai eu envie de prendre le contre-pied de ce qui existait déjà, d'en faire quelque chose de plus sordide, de plus proche de la réalité. Et puis ça m'intéressait de raconter les fragilités de l'enfance, le manque d'amour des orphelins du roman, ce manque d'amour que tout le monde peut ressentir. *Peter Pan*, c'est une manière de traduire « ce parfum d'enfance », un parfum dont tout le monde peut se souvenir.

Propos recueillis par François Blaise.

2 Comment Régis Loisel qualifie-t-il une bonne BD ? Que dit-il à propos :
- de l'histoire : ...
- des personnages en général : ...
- de son héros Peter Pan : ...
- des thèmes : ...
- de la technique : ...

3 Devenez auteur de BD à votre tour. Travaillez en groupes.

a• Choisissez un genre.

b• Déterminez les éléments de votre histoire.

c• Choisissez le lieu où va se passer votre récit. Décrivez-le.

d• Déterminez l'époque du récit.
Relevez les particularités de cette époque.
Listez les principaux épisodes de l'histoire.

e• À vos plumes et crayons ! Dessinez maintenant votre héros.

Vocabulaire de la BD

- une bande dessinée (une BD) - un album
- une planche (une page) - une vignette (une case) - une bulle - un cartouche
- le texte - un commentaire - un dialogue - une onomatopée
- les genres de BD : le dessin humoristique - les histoires, les romans, les mangas, etc.

vidéo

Talents *de vie*

Christian :
Le monde
recomposé

Leçon 3 ■ Comprendre le rire

LES ROIS DU RIRE

1995-2002 : Voici la liste des comédies que les Français sont allés voir par millions.

Les Visiteurs (1 & 2) de Jean-Marie Poiré, avec Jean Réno, Christian Clavier, Valérie Lemercier et Muriel Robin.

Le XXᵉ siècle reçoit des « visiteurs » un peu inattendus venus du Moyen Âge... Cela donne des héros un peu égarés et désorientés qui n'ont pas toujours les bonnes manières qui conviendraient. Mais leurs descendants ne sont pas moins désorientés...

La vérité si je mens (1 & 2) de Thomas Gilou, avec Richard Anconina, José Garcia, Vincent Elbaz.

Comment un jeune homme d'apparence timide et désargenté parvient à se faire un nom, à réussir et à se faire accepter par des membres au verbe coloré et aux sentiments excessifs de la communauté juive du quartier du Sentier à Paris, une communauté à laquelle pourtant il n'appartient pas.

Tanguy d'Étienne Chatiliez, avec André Dussollier et Sabine Azéma.

Ils voudraient bien s'en débarrasser, ils ne manquent pas d'imagination pour ça, mais Tanguy qui a 27 ans n'a qu'une envie : rester chez ses parents qu'il aime tellement...

Le Dîner de cons de Francis Veber, avec Thierry Lhermitte et Jacques Villeret.

Trouver le con idéal et l'inviter à dîner pour voir jusqu'où on peut aller dans l'exploitation de la connerie d'autrui.

Ridicule de Patrice Leconte, avec Fanny Ardant, Charles Berling, Bernard Giraudeau.

Versailles et la cour de Louis XV. Un petit noble de province parviendra à s'imposer à la Cour en triomphant dans une conversation de salon où il s'agit d'être le plus spirituel possible. Il apprendra comment les bons mots font rire mais peuvent aussi tuer.

Astérix et Cléopâtre d'Alain Chabat, avec Gérard Depardieu, Christian Clavier, Monica Belucci, Jamel, Édouard Baer, Alain Chabat...

Les références, les bons mots d'aujourd'hui accrochés aux plus célèbres aventures d'Astérix. Effet potion magique garanti.

Le Placard de Francis Veber, avec Gérard Depardieu, Daniel Auteuil et Thierry Lhermitte.

Comment ne pas se faire licencier ? En faisant croire qu'on est gay. Attention à la discrimination.

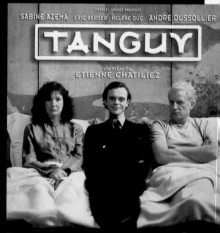

Découvrez le document

1 Lisez les résumés de chacun des films et dites lequel ou lesquels :
a. met en scène des communautés particulières : ...
b. évoque les relations parents/enfants : ...
c. traite du pouvoir des mots : ...
d. s'appuie sur la mémoire collective : ...
e. joue sur les anachronismes : ...
f. met en scène des « caractères » : ...

2 Comparez les thèmes des films comiques français avec ceux de votre pays.

Jamel, le petit prince du rire

Jamel, c'est lui l'architecte poète, gaffeur, menteur, tricheur, séducteur et bien sûr tchatcheur d'« Astérix et Cléopâtre » qui a déjà séduit plus de 20 millions de spectateurs dans le monde.

À l'âge de 13 ans, il a déjà la « tchatche monstrueuse ». Arrivé du Maroc à l'âge de 3 ans en 1979, il a grandi dans la banlieue parisienne, au milieu des cités. À l'école ça ne marche pas vraiment. Alors plutôt que l'option « force de vente » du BEP, il choisit la Ligue d'improvisation française. Il y restera sept ans. Sept ans de cours, de matchs, de tournois. De là cette manière incontrôlable de raconter des histoires que découvrent en 1995 les auditeurs de Radio Nova : sa manière de mélanger les expressions de banlieue, un peu de verlan, trois mots d'anglais et le meilleur français, ses ruptures perpétuelles dans la conversation, cette façon de transformer tout dialogue en joute oratoire. Deux ans après, sur Canal +, c'est au tour des téléspectateurs d'adopter ce personnage qui se moque de tout le monde, des handicapés, des Arabes,

des ministres, des moches, des filles aussi…

Arrive en 1998 le cinéma avec « Le Ciel, les oiseaux et ta mère ». Le film deviendra grâce à Jamel un film culte pour plus d'un million de spectateurs et beaucoup plus en vidéo qui se repassent « en boucle » les répliques de Jamel. Premier grand « one man show », l'année d'après : son public lui fait un triomphe.

La « jamelmania » commence. La France adopte ce jeune homme de 23 ans qui décrit à merveille des gamins prêts à la bagarre pour une barre de chocolat, la vie en bandes rivales, le désœuvrement, le rêve de consommation, les « boulots de merde », les parents dépassés, les petites astuces, les combines et le système « D. VVVVVV » (vite, vite, vite), les joies de l'huissier à la maison…

Mais attention, Jamel ne délivre pas de message.

Il raconte simplement des histoires effrayantes qu'il déguise en contes pour enfants.

1 **Lisez le portrait de Jamel.**

a• **Faites la chronologie de sa carrière.**

b• **Relevez les mots et expressions qui caractérisent son style.**

c• **Quels sont les thèmes de ses sketches ?**

2 **Choisissez par groupes un comique de votre pays et faites-en le portrait.**

Racontez le rire

Voici cinq figures du rire. Par petits groupes, imaginez la scène qui a pu provoquer leur rire.

Leçon 4 | Jouer la comédie

QUEL COMÉDIEN ÊTES-VOUS ?

Nous avons tous joué la comédie : pour ne pas aller à l'école ; pour éviter de voir quelqu'un qu'on n'avait pas envie de rencontrer ; pour ne pas accomplir une tâche qui nous déplaisait…
À chacun maintenant de découvrir à quelle famille il appartient.

Pour vous, Monsieur

1. Choisissez un de ces trois masques pour vous déguiser :
- le masque de Frankenstein
- le masque de Machiavel
- le masque de E.T.

2. En littérature, vous préférez :
- la science-fiction
- le roman policier
- le roman historique

3. Quel costume préféreriez-vous ?
- la toge romaine
- le costume romantique
- des jeans et une veste de velours

4. Aimeriez-vous vivre avec deux femmes en même temps ?
- un peu
- beaucoup
- pas du tout

5. Pensez-vous que :
- ce sont plutôt les hommes qui draguent
- ce sont plutôt les hommes qui se font draguer
- c'est la rencontre des deux qui décide

6. Quel paysage préférez-vous ?
- une mer calme
- la haute montagne
- Manhattan

7. Votre moyen de locomotion, c'est :
- une Twingo
- une Rolls
- une moto

8. Votre soirée préférée :
- une soirée à l'Opéra
- un dîner sympa dans un bon bistrot avec des amis
- un film au cinéma

Pour vous, Madame

1. Pour votre première soirée en tête à tête, vous portez :
- un jean et un T-shirt moulant
- un tailleur sombre avec des bas à couture
- une jupe courte et un « body »

2. Entre ces gants, lequel choisiriez-vous ?
- des gants de conduite
- des gants de laine
- des gants de soirée hauts

3. Côté sport, vous vous voyez plutôt :
- escrimeuse
- joggeuse
- karatéka

4. Votre pierre précieuse, c'est :
- le diamant
- l'émeraude
- la pierre de lune

5. Vous allez faire des achats, vous rapportez plutôt :
- une boîte de caviar
- une paire de chaussures
- un livre de photos

6. Vous vous pesez :
- tous les jours
- une fois par semaine
- une fois de temps en temps

7. Vos vacances, c'est plutôt :
- les îles très lointaines
- une maison superbe dans le Gers
- la vie de château

8. La vie de star, c'est :
- aussi avoir une famille
- mettre un temps sa vie personnelle entre parenthèses
- penser d'abord à sa carrière

Résultats Madame

Famille Catherine Deneuve
Vous avez obtenu une majorité de :

La perfection, le désir de plaire, le plaisir d'être regardée, admirée. Mais sous le masque, le doute, l'incertitude. L'apparence a un prix : il faut recommencer tous les matins.

Famille Julia Roberts
Vous avez obtenu une majorité de :

La légèreté des bulles de champagne mais aussi une grande vitalité. Vous passez à travers toutes les gouttes de pluie. Forte et pétillante. Rien ne vous arrête, ni problèmes, ni difficultés. On ne vous volera pas comme ça la vedette.

Famille Victoria Abril
Vous avez obtenu une majorité de :

Bonne humeur, joie de vivre, vous savez toujours provoquer la surprise et l'étonnement. Ce qu'on vous demande d'abord, c'est d'être toujours en forme !

ésultats Monsieur

Famille Gérard Depardieu
Vous avez obtenu une majorité de :

Vous n'avez pas peur de vos émotions. Triste ou gai, vous le montrez fortement. Vous avez une franchise qui ne peut pas plaire à tout le monde. Vous savez compter sur vous pour franchir les obstacles qui de toute manière ne vous font pas peur.

Famille Tom Cruise
Vous avez obtenu une majorité de :

Du charme, de la séduction et du mystère. De la jeunesse aussi et un tempérament de fonceur. Vous aimez qu'on parle de vous.

Famille Woody Allen
Vous avez obtenu une majorité de :

L'ironie, les bons mots, les paradoxes sont vos armes. En apparence, rien n'est sérieux pour vous. En apparence seulement, car vous intériorisez tout. Vous êtes aussi beaucoup de personnages en même temps et vous passez facilement du rire à la gravité.

Faites le test

1 Découvrez à quel type de comédien ou de comédienne vous appartenez.

2 Caractérisez votre style.

Jouer la comédie dans la vie

- Faire semblant (de...) - Jouer un rôle, un personnage - Jouer la comédie - En faire beaucoup (trop).
- Se prendre pour... - Avoir l'air de... - Porter un masque (avancer masqué).
- Sauver les apparences.
- Faire une scène (une sortie) - En faire (tout) un drame.
- Raconter des histoires - Affabuler - Faire croire que...
- Faire avaler n'importe quoi.

Écoutez le document

Prononciation et mécanismes
exercices 56 et 57 p.159

« Joyeuses Pâques! »

Week-end de Pâques : Stéphane conduit sa femme (Sophie) à l'aéroport. En rentrant chez lui, il passe par Saint-Germain-des-Prés et rencontre une jolie jeune fille (Julie) ; il l'invite à prendre un verre chez lui... Tout se passe bien quand, tout à coup, un bruit d'ascenseur...

Barbara Schulz, Pierre Arditi et Catherine Sihol dans *Joyeuses Pâques !* ,comédie de Jean Poiret

1 Écoutez la scène de la pièce « Joyeuses Pâques ! » et racontez-la en vous aidant des verbes suivants :

croire, reconnaître, faire semblant, jouer, s'imaginer, se trouver dans, s'amuser de..., feindre.

2 Réécoutez-la et notez maintenant toutes les marques de l'apparence.
Ex. : C'est sa façon de monter en ascenseur. ...

Jouez

Par deux, imaginez, à la manière de la scène que vous venez d'écouter, une situation où toutes les apparences sont contre vous... Jouez la scène.

Ex. : Un collègue, qui est aussi votre pire ennemi, descend l'escalier. Vous êtes juste derrière lui. Tout à coup, il glisse et fait une terrible chute. On appelle le Samu, puis on vous interroge.

Leçon 5 Jouer avec les mots

Des mots et des images

1 Associez les expressions imagées ou figées avec les dessins.

> *Il a bon pied, bon œil.*
> *Je ne suis pas dans mon assiette.*
> *Il a une fièvre de cheval.*
> *C'est une main de fer dans un gant de velours.*
> *Il a pris la grosse tête.*
> *Il bâtit des châteaux en Espagne.*
> *C'est un homme très terre à terre.*
> *Il a la tête dans les nuages.*
> *Il travaille comme un bœuf.*
> *Ils se regardent comme chien et chat.*
> *Ils se ressemblent comme deux gouttes d'eau.*

2 Classez-les suivant que ces expressions se rapportent :
- à la santé : ...
- au caractère : ...
- à l'activité : ...
- aux relations personnelles : ...

3 Par deux, construisez de courts dialogues où vous utiliserez ces expressions.
Ex. :
– *Dimanche, je vais à l'anniversaire de mon arrière-grand-père.*
– *Tu as toujours ton arrière-grand-père ! C'est formidable, ça ! Il a quel âge ?*
– *On va fêter ses 95 ans. Mais il a toujours bon pied bon œil.*

Des mots sous les mots

Certains mots font peur *(pauvre, vieux)* : le langage technocratique et médiatique invente en permanence des mots qui adoucissent la réalité. Associez-les.

a• Vie sociale et professionnelle
Ex. : Un ouvrier : un travailleur manuel.
Les vieux : ...
Un patron : ...
Un chômeur : ...
Les pauvres : ...
Un balayeur : ...

b• Vie économique
Un fonds de pension : ...
La hausse des prix : ...

c• Relations internationales
Les pays pauvres : ...
Les pays sous-développés : ...

technicien de surface, quart monde, fonds d'investissement, chef d'entreprise, un travailleur manuel, les catégories les plus défavorisées, un demandeur d'emploi, le troisième âge, l'inflation, les pays en voie de développement.

Des mots pour chaque époque

1 Reliez le début et la fin de ces slogans de l'époque Mai 1968.
N'oubliez pas que plus de dix slogans sont possibles.

– La poésie   – commencez à rêver
– Exagérer   – au pouvoir
– La jeunesse   – par principe
– Oubliez tout ce que vous avez appris   – le désert le suit
– L'imagination   – et recommencez
– Dites toujours non   – est dans la rue
– La forêt précède l'homme   – signifie commencer
– Le rêve   – à inventer
– Apprendre, apprendre, apprendre   – est l'esprit des vieillards
– Faites l'amour   – est réalité apprendre
    – pour agir et comprendre

2 En créant de nouvelles associations, fabriquez des slogans pour aujourd'hui.
Ex. : La poésie est à inventer.

Des mots voyageurs

Voici des mots qui ont voyagé d'une langue à l'autre.

1 Du français vers l'allemand.
Retrouvez dans ce texte les mots d'origine française.

> **Neue Mode**
> À propos ungeschickt : Gestern ein kleines Malheur passiert. Wir waren mit Kollegen meines Mannes im Restaurant. Herr Maier, der Chef meines Mannes war auch da. Ich hatte natürlich wieder mal nichts anzuziehen. Frau Maier dagegen- Sapperlot! Die hat vielleicht ein raffiniertes Kostüm getragen! In changierendem, beigem Stoff. Und alle Accessoires in violett gehalten. Jede Saison trägt Frau Maier etwas Neues.

2 Du français vers l'anglais.

a• Ces mots anglais viennent du français. Pouvez-vous reconnaître les mots dont ils sont issus ?
une contrée - charrier - une corne - prude
– *proud* (« fier » en anglais) vient de : ...
– *country* (« campagne » en anglais) vient de : ...
– *corner* (au football) vient de : ...
– *carry* (« transporter ») vient de : ...

b• Que faites-vous en français... à l'anglaise !
– partir discrètement : ... à l'anglaise
– manger un plat de viande froide : ... anglaise
– déguster un dessert crémeux : ... anglaise
– se faire des cheveux en boucles : ... anglaises

3 Du français vers l'espagnol. Les mots aussi sont transparents en espagnol.
La mode, en particulier, a beaucoup emprunté au français ; retrouvez le mot français derrière le mot espagnol.
– *blusa* : ...
– *guantes* : ...
– *muselina* : ...
– *modista* : ...
– *camisa* : ...

4 Que serait le français sans ses cousins italiens ? Voici des mots italiens utilisés en français. À quels aspects de la vie quotidienne, culturelle et sociale appartiennent-ils ?
ciao, pizza, crescendo, confetti, cappuccino, farniente, imbroglio, mafia, pergola, adagio, osso bucco, scenario, opera, vendetta, grosso modo, allegro.

Prononciation
et mécanismes
*exercice 58,
p.160*

Des mots qui deviennent des histoires

Voici cinq mots : *flamme, quelqu'un, oiseau, utopie, beauté.*

a• Associez à chacun de ces mots :
– le nom d'une couleur : ...
– le nom d'une plante : ...
– le nom d'un objet : ...
– le nom d'un parfum : ...
– le nom d'un instrument de musique : ...

b• Écrivez maintenant un texte court à partir de ces mots.

BILAN • BILAN • BILAN • BILAN • BILAN

1 Généraliser/Particulariser

Remplacez les expressions de quantité par des expressions de fréquence et inversement (voir p. 93).

a• La plupart des Français passent leurs vacances en France.

b• Près de 80 % des Parisiens quittent Paris au moins une fois par an. Ils vont souvent à la mer.

c• La majorité des Français rejettent les extrémismes. Cependant ils souhaitent une régulation de l'accès des étrangers.

d• Une grande majorité de Français ne font pas confiance aux médias.

e• Les programmes de télévision les plus regardés sont toujours les films.

f• Nombreux sont les Français qui pensent que leurs conditions de vie sont devenues plus difficiles.

2 Portrait

Connaissez-vous Titeuf?

Avec ses baskets rouges, on le reconnaît de loin. Son aspect physique : pas très grand, pas très épais et tout blond ; un mélange de Tintin et d'Astérix.
Son âge : un peu plus de dix ans ; l'âge où on fait rire ses petits camarades de classe.
Ce qui est sûr, c'est que ce n'est pas Superman. Il n'est pas le plus doué de la classe et surtout pas en maths.
Car autant que l'école, Titeuf a envie de connaître la vie... La vie qui étonne : « trop mortel », « superkill », la vie qui s'indigne : « c'est pô juste », la vie qui revendique : « c'est pas vrai quoi, lâchez-nous le slip ! », la vie qui vibre d'amitié pour ses copains de partout, Manu, Ramon, enfin la vie qui interroge : « c'est quoi faire l'amour ? »
Aussi fort en gueule qu'il est timide, ainsi va Titeuf, l'écolier le plus célèbre de France, celui qui fait la loi sous le préau.

A. A quels autres héros de la bande dessinée fait penser Titeuf ?

B. Classez les adjectifs qui caractérisent Titeuf.

Il est.../ Il n'est pas...

c. Relevez cinq verbes qui caractérisent l'attitude de Titeuf.

d. Comment comprenez-vous les expressions :
« trop mortel » – « superkill » – « c'est pô juste » – « lâchez-nous le slip ».

e. Relevez deux phrases qui vous paraissent le mieux définir ce nouveau héros.

3 Changer de style

Récrivez les phrases en utilisant les verbes :
décortiquer – rire – s'arracher – se dévorer – lâcher.

a• L'album *se lit* d'une traite.

b• L'histoire ne vous *laisse* pas une minute.

c• On *s'amuse* beaucoup.

d• Une manière particulière d'*analyser* les modes de vie.

e• Les albums comme ça, les fans en *redemandent*.

4 Faire comme si...

Suivez le modèle.

Ex. : Tiens ! je croyais que tu étais partie. (partir)
→ *Fais comme si j'étais parti.*

a• Je ne t'attendais pas. *(venir)*

b• Alors on recommence comme avant. *(se passer)*

c• Et si je n'avais pas téléphoné, qu'est-ce que tu aurais fait ? *(téléphoner)*

d• Les apparences ne sont pas pour moi, tu ne trouves pas... *(être)*

e• Je n'ai vraiment pas le beau rôle ! *(avoir)*

5 Nier la réalité ou la vérité

Transformez en utilisant *quoique*.

a• Je peux dire toute la vérité, je ne serai pas cru.

b• Je peux faire tout ce qui est possible, ils ne m'aideront pas.

c• Pense ce que tu veux, je ne leur dirai rien.

d• Il peut vouloir me donner tout ce qu'il a, je ne l'accepterai pas.

e• Mais si tu dis ce que tu penses, ils penseront que tu joues un rôle.

6 Parler creux sans peine

Combinez chaque mot de la première colonne avec n'importe quel mot d'une autre.

L'excellence	renforce	les facteurs	institutionnels	de performance
L'intervention	mobilise	les processus	organisationnels	du dispositif
L'objectif	révèle	les paramètres	qualitatifs	de l'entreprise
La formation	clarifie	les savoir-faire	motivationnels	des bénéficiaires
La méthode	dynamise	les blocages	stratégiques	de la problématique
L'expression	perfectionne	les résultats	participatifs	de la démarche.

Partager

Leçon 1 Partager sa vie

« Petits Arrangements avec les morts » de Pascale Ferrand.

« Romuald et Juliette » de Coline Serreau.

« Drôle de Félix » d'Olivier Ducastel et Jacques Martineau.

« Marius et Jeannette » de Robert Guédiguian.

Expliquez vos choix

Voici quatre représentations cinématographiques de la vie en famille, en couple, à deux.

a• Choisissez-en une.

b• Essayez de raconter l'histoire qu'elle évoque pour vous.

c• Dites pourquoi vous l'avez choisie.

Découvrez le document

Lisez le dialogue entre Ferdinand et Marianne. Définissez la personnalité de chacun d'eux. Qu'est-ce qui oppose les deux personnages ? Pensez-vous qu'ils puissent être heureux ensemble ? Justifiez votre choix.

« *Pierrot le fou* », *film mythique de Jean-Luc Godard, commence comme une histoire de gangsters ; il devient surtout celle de la fuite amoureuse et tragique de Ferdinand (alias Pierrot) et de Marianne, rebelles sans cause autre que celle de vivre, de rêver et d'aimer.*

Ferdinand : Pourquoi t'as l'air triste ?

Marianne
(*ils se regardent*) : Parce que tu me parles avec des mots et moi, je te regarde avec des sentiments.

Ferdinand : Avec toi, on ne peut pas avoir de conversation. T'as jamais d'idées, toujours des sentiments.

Marianne (*sèche*) : Mais c'est pas vrai ! Y a des idées dans les sentiments.

Ferdinand : Bon. On va essayer d'avoir une conversation sérieuse. Tu vas me dire ce que tu aimes, ce que tu as envie[1], et la même chose pour moi. Alors, vas-y, commence.

Marianne : Les fleurs, les animaux (*elle caresse le perroquet*), le bleu du ciel, le bruit de la musique... Je ne sais pas, moi... Tout ! Et toi ?

Ferdinand : Euh... l'ambition (*elle cesse de caresser le perroquet. Il le caresse à son tour*), l'espoir, le mouvement des choses, les accidents... je... je... quoi encore ? Je sais pas, moi... enfin, tout !

1. Ici, la forme correcte devrait être : « ce dont tu as envie ».

Pierrot le fou, film de Jean-Luc Godard
Avec Jean-Paul Belmondo
et Anna Karina

Pour exprimer le reproche

• Quand on est en colère

Ne me parlez pas sur ce ton !

Faites attention à ce que vous dites/vous faites !

Je ne supporte pas (je n'admets pas) qu'on dise.../qu'on fasse... Comment osez-vous... ?

Tu m'énerves ! Tu m'agaces ! Tu me casses les pieds ! *(familier)*

• Quand on a pris du recul

J'ai un reproche à vous faire... Je vous reproche de...

Je trouve votre conduite (vos propos) inadmissible(s), scandaleuse(eux), irresponsable(s), etc.

Je désapprouve (totalement) vos propos (votre conduite).

Il ne fallait pas... Vous n'auriez pas dû...

Comment avez-vous pu faire cela ?

Exercez-vous

1 Dans quelles situations diriez-vous :

a. Tu n'aurais pas dû (faire ça) !

b. Tu as eu tort (de lui dire ça) !

c. Comment tu as pu faire ça ?

d. Comment osez-vous me parler sur ce ton ?

e. S'il te plaît, ne me parle pas sur ce ton !

f. Va-t'en, tu me casses les pieds !

2 Construisez de courts dialogues à partir des situations de reproches suivantes.

a. Vous reprochez à un ami ou à une amie son comportement au cours de la dernière soirée que vous avez passée ensemble chez des amis communs.

b. Vous vous reprochez devant un de vos amis d'avoir fait une action que vous n'auriez pas dû faire.

c. Vous n'avez pas rendu un travail à temps ; vous êtes convoqué(e) chez votre supérieur(e) hiérarchique qui vous reproche...

d. Un de vos amis se moque toujours de quelqu'un que vous connaissez bien et que vous appréciez. Un jour, vous en avez assez d'entendre ces moqueries.

Devenez dialoguiste

1 À partir de la proposition de Ferdinand : « **Tu vas me dire ce que tu aimes, ce que tu as envie, et la même chose pour moi** », écrivez à deux un petit dialogue conflictuel d'une dizaine de répliques.

2 Vous interprétez ce petit dialogue devant la classe.

vidéo

Talents *de vie*

Lucie et Vincent
Le salon
de l'amitié

Continuez l'histoire

Voici la fin du roman de Georges Perec, *Les Choses*, paru la même année que *Pierrot le fou*, en 1965. Imaginez la suite...

« Ce ne sera pas vraiment la fortune. Ils ne seront pas présidents-directeurs généraux. Ils ne brasseront jamais que les millions des autres. On leur laissera quelques miettes pour le standing [...]. Ils auront leur divan Chesterfield, leurs fauteuils de cuir naturel souples et racés comme des sièges d'automobile italienne, leurs tables rustiques, leurs moquettes, leurs tapis de soie, leurs bibliothèques de chêne clair [...]. Ils quitteront Paris un début de mois de septembre. Ils n'auront pas trente ans. Ils auront la vie devant eux. »

Leçon 2 **D**ire comment

Reportage/ Coups de folie...

Pour séduire, chacun son truc : certains se font musiciens et préfèrent la sérénade, d'autres ne font confiance qu'aux mots et vous envahissent avec leur baratin, d'autres encore cherchent à éblouir ; il y a également ceux qui n'hésitent pas à vous promettre la vie de château 24 heures sur 24 en étalant toutes les cartes Gold, Platine, Premium, Privilège qui sont dans leur poche. Et les autres, que font-elles, que font-ils pour séduire ?… Reportage…

 Écoutez les témoignages

1 **Stratégies de séduction. Écoutez les témoignages de Grégoire, Cyril et Amélie et notez :**
a. qui drague (D+) et qui a été dragué(e) (D–) ;
b. les lieux ;
c. les moyens ;

d. les stratégies de communication ;
e. l'échec (–) ou la réussite (+).

2 **Comment auriez-vous réagi si vous aviez été confronté(e) à de semblables stratégies de séduction ?**

Exprimer l'idée de moyen

- **Par quel(s) moyen(s)**
  Comment
  Grâce à qui/à quoi   } avez-vous réussi ?
  De quelle manière

- J'ai réussi…
  grâce à
  avec l'aide de   } mes amis (personnes)
  par l'intermédiaire de

  grâce à
  à l'aide d(e)   } un tournevis
  au moyen d(e)   (choses, outils)
  avec

- **un moyen - un procédé - une méthode - un truc - un stratagème - une machination**
  Il a un tuyau (un truc, un plan) pour assister au concert sans payer.

- **une ruse - une manœuvre - un piège**
  On lui a tendu un piège. – Il est tombé dans le piège. – C'était une ruse.

- *en* + **participe présent**
  Il a réussi à lui plaire en l'invitant au restaurant.

- Elle a obtenu une réduction du prix **en échange d' (contre)** un sourire.

Exercez-vous

1 En utilisant les mots du tableau, présentez les moyens grâce auxquels Grégoire, Cyril et Amélie arrivent à séduire.
Imaginez d'autres moyens.

2 Travaillez par petits groupes. Imaginez les conséquences des problèmes suivants. Trouvez les moyens de les résoudre.
a. *La violence à l'école.* Insultes, menaces graves, dommages aux biens, vols, racket, on a recensé près de 20 000 incidents entre 2001 et 2002 dans les lycées et collèges.

b. *Le vieillissement de la population.* Avec l'arrivée des baby-boomers à l'âge de la retraite, la France comptera bientôt plus d'inactifs que d'actifs.
c. *La course folle au clonage humain.* À travers le monde, des dizaines de sorciers du vivant veulent fabriquer le premier clone humain.
d. *La sécurité jusqu'où ?* Dans *Minority Report*, Steven Spielberg décrit un monde dans lequel la sécurité des biens et des personnes sera garantie grâce à un système super sophistiqué aux mains d'une administration aux pouvoirs sans limites.

Et vous, comment séduisez-vous ?

1 Qu'est-ce que c'est que séduire pour vous ?
Un jeu, une occasion, une entreprise ? Dévoilez vos stratégies et vos tactiques en répondant à ce petit test.

1. Votre mot favori ?
a. laisser tomber
b. disputer
c. protéger

2. Votre devise :
a. Dans la vie il faut s'imposer.
b. Dans la vie il faut s'opposer.

3. Si on vous dit : « Tout le temps qui n'est pas consacré à l'amour est du temps perdu », vous répondez :
a. Je n'en perds pas.
b. C'est exagéré, tout est affaire de mesure.
c. Il n'y a pas que le plaisir dans la vie.

4. Sur le mont Olympe, votre dieu préféré c'est :
a. Zeus, dieu des dieux et infidèle.
b. Apollon, dieu de la raison.
c. Dyonisos, dieu de l'instinct.

5. Vous êtes dans un train fantôme, vous pensez :
a. Attention, danger !
b. Détends-toi, détends-toi…
c. C'est le moment de lui prendre la main.

* RÉPONSES
Regardez la grille et comptez le nombre de symboles le plus élevé.

	a	b	c
1.	♣	♦	♦
2.	♦	♣	
3.	♣	♥	♦
4.	♦	♥	♣
5.	♥	♦	♣

2 À partir du nombre le plus élevé de ♣, ♦, ♥, essayez de définir le profil de séducteur ou de séductrice de votre voisin ou voisine, et insistez sur les conséquences pour les autres de ce type de profil.

Prononciation et mécanismes
exercices 59 et 60 p.160

Exprimez-vous

Vous décidez de jouer au séducteur (à la séductrice).
Rédigez (pour vous ou pour votre voisin[e]) un message de séduction pour un site de rencontre sur Internet.

Immeubles en

Et si j'invitais mes voisins...

1, Lors d'une bataille, l'expression
« Pas de quartier ! » signifiait
« Pas de pitié. Tuez tout le monde ! »
Il s'agit ici de faire la guerre à l'indiffé-
rence (dans les quartiers).

Immeubles en fête ! Comment est née l'idée ? En 1990, Atanase Périfan et un groupe d'amis du XVIIe arrondissement de Paris créent l'association « Paris d'amis ». Son slogan : « Pas de quartier pour l'indiffé-rence[1]. » Son objectif : renforcer les liens de proximité, développer un sentiment d'appartenance à un même quartier, créer une soli-darité entre voisins, se mobiliser contre l'isolement et l'exclusion. De nombreux « paris d'amis » sont lancés et gagnés : Noël en famille pour les sans-famille, une automobile pour les personnes peu mobiles, des recherches pour les demandeurs d'emploi, des haltes-garderies à domicile...

En 1999, un nou-veau pari est lancé, « Immeubles en fête ! ». L'idée est simple : « Et si j'invitais mes voi-sins à prendre un verre ? » Que chacun apporte de quoi boire et grignoter, une table... et la bonne humeur fera le reste.

La première année, dix mille personnes participent à l'opé-ration dans le XVIIe arrondissement de Paris ; en 2000, l'aventure prend une dimension nationale, et en 2001, un million de personnes se réunissent dans toute la France. Malgré la pluie, le 28 mai 2002, on a vu plus de deux millions de per-sonnes se retrouver autour d'un verre, dans une cour, un apparte-

Découvrez l'événement

1 **Faites la carte d'identité de l'association.**
– Nom : ...
– Date de création : ...
– Objectifs : ...
– Événements et manifestations : ...
– Participants : ...
– Perspectives : ...

2 **Faites la liste des personnes qui peuvent être intéressées par l'association « Immeubles en fête ! ».**
– l'étranger qui ne connaît personne
– ...

fête

ment, une rue, en toute amitié. Chacun est venu avec quelque chose à partager. Jeunes et moins jeunes ont fait connaissance et ont discuté durant toute la soirée. Souvent, l'apéritif dînatoire s'est transformé en véritable dîner copieux. Et tout le monde de se promettre de se donner rendez-vous, sûrement l'année prochaine et, pourquoi pas, peut-être avant...

Prononciation et mécanismes
exercice 61, p.160

Faites des suggestions

1 **À partir des objectifs de l'association :**
– renforcer les liens de proximité ;
– développer un sentiment d'appartenance à un même quartier ;
– créer une solidarité entre voisins ;
– se mobiliser contre l'isolement et l'exclusion...

a• **Faites en petits groupes l'inventaire des initiatives semblables qui existent dans votre ville ou votre quartier.**

b• **Imaginez quelles initiatives pourraient être prises pour concrétiser ces objectifs.**

2 **a•** **Notez les noms des différentes opérations « Paris d'amis ». Observez les oppositions.**
– Noël en famille / pour les sans-famille
– ...

b• **Inventez des noms originaux pour les initiatives que vous avez imaginées précédemment.**

vidéo
Talents *de vie*
*Josiane :
Le potager
d'une curieuse*

Imaginez l'événement

1 **Remplissez le mode d'emploi de la manifestion sociale et conviviale que vous allez diffuser dans l'école ou le centre de langues.**
Mode d'emploi
– Le principe : ...
– Le moyen : ...
– La date : ...
– L'horaire indicatif : ...
– Les participants : ...
– Le lieu : ...
– L'état d'esprit : ...

2 **Rédigez l'affiche que vous allez mettre dans le hall ou l'entrée, dans l'ascenseur, aux différents étages, sur les panneaux d'affichage, etc.**

3 **Prenez contact avec les autres classes.**

a• **Déterminez le mode de contact (mél, porte à porte, etc.).**

b• **Faites le canevas de ce que vous allez dire et proposer.**

4 **Organisez maintenant l'« apéri-voisin ».**

5 **Élaborez des canevas de conversation sur le modèle de ceux que vous trouvez dans le livre (p. 36, 57 et 80).**

La fraternité, une utopie réalisable

Au début du « Dictionnaire du XXIe siècle », Jacques Attali déclare que notre siècle a été « celui du Diable et que le monde qu'il lègue est probablement invivable ». Pour que les comportements changent, force est de s'en remettre à un modèle utopique : celui des fraternités opposé à celui du profit égoïste et de la compétition.

Selon vous, le maître mot de la société à venir est « fraternité » ?

[...] Nous entrons dans un univers où il faudra absolument faire comprendre aux uns et aux autres que chacun a besoin de l'autre. Dans une équipe de football, on ne joue bien que dans la mesure où les partenaires sont bons, on ne peut gagner que si l'autre fait de bonnes passes. Tout comme dans un orchestre, chacun n'est à son meilleur niveau que si les autres le sont aussi. Si j'achète un téléphone, je suis complètement stupide si je suis le seul à en avoir un. J'ai intérêt à ce que tout le monde ait un téléphone. [...]

Nous entrons dans une société de réseau où chacun peut tirer profit du succès de l'autre. Pour moi, la définition de la fraternité, c'est de trouver son bonheur à aider l'autre à être heureux.

Comment peut intervenir l'école dans cette construction de la fraternité ?

À l'école, on doit apprendre aux enfants à travailler en équipe, à trouver du plaisir à aider les autres, dans l'école et en dehors. Ce sont des choses simples qui se font dans certains établissements. Par exemple, les enfants de quatrième font du rattrapage avec les élèves de sixième. Si on donne comme projet à des enfants de rendre plus gaie la maison de personnes âgées à côté de l'école, ils vont faire un concert, ils vont repeindre les murs et ils peuvent trouver là la façon de se réaliser. [...]

Quel sera finalement le point commun qui permettra la cohésion de la société ?

Tout le monde dit que la société occidentale va vers l'uniformisation, je crois au contraire que l'on va vers une diversité, un pluralisme de marché. Le plat dominant de l'avenir, ce n'est pas le McDo, c'est la pizza. Dans une pizza, il y a un fond commun, la pâte, et chacun met dessus ce qu'il veut. Le socle commun, la pâte de la pizza, c'est la fraternité. On le voit dans le combat économique. On a en apparence deux secteurs : le secteur public et le secteur privé. Un troisième secteur est en train d'émerger, celui des activités fraternelles, représentées par les ONG (organisations non gouvernementales). Dans le secteur marchand, toutes les activités touristiques, tout ce qui renvoie à l'hospitalité fait déjà partie du secteur fraternel. La grande dimension de la fraternité, c'est l'hospitalité. Ici on touche au domaine des langues : comment être l'hôte de quelqu'un si on ne parle pas la même langue ?

Propos recueillis par Sébastien Langevin,
Le français dans le monde, n° 307.

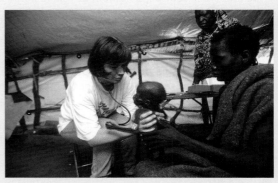

Médecins sans Frontières : l'activité fraternelle d'une ONG.

Découvrez le document

1 Résumez en une phrase l'idée défendue par Jacques Attali.

2 Relevez les trois définitions que Jacques Attali donne de la fraternité.

3 Faites la liste :
a. des exemples donnés par l'auteur ;
b. des images qu'il utilise pour parler de fraternité.

4 Par deux, recherchez :
– d'autres domaines où la fraternité devrait être présente ;
– d'autres définitions de la fraternité ;
– d'autres images qui pourraient la définir.

Exercez-vous

1 **C'est une question de vocabulaire, « il y a projet et projet » : faites correspondre les expressions entre elles.**

1. Un projet d'avenir qui semble irréaliste.
2. Un projet défendu par des militants.
3. Un modèle d'organisation sociale.
4. Les objectifs que se fixe le gouvernement d'un pays.

a. Un programme de gouvernement.
b. Un projet de société.
c. Une utopie.
d. Un projet révolutionnaire.

2 **Complétez avec les mots de la rubrique « L'aide » du tableau.**

a. Pierre a réussi à obtenir le poste de directeur grâce à ... d'un ministre qu'il connaît.
b. La petite Agnès est en classe de 5e. Elle a de très mauvaises notes en mathématiques. Elle a besoin d'... scolaire dans cette matière.
c. Les alpinistes perdus dans la montagne ont appelé ... grâce à leur portable.

d. Les assurances Alma vous promettent ... en cas de panne, 24 heures sur 24.
e. Quand j'ai déménagé, des amis sont venus me donner ...

3 **Que peut-on faire dans les situations suivantes ? Utilisez les mots du tableau.**

a. Des amis, qui vivent près de chez vous, ont été victimes d'inondations catastrophiques.
b. Un de vos voisins semble très seul.
c. Certains immigrés ont des difficultés à apprendre la langue de leur pays d'accueil.
d. Votre voisine qui vient de divorcer travaille tout en élevant ses deux enfants.
e. Vous savez jouer de la guitare et vous aimeriez jouer aux échecs. Un jour, vous rencontrez un joueur d'échecs qui aimerait apprendre la guitare...

4 **Trouvez des situations où l'on peut :**
– s'entraider
– porter secours
– se dévouer
– redistribuer.

La solidarité et la fraternité

• L'aide

aider (une aide) - rendre service (un service) - donner un coup de main - assister (une assistance) - soutenir (un soutien) - appuyer (un appui) - secourir, porter secours (un secours)
une personne serviable, toujours prête à rendre service

• L'échange et le partage

faire quelque chose en échange de..., en contrepartie de...
partager - redistribuer - mettre en commun
Il agit sans rien demander en retour - Il est généreux (la générosité)

• La solidarité

s'unir (être uni, l'union) - s'associer (une association) - se grouper - faire cause commune - faire alliance - être solidaire d'une cause (de quelqu'un)
tisser des liens de solidarité

• L'altruisme

la sympathie - l'amitié - la camaraderie - l'entente mutuelle - l'hospitalité - le sens de l'accueil
l'ouverture aux autres - l'intérêt pour les autres - le sens du dévouement (une personne dévouée - se dévouer pour...)

Découvrez les témoignages

1 **Écoutez les témoignages. Faites la liste des thèmes qui paraissent les plus importants pour chacun des interlocuteurs.**

2 **Relevez les formules par lesquelles chacun des interlocuteurs met en valeur son idée.**
« Pour moi, ce qui est... c'est... »

3 **Chacun votre tour, choisissez une de ces formules et dites ce qui, pour vous, est le plus important.**

Prononciation et mécanismes
exercice 62, p.160

UNE VIE DE RÉSISTANCE

« Je m'étais toujours dit que, si je devais un jour être reconnue coupable, je préférerais que cela soit sous mon identité véritable. » Et en effet, Geneviève de Gaulle-Anthonioz ne trichera jamais avec le nom au nom duquel elle a mené un combat unique pour la dignité de tout homme.

Dignité de résister. À 22 ans, Geneviève de Gaulle, jeune résistante, est arrêtée dans une librairie parisienne ; elle a en sa possession des documents clandestins. Elle donne naturellement son identité au grand étonnement de celui qui l'arrête. Parce que, dira-t-elle plus tard : « Je trouvais bien qu'il y ait des gens de la famille de Gaulle qui soient arrêtés et que cela se sache. »

Dans la famille de Gaulle, elle est la fille de l'aîné des frères, Xavier, Charles de Gaulle étant le troisième. Elle naît le 25 octobre 1920. À 13 ans, son père lui lit *Mein Kampf*. Très tôt, elle apprend donc à connaître ce que plus tard elle combattra.

À partir de 1941, elle étudie à la Sorbonne où elle entre dans le réseau de Résistance du musée de l'Homme. Elle distribue des tracts, elle est aussi celle à qui on confie des missions de renseignement. Arrêtée en 1943, elle sera emprisonnée puis déportée à Ravensbrück, matricule 27372. Geneviève de Gaulle racontera dans *La Traversée de la nuit* ce qu'elle a vécu de l'univers concentrationnaire et dira la conclusion à laquelle elle se référera pour ses combats à venir : « Le crime le plus affreux que l'on puisse commettre, c'est la destruction de l'humanité chez un être humain. »

Présidente de l'Association des anciennes déportées et internées de la Résistance, c'est au nom de cette lutte contre la destruction de l'humanité qu'elle témoignera au procès Klaus Barbie en 1987.

Mariée en 1946 à Bernard Anthonioz, résistant comme elle, éditeur, ami d'Aragon, proche de Malraux, elle n'abandonne rien de son engagement ni de son devoir de témoigner.

En 1958, sa vie bascule une nouvelle fois lorsqu'elle rencontre le père Joseph Wresinski, aumônier depuis 1956 du Camp des sans-logis de Noisy-le-Grand dans la région parisienne.

Quand Geneviève de Gaulle découvre ce bout de banlieue oubliée, elle y reconnaît une détresse, une humiliation auxquelles elle s'identifie et dans lesquelles elle retrouve celles des camps. Dès lors son combat sera celui d'une résistante contre la misère, « un combat, disait-elle, contre l'injustice et pour les droits de l'homme ».

Quatre ans plus tard, elle devient présidente d'ATD Quart Monde, une association dont les pauvres sont appelés militants, les sympathisants, alliés, et où la lutte contre la misère est considérée comme une association entre les premiers et les seconds. Ainsi, Geneviève de Gaulle s'attache à donner la parole aux démunis et défend la volonté de détruire la pauvreté et non de la soulager. Il lui

faudra attendre 1998, treize années, pour qu'une loi contre l'exclusion qu'elle a tellement réclamée soit adoptée.

Elle quitte la même année la présidence d'ATD Quart Monde pour devenir « volontaire permanente du mouvement ». Elle meurt à l'âge de 81 ans, le 14 février 2001.

Découvrez le document

1 Faites une première lecture rapide de l'article.

a• Qui est Geneviève de Gaulle-Anthonioz ?

b• Donnez à propos de Geneviève de Gaulle-Anthonioz quelques caractéristiques qui vous ont frappé(e).
C'est une femme qui... qui... qui...

2 Reconstituez l'itinéraire de Geneviève de Gaulle-Anthonioz.
1920 : naissance le 25 octobre.
1933 : ...
1943 : ...
1946 : ...
1958 : ...
1962 : ...
1987 : ...
1998 : ...
2001 : ...

3 Relevez dans ce portrait tous les mots qui évoquent un combat.
combat - résister...

4 Relevez les mots caractérisés par des propositions relatives. Quelles informations apportent ces propositions ?
Ex. : Geneviève de Gaulle ne trichera jamais avec le nom au nom duquel elle a mené un combat unique.
→ *Ce nom est un nom synonyme de combat.*

Exercez-vous

1 À l'aide des éléments ci-dessous, vous rédigerez un petit texte où vous utiliserez *qui, que, dont, où...*

Revenu de son séjour à Pyongyang, en Corée du Nord, l'écrivain sénégalais Boubacar Boris Diop a le sentiment de n'y être jamais allé.
Ce sentiment d'irréalité, il l'éprouvera de nouveau à Boswill, une petite ville de Suisse en Argovie. Il y reste six mois, il parcourt cette petite ville en tous sens, il n'y verra jamais âme qui vive. Il s'est surtout senti observé derrière des volets clos.
D'autres villes au contraire s'offrent immédiatement au regard. Il a aimé Fès au Maroc et il a été fasciné par Balbek et par la ville phénicienne exhumée par des maçons tout près du port de Beyrouth. Ces ruines lui ont bien plus parlé que toutes les rues semblables de grandes métropoles.

2 Complétez avec une forme de : *lequel, duquel, auquel...* Aidez-vous du tableau ci-contre.
Ce week-end, on fait son marché sur le parvis de la Cité des sciences ... une vingtaine de stands proposent des denrées venues du monde entier. Des denrées ... les Français accordent de plus en plus de place dans leur alimentation. Ils sont aujourd'hui plus de 36 % à consommer régulièrement des produits extra-européens parmi ... ils ont leurs chouchous : 80 % choisissent les produits asiatiques et 40 % ceux du Maghreb.
Nuoc-mâm vietnamien, haricot rouge japonais, dal indien, tous ces produits ont leurs boutiques dans ... on peut aussi découvrir d'autres spécialités avec ... on régalera ses amis. Partir à la recherche de toutes ces gourmandises, une autre manière à partir de ... vous pouvez découvrir Paris.

3 À vous de caractériser personnes et objets.
a. C'est une femme formidable ... a toutes les audaces, ... on connaît les engagements, ... ses amis ont du mal à retenir auprès d'eux, ... on peut être sûr qu'elle est toujours prête à partir pour les endroits les plus difficiles ... elle rapportera les photos ... feront la une des grands magazines internationaux.
b. C'est un film ... me fait toujours rêver, ... je revois chaque fois avec beaucoup de plaisir, ... chaque image est un choc émotionnel, ... je découvre à chaque fois des choses que je n'avais pas vues, et à la projection ... j'emmène toujours de nouveaux amis.

Prononciation et mécanismes
exercice 63, p.160

Exprimez-vous

Vous êtes journaliste : on vous passe commande du portrait d'une personnalité de votre pays, remarquable pour son engagement. À deux, vous rédigez l'article.

BILAN • BILAN • BILAN • BILAN • BILAN

1 Exprimer le reproche

Complétez ce dialogue avec les expressions du tableau de la page 105.

– Tu aurais voulu faire rater cette soirée, tu ne t'y serais pas pris autrement.

– ...

– Ah! bon, parce qu'il y a un ton pour te parler maintenant ...

– ... que tu dises que tout ceci est de ma faute.

– Ah! tu ne le supportes pas. Eh bien, que ce cela te plaise ou non, je ... ta conduite.

– Totalement ...

– Oui, je ...

– Inadmissible, ma conduite. Arrête! Tu ...

– Eh bien moi, tu ... Je vais me coucher.

2 Exprimer l'idée de moyen

Utilisez le tableau de la page 106.

a• Comment a-t-il réussi? Il a réussi...
– sa ténacité : ...
– son entourage : ...
– beaucoup travailler : ...

b• De quelle manière l'a-t-il séduite? Il l'a séduite : ...
– son charme : ...
– proposer des choses inattendues : ...
– son meilleur ami : ...

c• Grâce à qui l'a-t-il rencontrée? Il l'a rencontrée : ...
– les amis de son père : ...
– un ami commun : ...
– beaucoup insister...

d• Comment est-il parvenu à sortir de sa voiture? Il est sorti de sa voiture : ...
– casser la vitre arrière : ...
– un marteau : ...
– son sang froid : ...

3 Relier la cause et la conséquence

Utilisez une seule fois les expressions suivantes :

si bien que - à tel point que - au point de - au point que - c'est pourquoi - c'est la raison pour laquelle.

a• *Le Pianiste* était le meilleur film; il a remporté le César.

b• Elle est de mauvaise humeur; tout le monde se tait.

c• Il fait très chaud; personne n'a envie de travailler.

d• Ludovic est hypocondriaque; il se trouve tous les jours une nouvelle maladie.

e• La négociation a été très dure. Pierre a dû quitter la table plusieurs fois.

f• J'ai trop dépensé. Je ne peux même plus aller au cinéma.

4 Rédiger une invitation

Rédigez l'invitation à partir des éléments suivants :

– Nom de code de l'opération : À l'auberge espagnole.
– Principe : chacun apporte quelque chose de sa ville, sa région, son quartier.
– Moyens : pâtisseries, boissons, plats typiques.
– Quand : un dimanche à partir de 11 heures le matin.
– Où : dans un square, sur une place, sur une pelouse.
– Qui : tous ceux qui ont envie de rencontrer d'autres personnes.
– État d'esprit : tout le monde est le bienvenu avec ses musiques, ses danses, ses costumes et surtout sa bonne humeur.

5 Exprimer doutes et certitudes

Complétez les phrases

a• Je serais heureux si les progrès de la génétique... *(permettre de guérir certaines maladies)*

b• Je ne suis pas sûr qu'... *(dire toute la vérité sur les manipulations génétiques)*

c• Je ne pense pas que... *(s'améliorer : la situation écologique)*

d• Il faudra que nous... *(combattre davantage la pollution automobile et industrielle)*

e• Il est regrettable que les pays riches... *(ne pas faire un meilleur usage de la création de richesses)*

f• Je doute que nous... *(parvenir à une meilleure redistribution des richesses)*

g• Je n'aimerais pas que mes petits-enfants... *(être obligé de vivre dans des bulles)*

6 Caractériser personnes et objets

Complétez.

Il y a des lieux ... ont vraiment une âme, ... l'on peut dessiner en rêve, ... le souvenir est souvent attaché à une personne ... on pense quand on se souvient, ... on est prêt à franchir des océans pour retrouver ces sensations anciennes ... on est tellement attaché.

*I*maginer

Leçon 1 **F**aire des hypothèses

L'almasti du Caucase : fiction ou réalité ?

Depuis la fin des années cinquante, les témoignages s'accumulent et le docteur Marie-Jeanne Koffmann[1] en a recueilli plus de 500. Des paysans, des bergers et des chasseurs habitant les vastes montagnes du Caucase auraient aperçu des êtres mi-hommes mi-singes qu'on nomme « almastis », c'est-à-dire « hommes des bois » dans une des langues de cette région du monde.

Robuste et puissant, l'almasti adulte mesurerait entre 1,80 m et 2 m. Il serait couvert de longs poils roux et ferait preuve d'une grande agilité. Certains témoins affirment qu'il n'est pas agressif et qu'il recherche la compagnie des hommes.

Bizarre tout de même que les quelques expéditions scientifiques qui ont été organisées pour faire sa connaissance ne soient pas arrivées à prendre une seule photo de lui ! Cela n'empêche pas les membres de la Société de cryptozoologie (littéralement « étude des animaux cachés ») de croire dur comme fer à son existence. Le fait que les témoins soient de cultures et de langues différentes prouve qu'ils ne mentent pas. L'almasti serait une espèce animale non encore identifiée comme on en découvre tous les jours. Il s'agirait soit d'un hominidé[2] dont l'évolution se serait arrêtée, soit d'un être humain qui aurait régressé vers le stade animal.

Mais beaucoup de scientifiques mettent en doute ces témoignages. « Si les almastis existaient, on en parlerait depuis longtemps. Quand on a découvert le célèbre cœlacanthe[3], ce curieux poisson était déjà connu des pêcheurs comoriens... Et puis, imaginons un instant que de telles créatures peuplent les forêts du Caucase, certaines auraient été capturées ou tuées par les chasseurs. On aurait trouvé des ossements, etc. »

Or rien de tout cela. Seule trace tangible de l'existence de l'almasti : des empreintes de pieds sur le sol. Facile à fabriquer !

Le mystérieux hominidé ne serait-il finalement qu'une mystification comme le monstre du Loch Ness ? Peu probable car les témoignages viennent de personnes qui non seulement ne se connaissent pas mais de plus ne peuvent pas communiquer entre elles.

Alors, quelle explication donner ? Et si l'almasti n'était qu'une figure fantastique du folklore local, une créature née de l'imagination des hommes ?

Comme avec le yéti de l'Himalaya ou Bigfoot en Amérique du Nord, les mythes ont la vie dure...

1. Auteur d'un dossier sur l'almasti paru dans *Archéologia*, juin 1991.
2. Premiers hommes ou, selon certaines théories, stade de l'évolution intermédiaire entre le singe et l'homme.
3. Poisson très rare qu'on ne trouve qu'au large des îles Comores (océan Indien). Il possède des vestiges de pattes sur le côté.

Découvrez le document

1 **Lisez le titre et les deux premiers paragraphes. Quels sont les faits et leurs circonstances (lieu, date, type de fait, etc.) ?**

2 **Lisez la suite de l'article. Relevez les différentes hypothèses sur la nature de l'almasti.**
1) L'almasti existe. C'est...

3 **Observez les temps des verbes. Comment sont présentées :**
– les informations sûres et vérifiées ?
– les informations non vérifiées et les hypothèses ?

4 **Que pensez-vous de la dernière hypothèse ?**

5 **Connaissez-vous des animaux, des faits ou des phénomènes mystérieux ? Présentez les hypothèses qu'on peut faire à leur sujet.**

1 Reformulez les phrases de ce dialogue en exprimant les hypothèses avec les mots entre parenthèses.

Ex. : « Si Paul obtenait... »

Paul, l'ami de Clara, a reçu une proposition de travail au Japon. Clara en parle à son amie Juliette.

CLARA : Paul va peut-être obtenir un poste au Japon. Alors nous quitterons Paris en septembre. *(Si...)*

JULIETTE : Vous partez peut-être ? Dans ce cas, tu me laisseras ton appartement ? *(Au cas où...)*

CLARA : Pas tout de suite. Imagine : Paul ne se plaît pas dans sa nouvelle entreprise. Nous sommes obligés de rentrer en France. Nous sommes alors bien contents d'avoir gardé l'appartement. *(Supposons que...)*

JULIETTE : Tu as raison. Isabelle a vendu son appartement quand elle est partie en Afrique.

Résultat : elle a occupé le mien pendant six mois à son retour. *(Si...)*

CLARA : Mais nous serons peut-être toujours au Japon en janvier, tu pourras alors occuper l'appartement. *(Si...)*

2 À partir de ces hypothèses, proposez vos solutions.

a. Si les hommes étaient plus tolérants...

b. Si les femmes et les hommes avaient les mêmes droits...

c. Si les livres étaient gratuits...

d. À supposer qu'il n'y ait que des transports en commun dans les villes...

e. Pour le rendez-vous de demain, au cas ou je serais en retard...

f. Admettons que l'on découvre une pilule contre le vieillissement...

Formuler une hypothèse

1. L'hypothèse est suivie d'une conséquence

• Condition incertaine : **Si** + imparfait → conditionnel présent.
Si j'avais le temps, je passerais te voir.

• Éventualité : **Au cas où** + conditionnel présent → conditionnel présent
Au cas où j'aurais le temps, je passerais te voir.

• Fait posé comme hypothèse : **Admettons** (**supposons, imaginons**...) **que** + subjonctif présent → conditionnel présent
Admettons que j'aie le temps, je passerais te voir.

• Condition et hypothèse dans le passé
Si j'avais eu le temps (plus-que-parfait)...
Supposons que j'aie eu le temps (subjonctif passé)... } *je serais passé te voir* (conditionnel passé).

2. L'information est présentée comme une possibilité

D'après la météo, il pleuvrait demain.

Prononciation et mécanismes
exercices 64 et 65 p.160

vidéo
Talents *de vie*

Sandrine : L'Afrique en peinture

Imaginez

1 Qu'auriez-vous fait à leur place ?

a. *Rencontre :* Dans un avion, Élise se trouve assise à côté d'un célèbre acteur de cinéma qu'elle admire.

b. *Cas de conscience :* Par un hasard extraordinaire, Nicolas connaît les sujets du concours d'entrée à l'ENA. Va-t-il les montrer à ses amis ?

c. *Situation embarrassante :* C'est le jour du bizutage à la faculté de médecine. On demande à Antoine de se déshabiller devant tout le monde.

2 Que se serait-il passé dans les situations suivantes ?

Ex. : a. Si les hommes n'avaient pas inventé la roue, il n'y aurait pas de voitures, on se déplacerait...

a. Les hommes n'ont jamais inventé la roue.

b. Vous êtes né(e) dans la Préhistoire.

c. Un magicien vous offre la possibilité de recommencer votre vie à zéro.

Leçon 2 Décrire des personnes

DES HÉROS ORDINAIRES

Le magazine « L'Express » de janvier 2001 présente, dans un numéro spécial, les portraits de Français d'aujourd'hui. Voici quatre de ces portraits.

Pascal Dumont

A

Au nom de la proximité avec la population, les policiers se remettent en selle. [...] Le vélo redevient un attribut quasi indispensable du gardien de la paix et de l'agent municipal au moment où le cyclomoteur semblait l'avoir définitivement distancé.

Éric Pelletier

Aujourd'hui [...] l'administration trouve de nouvelles vertus à la bicyclette.

Au guidon, l'agent passe-partout. Il « îlote », comme on dit dans le jargon. Lors de ses surveillances, il a troqué[1] la pèlerine[2] pour une tenue plus opérationnelle : chaussures montantes, combinaison, casquette. Aujourd'hui, 178 vététistes[3] de la préfecture de police, dont une proportion croissante de femmes, sillonnent le pavé parisien...

1. Troquer : échanger.
2. Sorte de cape que portaient les policiers jusque dans les années 50.
3. Qui roule à VTT (vélo tout-terrain)

parcours : ce qui compte, c'est qu'elle aime ça. En experte, elle reçoit les vignerons, collectionne leurs flacons, les bichonne[2], les caresse en espérant pouvoir un jour les déboucher pour le plaisir d'un connaisseur...

1. Vin ordinaire (*fam.*).
2. Bichonner : prendre soin.

C

Lui, le Parisien, a épousé une princesse africaine. Elle mange du riz tous les jours : le riz, il aime, mais en risotto uniquement. Il aime bien s'asseoir à table pour dîner ; elle ne peut manger qu'assise par terre. L'inverse est aussi vrai. Lui, le Sénégalais, marié à une Française, a dû apprendre à ses amis à téléphoner avant de passer et, surtout, à éviter de s'installer des heures entières, comme au pays. [...] Ils croient au mariage. Peut-être parce qu'il est plus compliqué, il faut travailler davantage pour qu'il marche. [...]

Jean-Sébastien Stehli

Dans ce milieu, l'enfant a une façon bien à lui d'intégrer les deux cultures. « La Belle au bois dormant s'est piquée avec une aiguille, est morte et elle est allée voir Bouddha[1]. » [...] Dans ce couple, la planète est plus grande.

1. Allusion au conte de fées *La Belle au bois dormant*, auquel on ajoute des épisodes inspirés de la religion bouddhiste.

D

Il aurait préféré devenir ingénieur dans l'automobile, mais il s'est retrouvé dans cette école au cœur d'une cité de barres[1] de la banlieue parisienne.

À chaque leçon, les yeux qui s'écarquillent, qui forcent à adapter le discours... Mais comment enseigner les sciences à des élèves qui ne maîtrisent pas le français ? Mois après mois, il réalise à quel point le fossé est immense entre lui et ses élèves. [...] Les garçons croient que pour être riche et avoir une grosse voiture, il suffit de le rêver. Les filles, elles, ont vu *Ally McBeal* à la télé et veulent être avocates. [...] À 28 ans, il dit qu'il aimerait changer d'affectation. [...] Il dit aussi sa fierté d'avoir aidé certains élèves. Comme cette fille qui peinait, s'est accrochée et, à la fin de l'année, a décroché un BTS[2].

1. Immeubles de banlieue construits en longueur.
2. Brevet de technicien supérieur.

D. Jeambar, dossier « Les Français vus par Y. Arthus Bertrand », *L'Express*, 28 déc.-3 janv. 2001.

B

Souvent, elle est venue au métier un peu par hasard, au fil des études d'hôtellerie. Parfois, elle est fille de viticulteur. Ou elle a épousé un restaurateur aux idées larges, qui lui a confié ses grands crus et ses petits pinards[1]. Peu importe le

Marion Festraëts

Découvrez le document

1 Quelle est l'origine du document ? Quel est son sujet ?

2 Lisez le document. Trouvez les mots qui ont la signification suivante.

Texte A
– agent de police (2 synonymes)
– parties d'une bicyclette (2 mots)
– surveiller un quartier
– langage spécialisé
– échanger
– parcourir dans tous les sens

Texte B
– vin de grande qualité

Texte D
– ouvrir très grand les yeux
– poste de travail
– obtenir, réussir

3 Donnez un titre à chaque portrait.

4 Relevez les caractéristiques de chaque catégorie professionnelle de Français.
En quoi sont-elles différentes des catégories correspondantes dans votre pays ?

Réfléchissez-Comparez

1 Voici la liste des autres portraits de Français qui sont présentés dans le numéro spécial de *L'Express*. Travaillez en petits groupes. Chaque groupe choisit un certain nombre de portraits et recherche les raisons pour lesquelles ils ont été sélectionnés.

(1) le webmaster	(13) la bouddhiste	(25) les pacsés
(2) le policier à VTT	(14) la centenaire	(26) l'agriculteur bio
(3) l'infirmière	(15) la liftée	(27) l'humanitaire
(4) le jeune créateur	(16) le DJ	(28) le smicard
(5) le casque bleu	(17) le patron de PME	(29) le vétérinaire
(6) le grand patron	(18) le généticien	(30) le coursier
(7) l'exclu	(19) le prof de ZEP	(31) le rollerman
(8) l'imam	(20) le spécialiste des effets spéciaux	(32) le créateur de start-up
(9) la supporter de foot	(21) la régionaliste	(33) l'ami de la nature
(10) le chasseur	(22) le couple mixte	(34) le journaliste reporter
(11) l'antimondialisation	(23) le routier	(35) le jardinier du dimanche
(12) la handicapée	(24) le vigile	(36) la sommelière

Ex. : (1) le webmaster : *les activités et les professions liées au développement d'Internet sont totalement nouvelles.*

2 Imaginez des phrases qui caractérisent ces personnes. Faites trouver à la classe de qui il s'agit.
Ex. : Le vigile → Dans un hypermarché, il repère les voleurs.

Présentez votre héros ordinaire

1 Cherchez 20 types de personnes (par profession ou type social, etc.) qui pourraient figurer parmi les héros ordinaires de votre pays.

2 Chaque étudiant choisit un « héros ordinaire » et le présente.

Prononciation
et mécanismes
*exercices 66
et 67 p.160*

Leçon 3 Parler de ses lectures

ENQUÊTE
Quel lecteur êtes-vous ?

a. *Quand lisez-vous de préférence ?*

b. *Dans quelles circonstances n'aimez-vous pas lire ?*

c. *Vous arrive-t-il de sauter des pages quand vous lisez ? Si oui, lesquelles ?*

d. *Pouvez-vous citer un livre que vous n'avez pas fini ? Et un livre que vous avez relu uniquement pour le plaisir de le faire ?*

e. *Qu'est-ce que vous lisez de préférence ?*

f. *Y a-t-il des livres qui vous ont fait rêver de vivre autrement ?*

g. *Où lisez-vous de préférence ?*

h. *Vous arrive-t-il de lire « en grappillant » ? Si oui, quand ?*

i. *Lisez-vous à haute voix ? Si oui, quels textes ?*

j. *Pensez-vous exercer le droit de vous taire ?*

Les droits imprescriptibles du lecteur

1. Le droit de ne pas lire
2. Le droit de sauter des pages
3. Le droit de ne pas finir un livre
4. Le droit de relire
5. Le droit de lire n'importe quoi
6. Le droit au bovarysme (maladie textuellement transmissible)
7. Le droit de lire n'importe où
8. Le droit de grappiller
9. Le droit de lire à haute voix
10. Le droit de nous taire

D. Pennac, *Comme un roman*, Paris, Gallimard, 1992.

Parlez de vos activités de lecture

1 **Répondez au questionnaire ci-dessus.**

2 **Lisez et commentez « Les droits imprescriptibles du lecteur ».**

Reconnaissez les textes

1 **Lisez les textes. Pour chacun d'eux, notez :**
a. le personnage principal.: ...
b. la suite de ces actions : ...

2 **Classez les verbes de chacun des récits :**
a. verbes d'action : ...
b. verbes d'impression : ...
c. verbes de description : ...

3 **Identifiez les textes.**

a• **Lisez le tableau ci-contre.**

b• **Lisez vos réponses de l'exercice 2.**

c• **Classez maintenant chacun des textes en fonction du tableau. Justifiez votre réponse.**

Texte A

Denise se lève. Elle va jusqu'à la fenêtre, prend un des rideaux et soigneusement le déchire. Il était déjà déchiré d'ailleurs, en minces bandelettes, de bas en haut. Mais Denise reprend une à une chacune de ces bandelettes et les déchire encore. Elle a une curieuse expression à ce moment-là, au moment précis où la déchirure commence, une expression aiguë, de plaisir méchant, une expression qui passe très vite, qui s'éteint. Pour reprendre à la déchirure suivante. C'est chaque fois, sur son visage, comme la précaire lueur d'un phare lointain. Elle s'arrête de déchirer. Elle se retourne lentement, regarde la chambre.

Félicien Marceau, *Les Élans du cœur*, Gallimard, 1955.

Texte B

Gervaise haussait le menton, examinait la façade. Sur la rue, la maison avait cinq étages, alignant chacun à la file quinze fenêtres, dont les persiennes noires, aux lames cassées, donnaient un air de ruine à cet immense pan de muraille. En bas, quatre boutiques occupaient le rez-de-chaussée : à droite de la porte, une vaste salle de gargote graisseuse ; à gauche, un charbonnier, un mercier et une marchande de parapluies. La maison paraissait d'autant plus colossale qu'elle s'élevait entre deux petites constructions basses, chétives, collées contre elle.

Émile Zola, *L'Assommoir*.

Texte C

Vous êtes à la campagne. Il pleut, il faut tuer le temps, vous prenez un livre, le premier livre venu, vous vous mettez à lire ce livre [...] pensant à autre chose, distrait, un peu bâillant. Tout à coup, vous vous sentez saisi, votre pensée semble ne plus être à vous, [...] vous n'êtes plus maître de vous lever et de vous en aller. Quelqu'un vous tient. Qui donc ? Ce livre.
Un livre est quelqu'un. Ne vous y fiez pas.
Un livre est un engrenage. Prenez garde à ces lignes noires sur du papier blanc ; ce sont des forces ; elles se combinent, se composent, se décomposent, entrent l'une dans l'autre, se dévident, se nouent, s'accouplent, travaillent. Telle ligne mord, telle ligne serre et presse, telle ligne entraîne, telle ligne subjugue. Les idées sont un rouage. Vous vous sentez tiré par le livre. Il ne vous lâchera qu'après avoir donné une façon à votre esprit...

Victor Hugo, *Tas de pierres*, œuvre posthume publiée en 1942, éd. Bouvet.

vidéo

Talents *de vie*

*Dominique :
La lecture
prend l'air*

Reconnaître les catégories de textes

Textes narratifs

Ils se présentent essentiellement comme une suite d'actions qui constituent ce qu'on appelle la trame du récit.

Textes descriptifs

La description peut concerner des lieux (caractère particulier du lieu, organisation de l'espace, lien entre tous les éléments) ; des objets (situation dans l'espace et dans le temps, relation avec d'autres objets, dimensions, formes...) ; des personnes (description physique, description du caractère, lien avec les actions correspondantes, détails...).

Textes expressifs

Ils ont pour but de communiquer des sentiments, des émotions, des sensations. Ils ne sont pas liés à des formes verbales spécifiques, mais on les reconnaît à la présence explicite de celui ou de ceux qui parlent (*je/nous, tu/vous*) ainsi qu'à la présence d'éléments linguistiques qui traduisent le doute, le souhait et les opinions personnelles.

Observez-Imaginez

1 Observez la photo et imaginez où se trouvent les personnages.

2 Observez maintenant les personnages de la photo.
Qu'est-ce qu'ils font ?
Qu'est-ce qui a pu se passer avant ?
Racontez leur histoire.

3 Quelles émotions traduisent les personnages qui apparaissent sur la photo ? Faites-les parler.

Leçon 4 Interpréter une scène

ON VA RÉGLER ÇA ENTRE NOUS...

Les Apprentis
Film de P. Salvadori
Scénario de P. Salvadori
et P. Harel,
Avec Guillaume Depardieu
et François Cluzet

(Bureau du rédacteur de *Karaté-Magazine*)

Antoine est debout face au patron du journal. Il essaie d'avoir un comportement aussi normal que possible. Le patron, en compagnie d'un maquettiste, rectifie un projet de mise en page. Il paraît complètement détendu. À côté de lui, derrière le bureau... le coffre-fort éventré. Antoine se demande s'il doit le regarder ou l'ignorer complètement... Le maquettiste s'en va.

Le patron : Excuse-moi... Voilà, je t'ai convoqué parce qu'on a un problème. Les bureaux ont été cambriolés et évidemment, c'est tout le liquide destiné à l'imprimerie qui est parti.

Antoine : Merde...

Le patron : On va avoir du mal à vous régler ce mois-ci et il va falloir réduire les piges, pendant quelque temps...

Antoine : Ben, c'est pas grave.

Le patron : Tu trouves ?

Le patron le regarde dans les yeux.

Antoine : J'veux dire, s'il faut faire deux ou trois piges même gratuites... J'suis prêt à le faire. Il faut se tenir les coudes. Tu peux compter sur mo...

Le patron : Tu n'as pas à le faire, Antoine.

Antoine surprend le regard d'un des employés à travers les vitres du bureau.

Le patron : Autrement, ton article sur Van Damme, Pierre préfère un simple entretien...

Tous les membres de la rédaction regardent à présent Antoine à travers la vitre. Parmi eux, Mme Kowarski, la femme de ménage, qui le fixe d'un air digne.

Le patron : ... Alors, j'ai pensé à Caroline pour faire l'interview.

Le chat, qui vient d'entrer dans le bureau, se frotte contre les jambes d'Antoine.

Antoine : Oui, bonne idée (*de plus en plus mal à l'aise*). Bon, si t'as plus besoin de moi, je vais y aller...

Le patron : Pas de problème, Antoine.

Antoine se lève et s'avance vers la porte. Au moment où il pose la main sur la poignée (fracturée), il entend le patron le héler en sifflant... Antoine se retourne et la poignée de porte lui reste dans la main. Le patron le regarde froidement. Il a, à la main, les clés d'appartement d'Antoine.

Le patron : C'est la femme de ménage qui les a trouvées. Elles étaient près du coffre. C'est presque comique.

Antoine garde le silence.

Le patron : Je comprends pas. On a toujours été correct avec toi. Je t'ai aidé quand tu l'as demandé. Alors pourquoi tu as tout gâché ?

Antoine : Besoin d'argent.

Le patron : Tout le monde a besoin d'argent. On n'a pas prévenu la police, j'imagine que ça te soulage.

Antoine acquiesce.

Le patron : On va régler ça entre nous.

Antoine : Ah bon... ?

Découvrez la scène

Lisez la scène et complétez la fiche suivante.

Lieu	Personnages présents	Résumé de la scène
...	...	...

Préparez la mise en scène du dialogue

Pour chaque fragment de réplique :

a• Présentez le contenu de la réplique à l'aide d'un verbe de la liste (voir encadré p. 123).

b• Précisez les sentiments ou l'état d'esprit du personnage (voir encadré p. 123).

c• Indiquez l'expression de son visage, les gestes qu'il fait, son attitude, ses déplacements.

d• Trouvez l'intonation de la réplique.
Ex. : « Excuse-moi. » *Le patron s'excuse. Il lève la tête vers Antoine. Son visage est sérieux, assez dur. Il se redresse et marche vers Antoine qui recule.* « Excuse-moi » *est dit d'une façon brusque, sans sympathie.*

Ce qu'on fait quand on parle
– donner des informations ;
– apporter des idées ;
– faire des propositions ;
– fixer des objectifs ;
– faire des contre-propositions ;
– penser tout haut ;
– donner des appréciations ;
– faire des commentaires ;
– demander/donner des explications ;
– demander/donner des précisions ;
– résumer ce que d'autres ont dit ;
– rassurer son/ses interlocuteur(s) ;
– réagir favorablement ou négativement.

Les sentiments
– ceux qui expriment l'approbation, le refus, la contrariété, le mépris ;
– ceux qui expriment la nervosité, la détente, l'angoisse, le calme apparent, la tristesse ;
– ceux qui expriment la complicité, la sympathie, l'agressivité, l'indifférence.

Imaginez

1 Imaginez la suite de l'histoire. Comment le patron du journal va-t-il régler les problèmes sans faire appel à la police ?

2 Rédigez la suite du dialogue.
Ex. : Le patron : *Oui. Je vais te dire ce que nous allons faire...*

À vous de jouer

Jouez la scène pour vérifier l'efficacité de votre analyse. Respectez les indications données par le scénario et choisissez bien les personnages :

– ceux qui parlent (Antoine et le patron) ;
– et ceux qui communiquent autrement (le maquettiste et Mme Kowarski).

Étude de cas

LE CONCERT ROCK

Luc et ses deux amis, Yann et Martine, ont lu dans un quotidien local que leur groupe rock préféré donnait exceptionnellement un concert dans leur petite ville le jeudi soir. Ils décident d'y aller mais le concert commence à 22 h et se termine après minuit. Comme ils n'ont pas encore 18 ans, ils devront convaincre leurs parents de les laisser sortir la veille d'un jour de classe. Or, tous les parents s'opposent à la demande de leur enfant.

Père de Luc : « Pas question ! Tu es mineur. Je suis ton père et c'est moi qui décide ! Pas question que tu rentres après minuit. »
Père de Yann : « Je te rappelle qu'au début de l'année scolaire on a convenu que quand il y avait classe, tu ne te coucherais pas après 11 h du soir. »
Père de Martine : « En principe, je n'ai rien contre votre idée, mais malheureusement, je ne pourrai pas venir te chercher. Tu as oublié que la voiture était chez le garagiste... »

1 Lisez l'étude de cas ci-contre.
Quelles réponses des parents vous paraissent :
– acceptables ?
– inacceptables ?

2 Caractérisez chaque parent :
tolérant/intolérant - sévère/laxiste - prudent/imprudent, etc.

3 Par groupes de quatre, préparez des arguments pour faire changer d'avis l'un des trois pères.

4 Jouez la scène.
Un membre du groupe joue le rôle du père et les trois autres essayent de le convaincre (ne présentez qu'un seul argument à la fois et écoutez bien les différentes réponses avant de parler !) pendant que le reste de la classe observe la conversation.

5 La classe évalue l'efficacité de chaque argumentation.

Leçon 5 Rêver avec les mots

Test : avez-vous l'âme d'un poète ?

1 Faites le test.

« Avez-vous l'esprit poète ? »

1 Vous rencontrez un homme qui se promène dans la rue et qui chante ou récite des textes. Vous dites :

▲ Il est fou ce type-là…
● Quel poète !
■ Ça fait plaisir à voir quelqu'un qui est heureux.

2 Pleurez-vous au cinéma ?

▲ Jamais : ce n'est que de la fiction.
● Rarement : il faut savoir se retenir.
■ Souvent : libre cours aux émotions.

3 Un tag, pour vous, c'est…

■ le témoignage d'une révolte
▲ encore un moyen de salir les murs
● de la simple peinture

4 Des nuages dans le ciel, pour vous, c'est :

▲ des nuages tout court
■ des monstres, des objets, des visages
● l'annonce d'un orage

5 Votre premier rendez-vous avec la poésie ?

● sur les murs du lycée en lisant des graffiti
■ dans les yeux de quelqu'un que vous aimez
▲ à l'école, quand l'instituteur lisait des poèmes

6 Dans une lettre, à côté de votre signature, vous pourriez mettre :

■ une rose
● la foudre
▲ l'adresse de votre site web

7 Le rap, pour vous, c'est…

■ un rythme essentiel
▲ trop de mots incompréhensibles
● une forme d'expression corporelle à la mode

8 Pour un bon repas, ce qui est important, c'est…

● qu'il soit délicieux
▲ qu'il soit équilibré d'un point de vue nutritionnel
■ que les plats soient bien présentés

2 Examinez vos résultats.

Résultats

Vous avez obtenu une majorité de ■

Vous avez l'esprit poète !
Très sensible et avec beaucoup d'imagination, vous êtes poète dans l'âme. D'un tempérament très discret, vous aimez bien vivre dans un univers à vous et portez sur le monde et les êtres un regard compréhensif.

Vous avez obtenu une majorité de ●

Vous êtes un poète potentiel
La poésie n'est pas votre affaire et vous vous retenez lorsque, certains jours, il vous arrive d'avoir

envie de chanter ou de délirer. Laissez-vous aller, la raison ne doit pas vous empêcher de rêver !

Vous avez obtenu une majorité de ▲

Vous ne savez pas que
vous pourriez être poète !
La poésie pour vous, c'est le souvenir de la récitation à l'école. Oubliez ces mauvais souvenirs, pensez au monde qui vous entoure, aux autres… et vous vous sentirez un peu plus poète.

Le poète

Travailleur
Comme eux tous.

Vivant le même temps
De machines, de bruit,
De guerre, de journaux.

Les mêmes problèmes
De nourriture, de logement,
D'impôts.

Citoyen,
Comme eux tous.

Préoccupé,
Comme eux,

Par les problèmes du présent,
Du futur,

Rêvant
De cette société

Où tous
Auront loisir d'écrire.

Guillevic, *Inclus*, Gallimard, 1973.

1 Lisez les poèmes.
Complétez la grille suivante en cherchant,
dans les vers de Guillevic et de Queneau,
leurs opinions sur la poésie et le rôle du poète.

	Guillevic	Queneau
Ce que le poète est	– travailleur – ... – ...	– cuisinier – alchimiste – ...
Ce que le poète fait	... ... il rêve	... ...
L'objet de la poésie	– la société actuelle – ... – ...	– les mots – ... – ...

2 Dites maintenant ce que la poésie représente
pour vous. À quoi l'associez-vous ?
La poésie est un sourire/un champ de blé/...
Elle me fait penser à...
Elle renvoie à...
On dirait un/une/des...

Devenez poète

POUR UN ART POÉTIQUE

Prenez un mot prenez-en deux
faites cuir' comme des œufs
prenez un petit bout de sens
puis un grand morceau d'innocence
faites chauffer à petit feu
au petit feu de la technique
versez la sauce énigmatique
saupoudrez de quelques étoiles
poivrez et puis mettez les voiles

où voulez-vous en venir ?
À écrire
        Vraiment ? à écrire ??

R. Queneau, *Le Chien à la mandoline*, Gallimard, 1965.

CHANT DU CIEL

La fleur des Alpes disait au coquillage : « tu luis »
Le coquillage disait à la mer : « tu résonnes »
La mer disait au bateau : « tu trembles »
Le bateau disait au feu : « tu brilles »
Le feu me disait : « je brille moins que ses yeux »
Le bateau me disait : « je tremble moins que ton
cœur quand elle paraît »
La mer me disait : « je résonne moins que son nom
en ton amour »
Le coquillage me disait : « je luis moins que le
phosphore du désir dans ton rêve creux »
La fleur des Alpes me disait : « elle est belle »
Je disais : « elle est belle, elle est belle, elle est
émouvante »

R. Desnos, *Les Ténèbres*, in *Corps et Biens*, Gallimard, 1927.

1 Lisez le poème et repérez les éléments qui
parlent. Dites s'ils s'enchaînent par association
ou par opposition.

fleur/coquillage :...   bateau/cœur :...
coquillage/mer :...   mer/nom :...
mer/bateau :...   coquillage/phosphore :...
bateau/feu :...   fleur des Alpes/poètes :...
feu/yeux :...

2 Modifiez le poème en faisant parler d'autres
éléments de la nature (le soleil, le vent...).
N'oubliez pas de donner un titre au poème que
vous aurez composé.

BILAN • BILAN • BILAN • BILAN • BILAN

1 Faire des hypothèses

1. On peut rêver de faire des choses impossibles. Dites tout ce que l'on pourrait faire...

a• ... si le monde était à l'envers : marcher les pieds en l'air, mourir avant de naître, pleurer lorsque l'on rit.

b• ... si les enfants faisaient la classe : avoir une école plus amusante, mettre de bonnes notes à tout le monde.

c• ... si les fleurs étaient des mots : entendre leur parfum, être tous poètes.

d• ... si la mer était à boire : ne plus mourir de soif, faire du désert un grand jardin.

2. Vous avez proposé à un ami/une amie de partir avec vous en vacances en Bourgogne, mais il/elle n'a pas accepté votre proposition. De retour de vacances, vous lui téléphonez pour lui dire tout ce qu'il/elle aurait pu voir et faire avec vous...

Voici le début de votre conversation : « Si tu m'avais suivi(e) en Bourgogne, tu aurais passé une semaine inoubliable... » À vous de continuer sur les points suivants :

a• voir des villes d'art extraordinaires

b• visiter les Hospices de Beaune

c• admirer la cathédrale de Vézelay

d• se perdre dans le silence de l'abbaye de Fontenay

e• apprécier les bonbons à l'anis de Flavigny

f• goûté le meilleur pain d'épices de France

g• connaître les grands crus de Bourgogne

h• être au musée de la photo à Chalon-sur-Saône

i• boire un bon kir

j• manger du vrai bœuf bourguignon

2 Décrire, raconter, exprimer ses émotions

Vous êtes à l'étranger pour des études ou des raisons de travail. Vous avez eu une journée fatigante. Vous venez de dîner et vous n'avez pas envie de sortir. Vous écrivez une lettre à un ami lointain dans laquelle :

a• vous racontez votre journée (le temps qu'il a fait, votre emploi du temps le matin et l'après-midi, les petits accidents/inconvénients sur le travail ou en faculté...).

b• vous décrivez le paysage que vous voyez par la fenêtre (ce que vous voyez de près ou de loin : les bâtiments, les rues, les mouvements des gens, les voitures, les bruits, les couleurs, les odeurs...).

c• vous manifestez votre humeur (dépressive : « vous n'aimez ni le climat, ni la nourriture du pays... », euphorique : « succès inattendu à un examen... », mélancolique : « nostalgie des amis lointains... »).

3 Laisser parler son imagination

Continuez le poème sur le modèle de la 1re strophe.

QUAND JE SERAI CAILLOU
J'IRAI DORMIR LA NUIT DANS LES SOUPIÈRES
ET LE JOUR DANS LE SAC À MAIN

QUAND JE SERAI PORTE DE PRISON
JE PÊCHERAI À LA DYNAMITE
...

Jean Mayoux, *Ma Tête à couper.*

4 Trouver les mots

Finissez les phrases de la scène qui suit.

MONSIEUR A, *avec chaleur* : Oh! Chère amie. Quelle chance de vous...!

MADAME B, *ravie* : Très heureuse, moi aussi Très heureuse de... vraiment oui!

Monsieur A : Comment allez-vous, depuis que...?

MADAME B, *très naturelle* : Depuis que? Eh! bien! J'ai continué, vous savez, j'ai continué à...

MONSIEUR A : Comme c'est...! Enfin, oui, vraiment, je trouve que c'est...

MADAME B, *modeste :* Oh, n'exagérons rien! C'est seulement, c'est uniquement... Je veux dire : ce n'est pas tellement, tellement...

MONSIEUR A, *intrigué mais sceptique* : Pas tellement, pas tellement, vous croyez?

MADAME B, *restrictive* : Du moins je le..., je, je, je... Enfin!

MONSIEUR A, *avec admiration* : Oui, je comprends : vous êtes trop, vous avez trop de...

MADAME B, *toujours modeste, mais flattée* : Mais non, mais non : plutôt pas assez...

MONSIEUR A, *réconfortant* : Taisez-vous donc! Vous n'allez pas nous...?

MADAME B, *riant franchement* : Non! Non! Je n'irai pas jusque-là!

Un temps très long. Ils se regardent l'un l'autre en souriant.

MONSIEUR A : Mais, au fait! Puis-je vous demander où vous...?

MADAME B, *très précise et décidée* : Mais pas de...! non, non, rien, rien. Je vais jusqu'au..., pour aller chercher mon... Puis je reviens à la...

MONSIEUR A, *engageant et galant, offrant son bras* : Me permettez-vous de...?

MADAME B : Mais, bien entendu! Nous ferons ensemble un bout de...

J. Tardieu, *Finissez vos phrases !*, *La Comédie du langage*, Gallimard, 1966.

Explorer le passé

Leçon 1 Discuter un point de vue

Entretien avec Jean-Pierre Le Goff

Il faut renouer le fil entre *passé* et *présent*

Sociologue et philosophe, Jean-Pierre Le Goff ne craint pas les propos et les analyses qui dérangent. Après « Mai 1968, l'héritage impossible » qui dénonçait le « nouveau conformisme de l'anticonformisme », « La Barbarie douce » explorait les ravages causés par l'idéologie de la « modernisation » dans l'entreprise et l'école. Avec son nouvel ouvrage, « La Démocratie post-totalitaire », il nous livre une réflexion enrichissante sur les blocages et les conditions de renouveau de la démocratie, notamment en Europe.

Vous dressez un bilan de santé plutôt inquiétant de notre démocratie. Quel est votre diagnostic ?

[...] Ce qui a disparu à droite comme à gauche, c'est l'insertion de la politique dans une vision historique. Nous vivons dans des sociétés démocratiques qui se sont déconnectées de l'Histoire. Notre rapport au passé est devenu problématique, comme s'il avait la plus grande difficulté à nous parler encore. Jusqu'à maintenant, on restait dans le cadre d'un récit historique, c'est-à-dire que le présent, en plein bouleversement, demeurait articulé au passé et s'ouvrait sur un avenir porteur de bien-être et d'émancipation.

C'est toute la différence par exemple entre le mouvement de modernisation de l'après-guerre et celui d'aujourd'hui. Après le traumatisme de la défaite de 1940, il s'agissait de moderniser le pays pour lui donner les moyens de sa grandeur. À droite, au nom d'une certaine idée de la Nation, incarnée par de Gaulle. À gauche, en l'inscrivant dans un mouvement plus large, une évolution historique promettant à terme une société plus juste et plus fraternelle. Désormais la modernisation tourne à vide parce qu'elle est devenue une fin en soi. [...] Nous vivons dans un présent flottant, rempli par l'activisme « managérial » et communicationnel. Peu importe que l'on ne sache pas où l'on va, l'essentiel est de suivre le mouvement de modernisation, chacun étant sommé, à l'école, dans l'entreprise, d'être « l'acteur de son propre changement ».

Il y a tout de même de bonnes raisons de se méfier aujourd'hui des utopies et des grandes visions prospectives. L'expérience des totalitarismes. Et le caractère ambigu du « progrès »...

[...] Il n'y a aucun progrès qui ne se paye d'une perte. Et l'Histoire est inséparable du tragique dans la mesure où elle est toujours ambivalente. Je ne connais aucune civilisation, aucune société qui ne soit exempte de périodes sombres. Les démocraties européennes ne sont pas encore libérées d'une vision très noire de leur passé qui les empêche de s'estimer elles-mêmes. [...]

Le problème des sociétés démocratiques européennes est d'abord de se demander à quoi elles tiennent de l'héritage qui leur a été légué au fil des générations. Nous sommes les héritiers d'une histoire riche [...] il s'agit donc de renouer les fils entre passé et présent pour dessiner une vision prospective de l'avenir.

EXTRAIT DE *TÉLÉRAMA*, Nº 2724.
PROPOS RECUEILLIS PAR MICHEL ABESCAT.

Découvrez le document

1 À quels événements font référence :
a. la défaite de 1940 ?
b. l'expérience des totalitarismes ?
c. « les démocraties européennes ne se sont pas libérées d'une vision très noire de leur passé » ?

2 Notez les phrases qui définissent :
a. l'attitude de notre société envers le passé ;
b. son attitude envers la modernisation.
En quoi ces attitudes sont-elles différentes de celles de la société de l'après-Seconde Guerre mondiale ?

3 Reformulez les phrases que vous avez notées à l'exercice 2 pour résumer brièvement les idées de Jean-Pierre Le Goff.
Utilisez les expressions ci-dessous pour reformuler ces phrases.
a. l'attitude de notre société envers le passé : *ne pas tenir compte – sans lien.*
b. l'attitude envers la modernisation : *absence de projet – une vision du progrès – le bonheur des hommes.*
c. l'opposition avec la société de l'après-guerre : *une autre vision du rôle de la politique...*

Pour parler de la vie politique et de l'Histoire

- la nation - l'État - la république - la patrie - le royaume.
- la démocratie - la monarchie - la dictature - le populisme - le totalitarisme - le fascisme.
- le pouvoir - l'intérêt (général ou particulier) - le droit.
- l'unité - la différence - la communauté - l'association - le parti - l'individu - le citoyen - le peuple.
- les relations internationales - le conflit - la force - la violation - le crime (contre l'humanité) - l'intervention - les victimes - la responsabilité - la négociation - le traité - les droits (de l'homme).
- l'indépendance - la puissance - l'impérialisme.
- national - démocratique - populaire - parlementaire - totalitaire - individuel - collectif - diplomatique - conflictuel - international.
- être représenté par... - élire - administrer - intervenir - régler - empêcher - garantir - menacer - négocier.

Parlez de la vie politique et de l'Histoire

1 **Associez les verbes suivants à différents mots du tableau.**

Exemple : **a.** *se battre pour l'indépendance de la région.*

a. se battre pour : ...
b. revendiquer : ...
c. dénoncer : ...
d. se trouver confronté à : ...
e. se méfier de : ...
f. proclamer : ...
g. militer pour : ...
h. préférer à : ...
i. provoquer : ...
j. risquer d'entraîner : ...

2 **Formez des expressions toutes faites comme on peut en lire dans la presse.**

a. Régler
b. Cultiver
c. Faire face à
d. Proclamer
e. Montrer
f. Être fasciné par
g. Dire
i. Faire valoir

1. sa puissance
2. le pouvoir
3. le droit
4. un conflit
5. ses intérêts
6. son indépendance
7. ses responsabilités
8. sa différence

3 **Reconnaître des mouvements d'idées. Complétez avec les mots de la liste suivante.**

totalitarisme - populisme - droit de l'hommisme - internationalisme - communautarisme - impérialisme.

a. Réclamer le respect des différences favorise ... .
b. Le repli sur soi, la peur de l'avenir se traduisent par un renouveau du ... .
c. Le respect des droits de l'homme, ce qu'on appelle ..., est devenu une fin en soi des relations internationales.
d. La chute du Mur de Berlin a abouti à la dénonciation des ..., qu'ils soient d'extrême droite ou d'extrême gauche, et à l'émergence d'un nouvel ... .
e. La dénonciation des méfaits de la mondialisation a conduit à l'émergence d'une nouvelle forme d'... .

À chacun son point de vue

Voici des slogans publicitaires :

« Ne jouez pas avec son avenir, donnez-lui le meilleur. »
« Être planète ou ne pas être. »
« Dans la vraie vie, c'est vous qui vivez la suite. »
« N'attendez pas d'être jeune pour le rester. »
« Derrière ce paysage, il y a des agriculteurs qui le préservent avec passion. »
« Demain cette génération sourira de toutes ses dents. »
« Venez voir pousser l'avenir. »
« 20 heures d'avion, 20 000 ans de décalage horaire. »
« La mode qui résiste au temps. »
« Maintenant tout est permis. »
« Qui surfera, bossera. »
« Retrouvons nos racines. »
« Un bout de chemin ensemble. »
« L'histoire contre-attaque. »
« La victoire est en nous. »

a• **Classez-les suivant qu'ils renvoient à :**
– un présent éphémère ;
– un souci de l'avenir ;
– un enracinement.
Ex. : un présent éphémère → N'attendez pas d'être jeune pour le rester.

b• **Par petits groupes, choisissez à quel type de produits vous les associeriez. Comparez vos choix ; défendez-les.**
Ex. : « Ne jouez pas avec son avenir, donnez-lui le meilleur » : une compagnie d'assurances, une caisse de retraite complémentaire, une école ou un institut de formation, etc.

Leçon 2 Découvrir les signes du passé

✖ *Dans cette leçon, vous rédigerez une plaque commémorative pour une personnalité que vous admirez (artiste, homme ou femme politique, scientifique, etc.) ou qui est associée à votre pays. Vous préparerez un bref discours (5 min) pour l'inauguration de la plaque.*

1

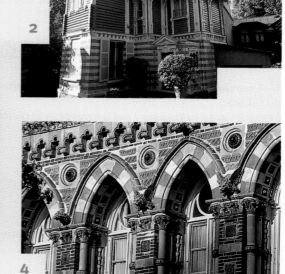

2

3

4

5

6

Associez

Voici six monuments à Paris qui représentent cinq régions du monde. Par petits groupes, associez chacun de ces monuments à une région. Choisissez-en un, puis dites ce qu'il évoque pour vous.

– Inde : ...
– Europe : ...
– Afrique : ...
– Russie : ...
– Péninsule indochinoise : ...

Décrivez

Voici quelques plaques se trouvant sur les murs, dans les rues de Paris. Elles célèbrent ceux qui, venus du monde entier, y ont séjourné et ont fait de Paris une capitale universelle.

1 a• Associez les personnages évoqués aux catégories suivantes :
– homme politique – peintre – chanteur (euse)
– écrivain – cinéaste

b• Faites la liste des personnalités étrangères qui sont célébrées par ces plaques.

c• À quelle époque appartiennent-ils ?
XVIIIᵉ : . . . - XIXᵉ : . . . - XXᵉ : . . .

d• Quel est le pays d'origine de :
– Goldoni : . . . .
– J.-B. Le Moyne : . . . .
– Bolivar : . . . .
– Van Dongen : . . . .
– Juan Gris : . . . .
– Mac Orlan : . . . .
– Picasso : . . . .
– André Salmon : . . . .
– Les frères Lumière : . . . .

e• Qui était :
– libérateur ? – inventeur ? – fondateur ? – créateur ?

2 Certaines de ces plaques évoquent-elles des personnalités de votre pays ? Lesquelles ? Que savez-vous de ces personnages ? Si vous ne les connaissez pas, allez les découvrir dans un dictionnaire.

Histoire de Paris
Le Bateau-Lavoir

"Nous retournerons tous au Bateau-Lavoir, nous n'aurons vraiment été heureux que là..." Jusqu'à sa mort, Picasso (1881-1973) garde la nostalgie du Montmartre rural de sa jeunesse, avec ses fermes, ses vergers et ses cabarets pittoresques. Arrivé sur la Butte à 19 ans, il prend ici en 1904 un atelier où il exécute les dernières œuvres de la période bleue, celles de la période rose, inspirées par ses amours Fernande Olivier, et les "Demoiselles d'Avignon" (1907), prélude au cubisme. Alors plus connue sous le nom de "Maison du Trappeur".

L'ancienne manufacture de pianos, divisée en ateliers d'artistes vers 1889 et rebaptisée par Max Jacob, a vu ses vastes baraquements de bois, labyrinthe de coursives et d'escaliers, réduits en cendres lors d'un incendie, le 12 mai 1970.

DANS CETTE MAISON
LE 7 MARS 1767 EST MORT
A L'AGE DE 87 ANS
JEAN BAPTISTE LE MOYNE DE BIENVILLE
NÉ A MONTREAL
CHEVALIER DE ST. LOUIS
LIEUTENANT DE ROI COMMANDANT GENERAL
ET GOUVERNEUR DE LA LOUISIANE
1699 A 1743
FONDATEUR DE LA NOUVELLE ORLEANS
EN 1718
IN THIS HOUSE
ON MARCH 7, 1767 DIED
AT THE AGE OF 87 YEARS
JEAN BAPTISTE LE MOYNE DE BIENVILLE
BORN IN MONTREAL
CHEVALIER OF ST. LOUIS
LIEUTENANT OF THE KING COMMANDANT GENERAL
AND GOVERNOR OF LOUISIANA
F. 1699–1743
FOUNDER OF NEW ORLEANS
IN 1718

ICI EST DECEDE PAUVRE
LE 6 FEVRIER 1793
CARLO GOLDONI
DIT LE MOLIERE ITALIEN
AUTEUR DU BOURRU BIENFAISANT
IL ETAIT NE A VENISE L'AN 1707
LE CHOCOLATIER
ANGE TOFFOLI ANCIEN MINISTRE
LE COMMANDEUR SENATEUR J. CONSTANTIN

DU 6 AU 12 MAI 1952
ARLEQUIN SERVITEUR DE DEUX MAITRES
DE CARLO GOLDONI
A TRIOMPHE A PARIS
LE PICCOLO TEATRO DE MILAN
DEDIE CE SOUVENIR
A CARLO GOLDONI
QUI MOURUT DANS CETTE MAISON

DANS
CETTE MAISON HABITA
LE
LIBÉRATEUR
SIMON BOLIVAR
EN 1804
HOMMAGE DE L'ASSOCIATION
GENERALE D'ÉTUDIANTS
LATINO AMERICAINS
1930

ICI LE 28 DÉCEMBRE 1895
EURENT LIEU
LES PREMIÈRES PROJECTIONS PUBLIQUES
DE PHOTOGRAPHIE ANIMÉE
A L'AIDE DU CINÉMATOGRAPHE
APPAREIL INVENTÉ PAR LES FRÈRES LUMIÈRE

Discutez

Êtes-vous sensible, attentif dans votre ville aux traces du passé, de ceux qui s'y sont illustrés ? Pensez-vous qu'il soit nécessaire, utile d'honorer la mémoire de ceux qui ont marqué à l'intérieur comme à l'extérieur l'histoire de votre pays ?

Recherchez

1 a• Cherchez par petits groupes les personnalités françaises ou francophones associées à votre pays.

b• Renseignez-vous. Trouvez les lieux où ils ont vécu, les endroits qu'ils ont fréquentés, les événements auxquels ils sont liés, les œuvres qu'ils ont créées.

2 Connaissez-vous des personnalités de votre pays qui ont séjourné en France ? Choisissez-en une et racontez ce qu'elle y a fait.

3 Rédigez maintenant le texte de la plaque que vous aimeriez voir posée là où il/elle a vécu.

Leçon 3 Se souvenir en littérature

Le temps fragile

Patrick Modiano est probablement, de tous les écrivains d'aujourd'hui, celui qui a exploré de manière la plus troublante les liens entre le présent et le passé, les passages de l'un à l'autre, les retours incertains, les zones invisibles entre l'un et l'autre.

« Il arrive aussi qu'un soir, à cause du regard attentif de quelqu'un, on éprouve le besoin de lui transmettre non pas son expérience, mais tout simplement quelques-uns de ces détails disparates, reliés par un fil invisible qui menace de se rompre et que l'on appelle le cours de la vie. »
Voyage de noces (1990)

« Je crois que l'on entend encore dans les entrées d'immeubles l'écho des pas de ceux qui avaient l'habitude de les traverser et qui, depuis, ont disparu. Quelque chose continue de vibrer après leur passage, des ondes de plus en plus faibles, mais que l'on capte si l'on est attentif. »
Rue des boutiques obscures (1978)

Je n'avais que vingt ans, mais ma mémoire précédait ma naissance. J'étais sûr, par exemple, d'avoir vécu dans le Paris de l'Occupation puisque je me souvenais de certains personnages de cette époque et de détails infimes et troublants, de ceux qu'aucun livre d'histoire ne mentionne. »
Livret de famille (1977)

« J'ai l'impression d'être tout seul à faire le lien entre le Paris de ce temps-là et celui d'aujourd'hui, le seul à me souvenir de tous ces détails. Par moments, le lien s'amenuise et risque de se rompre, d'autres soirs la ville d'hier m'apparaît en reflets furtifs derrière celle d'aujourd'hui. »
Dora Bruder (1997)

« Peu à peu cet homme se fondait dans le mur. Ou bien la pluie, à force de tomber sur lui, l'effaçait comme l'eau dilue une peinture qui n'a pas eu le temps de se fixer. J'avais beau appuyer mon front contre la vitre et scruter le mur gris sombre, il n'y avait plus trace de lui. »
Fleurs de ruine (1991)

La nuit, quand je rentrais seule et que j'arrivais au coin de cette rue Coustou, j'avais brusquement l'impression de quitter le présent et de glisser dans une zone où le temps s'est arrêté. Et je craignais de ne plus franchir la frontière en sens inverse pour me retrouver place Blanche, là où la vie continuait. Je me disais que je resterais toujours prisonnière de cette petite rue et de cette chambre comme la Belle au bois dormant. »
La Petite Bijou (2001)

« J'ai ouvert le tiroir de la table de nuit. Des lunettes de soleil. Les miennes. Je les avais oubliées à mon départ d'ici. J'ai essuyé les verres que recouvrait une pellicule de poussière, je les ai mises et j'ai marché vers la glace accrochée au mur. Je voulais me voir avec ces lunettes de soleil, voir ma tête d'il y a vingt ans. »
Quartier perdu (1984)

J'étais heureux. Je n'avais plus de mémoire. Mon amnésie s'épaississait de jour en jour comme une peau qui se durcit. Plus de passé. Plus d'avenir. Le temps s'arrêtait et tout finirait par se confondre dans la brume bleue du Léman. »
Livret de famille (1977)

Découvrez le document

1 Lisez les textes. Relevez les expressions qui évoquent les idées :
– de perception
– de disparition
– de passage.

Texte	Perception	Disparition	Passage
1	regard attentif de quelqu'un détails disparates - fil invisible	manque de se rompre	transmettre son expérience
2			

2 Comment définiriez-vous maintenant le rapport que Patrick Modiano entretient à la fois avec le présent et le passé ?

Associez texte et images

Voici une série de photos. À quel texte de Patrick Modiano les feriez-vous correspondre ? Justifiez vos choix.

1

3

2

4

Créez vos propres images

En groupes, prenez chacun un extrait et cherchez les images, objets, personnages que vous associeriez à chacun des extraits. Vous pouvez aussi créer vos propres photos.

Écrivez la suite

1 Choisissez un extrait et considérez-le comme un début de roman.

2 Imaginez en dix lignes l'intrigue de ce roman.

Organisez une exposition

La classe définit un sujet. Chaque étudiant apporte une image, une photo ou un objet en relation avec le sujet, ainsi qu'un texte de 10 lignes expliquant ce choix.
1. Rassemblez textes, images et objets ; associez-les.

2. Décidez ensemble de l'ordre et créez le parcours de l'exposition.
3. Réalisez l'affiche ; trouvez un titre à l'exposition.
4. Préparez le commentaire.
5. Invitez les autres classes et commentez l'exposition.

Prononciation
et mécanismes
*exercices 68
et 69 p.160*

Leçon 4 *Rechercher ses origines*

Laquelle donne le « la » pour que se joue l'accord ?

D'où viennent-ils ?

Des photos qui parlent

1 Essayez de répondre par deux à chacune des questions données en légende des photos. Faites des hypothèses ; aidez-vous du tableau page 135.

2 Imaginez ce que sont devenus les personnages des photos.

Exercez-vous

À propos de chacune des informations ci-dessous, imaginez une situation et un bref dialogue. Utilisez les expressions du tableau.

Exemple a. : Dans le service commercial d'une fabrique de vêtements
Le directeur : Alors, les Grands Magasins parisiens ont fait leur commande ?
Le chef du service commercial : Je crois qu'ils seraient susceptibles de confirmer leur commande mais...

a. Achat : susceptible de confirmer son achat ; aime beaucoup notre modèle...

b. Voyage : départ vraisemblablement reporté ; rédaction de l'appel d'offre non terminée...

c. Découverte : statues exceptionnelles ; difficiles à dater...

d. Hypothèse : un ancien lieu de culte ? une piste d'atterrissage pour vaisseaux ? un projet de ville ? Aucune hypothèse n'a pu pour l'instant être vérifiée avec certitude.

e. Origines de l'Univers : le big bang tel qu'on le décrit aujourd'hui : les suites d'une catastrophe majeure ou un fait dû au hasard ?

Exprimer la possibilité, la probabilité

- Il semble que
J'ai l'impression que ⎫ **c'est** Pierre.
Peut-être que ⎬
Ça a l'air d'être Pierre. ⎭

- Il se peut (Il se pourrait)
que ce **soit** notre cousin Pierre.

- Il y a des chances (de fortes chances) ⎫
Il y a peu de chances ⎬ pour que ce **soit** lui.
Il n'y a aucune chance ⎭

- Il est possible/impossible/peu probable que ce **soit** Julien.
Il est probable que **c'est** Julien.

- À mon avis, ce **sera** un ami de Pierre. – À tous les coups, **c'est** un ami de Pierre (*fam.*).
- D'après mon père, ce **serait** le deuxième fils du cousin Gaston.
- Rien ne laisse penser / Rien ne permet de dire / Rien ne prouve que **c'est** quelqu'un de la famille.

Découvrez le document sonore

1 Écoutez et notez à quoi correspondent ces chiffres :
- 1,3 million : ...
- 15 millions : ...
- 30 000 heures : ...
- 3 à 4 millions : ...
- 10 millions : ...
- 800 000 : ...
- 2/3 : ...

2 Où trouver des informations ? Cochez les bonnes réponses.
a. ❏ à la mairie ❏ à la poste ❏ à la gare
b. aux archives :
❏ municipales ❏ départementales ❏ nationales
c. ❏ sur le Minitel ❏ sur l'Internet

3 Faites la liste des documents disponibles :
Fichier de l'Institut national de la statistique...

Prononciation et mécanismes
exercices 70 à 72 p.160

Construisez un arbre généalogique

1 Lisez le témoignage de Pierre Bayle, directeur commercial, et établissez sa généalogie en vous aidant du schéma ci-contre.

2 Relevez les différents moments de l'histoire familiale qui recoupent la grande Histoire. Aidez-vous d'un dictionnaire.

« Du côté de mon père, ce sont des artisans. Mon arrière-grand-père paternel, Adrien Bayle, était teinturier à Toulouse. Il connaissait bien les pigments végétaux pour faire les teintures ; c'était un savoir qui se transmettait de génération en génération. Toulouse était ainsi connue pour ses pastels. Sa femme venait d'une famille de paysans aisés qui produisaient des plantes et fournissaient les ateliers de teinturerie. Elle s'appelait Émilie Ducastel.
Du côté de ma mère, ils étaient plutôt pauvres. Ils travaillaient dans les mines, à Carmaux ; son père à elle, Gérard Lenoir, et son grand-père, François Lenoir. Femmes, enfants, là-bas, tout le monde travaillait de très longues journées pour gagner pas grand-chose. Il y a eu des grèves très dures pendant lesquelles Jaurès est venu parler aux mineurs. On mourait beaucoup et les chefs avaient tout pouvoir. On raconte même que la sœur de mon grand-père a été séduite par un des ingénieurs de la mine, un homme marié qui lui a fait un enfant bâtard. Ça faisait partie des choses dont on ne parlait pas dans les familles. Je ne sais même pas comment elle s'appelait. »

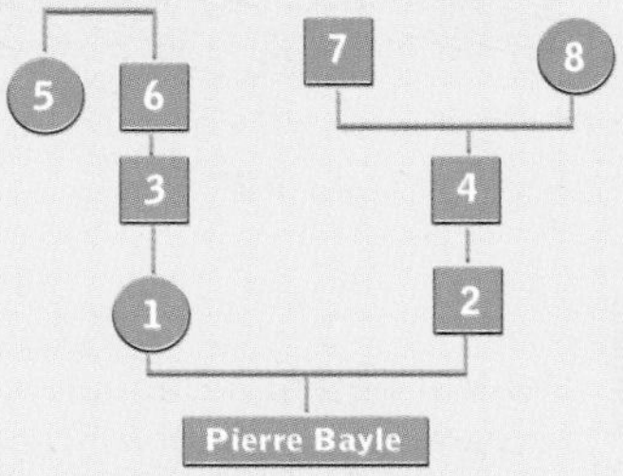

⑤ ⑥   ⑦ ⑧
③   ④
①   ②
Pierre Bayle

vidéo
Talents *de vie*
Françoise : La veuve Bouillon

Écrivez une biographie familiale

Faites à votre tour le récit imaginaire d'une biographie familiale.
Interrogez-vous sur votre histoire familiale. Fabriquez par petits groupes les différents documents (actes, photographies, extraits de correspondance) qui authentifieront votre récit.

Leçon 5 Parler des lieux de mémoire

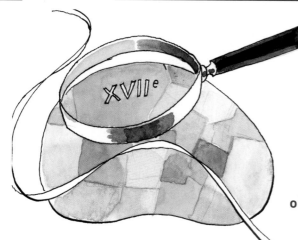
XVIIe

À la recherche des sentiers oubliés....

La ville est une invitation permanente à la promenade. Il faut savoir déambuler. Ainsi, dans le XVIIe arrondissement de Paris, ce vagabondage vous conduira de la cité Lemercier, où Jacques Brel écrivit ses plus belles chansons, à la rue de Lévis, où Jeanne d'Arc aurait été blessée...

Verlaine, poète de 7 ans : rue Nollet

En 1851, un militaire retraité s'installait avec toute sa famille au 10 de la rue Nollet. M. Verlaine avait choisi les Batignolles pour y retrouver d'anciens collègues. Son fils Paul, âgé de 7 ans, éprouva là son premier chagrin. Le futur poète, l'ami de Rimbaud, vit pleurer le directeur de son école de la rue Truffaut qui venait de perdre sa fillette.

Aux couleurs de l'impressionnisme : le Guerbois, 11 avenue de Clichy

Le café Guerbois se trouvait juste à côté du magasin de Hannequin, le marchand de couleurs d'Édouard Manet, le célèbre peintre du *Déjeuner sur l'herbe* et d'*Olympia*. À partir de 1863, ce café devint le lieu de rendez-vous des peintres impressionnistes Stevens, Whistler, Fantin-Latour, Pissarro, Bazille, Renoir, Degas... Tous vivaient dans le quartier entre l'actuelle rue Médéric et la rue La Condamine.

26, rue Truffaut : les blanchisseuses de « L'Assommoir »

En 1868, le célèbre écrivain Émile Zola s'était marié avec une jeune fille de l'avenue de Clichy ; il logeait dans un appartement du 23 rue Truffaut. De là il pouvait observer les blanchisseuses du lavoir du 26 ; il en fera les héroïnes malgré elles de son roman *L'Assommoir*, dont l'héroïne principale, Gervaise, est blanchisseuse.

Bayard, pionnier de la photo : rue Boursault

Contrairement à Daguerre, l'inventeur de la photographie, qui avait privilégié le support métallique pour la photo, Hippolyte Bayard avait obtenu, dès 1837, les premiers tirages positifs directs sur papier. Pour expérimenter son invention, il avait photographié toutes les rues du quartier. Mais c'est Daguerre qui gagna le marché de la photographie à Paris. Hélas pour lui, il ne valut rien à Hippolyte Bayard d'avoir raison trop tôt.

Le cimetière des Batignolles : panthéon surréaliste

Le cimetière des Batignolles, le cimetière de Verlaine, est comme une île, un parc aux limites de Paris. André Breton, le père du surréalisme, l'auteur de *Nadja*, et Benjamin Péret, le poète révolté, sont enterrés ici. Tout près d'eux, le peintre Édouard Vuillard, le maître de la douceur française.

Luna Park ou les folies Maillot

À l'occasion de l'Exposition universelle de 1900, on construisit une fête foraine permanente à la porte Maillot, un « Luna Park ». Il ne devait disparaître qu'en 1948. Le quartier devint synonyme de joyeuses échappées. Clou des attractions : le scenic-railway long de 1947 mètres ! Comme l'écrit l'auteur de *Zazie dans le métro*, Raymond Queneau, dans *Pierrot mon Ami* : « Déjà vibraient les rires, déjà les impatiences. »

Le bal de la rue de Lévis

Le hameau de Monceau était un refuge pour les Parisiens qui voulaient s'amuser. Bals et cabarets y étaient très nombreux. Le Bal des débardeurs, très populaire après la Restauration, était situé au 4 de la rue de Lévis. Son orchestre n'était composé que d'un piston, d'une clarinette et d'un tambour. Les danseurs y buvaient des quarts de vin sucré.

Enquêtez

1 Situez dans le temps les lieux de mémoire du XVIIe arrondissement.

1830 : ...   1868 : ...
1837 : ...   1900 : ...
1851 : ...   1925 : ...
1858 : ...   1948 : ...
1863 : ...

2 Situez dans l'espace : associez les personnages aux lieux.
– rue Nollet : ...   – rue de Lévis : ...
– avenue de Clichy : ...   – rue Médéric : ...
– rue Truffaut : ...   – rue Alfred-Roll : ...
– rue La Condamine : ...   – rue Boursault : ...
– porte Maillot : ...

3 Associez artistes et domaines artistiques.
– Peinture : ....
– Photographie : ....
– Littérature : ....

4 Par petits groupes :

a• Partagez-vous l'ensemble des artistes cités dans le texte.

b• Recherchez des informations sur chacun des artistes cités dans le texte

c• Présentez brièvement chaque personnage.

5 Dessinez la promenade sur le plan du quartier.

Interprétez

1 Voici une liste de lieux de mémoire (symboles, objets).

le drapeau bleu blanc rouge - le calendrier républicain - la Marseillaise - le Panthéon - la mairie - le monument aux morts - le dictionnaire Larousse - le 14 juillet - les funérailles de Victor Hugo - « Le Tour de France par deux enfants » - La Vendée - l'Alsace - le mur des Fédérés - Versailles - le Code civil - Viollet-le-Duc - le retour des cendres de Napoléon - la Coupole.

Classez-les par deux suivant la période de l'Histoire de France à laquelle ils appartiennent.
– Royauté : ....
– Révolution française : ....
– Le Consulat et l'Empire : ....
– Troisième République : ....
– Guerre de 1870 contre la Prusse : ......
– Guerre de 1914-1918 : ....

2 Quelles images de la France dessinent ces lieux de mémoire ? Échangez vos points de vue.

Prononciation et mécanismes

exercice 73 p.160

Comparez

1 Faites la liste des « lieux de mémoire » de votre pays. Essayez de dégager par groupes l'image qu'ils en donnent.

2 Comparez avec l'image de la France. Examinez ressemblances et différences. Essayez de les expliquer.

Réalisez une affiche

En petits groupes, trouvez une idée pour une affiche. Cette affiche devra présenter un élément du patrimoine de votre pays.

BILAN•BILAN•BILAN•BILAN•BILAN

1 Parler du passé

Retrouvez dans le texte de l'entretien p. 128 les adjectifs et les expressions auxquels sont associées ces remarques.

a• Les sociétés démocratiques sont ... de l'Histoire.

b• Notre rapport au passé est devenu...

c• La modernisation tourne ... ; elle est devenue ...

d• Nous vivons dans un présent ..., rempli par l'activisme managérial et communicationnel.

e• L'histoire est inséparable du tragique dans la mesure où elle est toujours ...

f• Il s'agit de renouer les fils entre présent et passé pour dessiner une vision ... de l'avenir.

2 Former des expressions

Reportez-vous au tableau p. 129 et construisez des expressions à partir des verbes suivants :

Dénoncer...   Dire...

Proclamer...   Faire valoir...

Revendiquer...   Cultiver...

Faire face à...   Se battre pour...

Militer pour...   Défendre...

3 Rédiger

Voici la biographie de trois personnalités. Rédigez le texte de la plaque que vous aimeriez voir poser là où il/elle a vécu.

Confucius (–555, –479) : philosophe chinois dont l'enseignement et les idées ont influencé toute la civilisation de la Chine jusqu'à aujourd'hui. Sa vie comme sa pensée ont été recueillies dans des entretiens rassemblés par ses disciples dans ce qu'on appelle le *Lunyu*. On doit aux Jésuites notre connaissance de la pensée de Confucius. Sa pensée fait l'éloge de la modération, de la conformité sociale et du respect des usages. Son idéal est le *junzi*, l'« homme bien né ».

Curie (Marie) (Varsovie 1867-Sancellemoz 1934) : physicienne française d'origine polonaise. On lui doit la découverte de ce qu'elle appela la radioactivité comme propriété des atomes. En 1898, avec son mari, Pierre Curie, elle découvre le radium. Elle organise pendant la Première Guerre mondiale le premier service de radiologie mobile. Première femme nommée professeur à la Sorbonne, elle a été également deux fois prix Nobel, de physique en 1903 et de chimie en 1911. Ses cendres ont été transférées au Panthéon, en 1995.

Mandela (Nelson) (né en 1918) : homme d'État sud-africain, il est le chef historique du Congrès national africain (ANC). Arrêté en 1962, il est condamné à la prison à vie. Libéré en 1990, il est, peu après l'abolition des lois sur l'apartheid (1991), le négociateur des accords qui permettent en 1994 la tenue des premières élections multiraciales en Afrique du Sud. Il est élu président de la République la même année et reçoit le prix Nobel de la Paix en 1993.

4 Exprimer la probabilité

Voici de brèves informations données sous réserve. Rédigez-les en utilisant les formules exprimant la possibilité ou l'impossibilité.

Météo – Tempêtes dans le Sud-Ouest. Vents violents attendus dans le Midi. Fortes pluies dans le Languedoc et la région parisienne. Risques d'inondation dans la région nîmoise. Neige abondante en montagne. Avalanches : attention !

Prospection immobilière – Rue de la Victoire (9ᵉ arrondissement) : intéressé par le quatre-pièces ; susceptible de faire une offre. – Rue de Tocqueville (17ᵉ arrondissement) : contacts plutôt négatifs. Propriétaire pas vendeur.

Proposition de poste – Nomination : peut-être à Zurich (Suisse) – Prise de poste : vraisemblablement le 1ᵉʳ septembre – déménagement : fin septembre si tout va bien.

5 Faire le point

Quelle image avez-vous retenu de la France et des Français ?

• Leurs goûts
Boisson : ...
Nourriture : ...
Habitation : ...
Sport : ...

• Leur mémoire
Trois événements importants de leur histoire : ...
Cinq personnages souvent cités : ...
Les périodes de l'histoire :
– dont ils sont le plus fiers : ...
– qu'ils ont du mal à affronter : ...

• Leurs symboles
Comment comprenez-vous la devise : « Liberté, Égalité, Fraternité » ? Pensez-vous qu'ils la respectent ?
Que pensez-vous de leurs symboles : le coq ? Marianne ?

• Leur personnalité
Qualité .../Défauts ...

En conclusion, sont-ils proches ou différents de vous ?

Voyager

Leçon 1 Découvrir un comportement

Quel touriste êtes-vous ?

LE « MANGEUR D'IMAGES »

On le reconnaît à la caméra dernier modèle ou à l'appareil photo numérique qu'il met en marche dès qu'il voit un signal... car il ne « voit » les choses qu'en fonction de son film ou de sa cassette. Qu'il visite une ville chargée d'histoire ou qu'il se promène dans la forêt tropicale, il ne voit du pays qu'il traverse qu'un décor construit pour être photographié.

LE « DÉCONTRACTÉ »

Il aime découvrir la vie sociale, parler avec les gens, manger les spécialités du coin. Il aime voyager pour s'informer. Comme son intérêt pour les gens s'oppose souvent à un intérêt pour les musées et les monuments, il ne se sert jamais de guide.

L'« ÉRUDIT »

C'est un fidèle des guides qu'il compare soigneusement. Il passe un mois à préparer son voyage. Il sait tout avant de partir. Il s'étonne parfois de ne pas trouver ce qu'il avait lu.

LE « ROUTARD »

Il aurait aimé voyager dans des terres inconnues, mais ne pouvant plus le faire, il se limite à parcourir le maximum de kilomètres avec le minimum de moyens. Obsédé par le rapport qualité-prix, il voyage à bon marché, car il dispose toujours de bons tuyaux pour trouver un petit hôtel « sympa et pas cher ».

Découvrez le document

1 **Lisez le document. Pour chaque type de touriste dites :**
– comment on peut le reconnaître (dans un groupe) ;
– ce qui est le plus important pour lui.

2 **Travail en petits groupes. La classe se partage les quatre types de touristes. Imaginez comment se comporte chaque type dans les situations suivantes :**
a. le choix de la destination d'un voyage ;
b. les préparatifs du voyage ;
c. l'arrivée à l'hôtel ;
d. devant un grand site touristique.

3 **À quel type appartenez-vous ? Ces types sont-ils représentatifs des habitudes de vos compatriotes ? Pour décrire leurs comportements faudrait-il ajouter d'autres types ?**

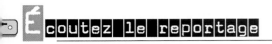

LES NOUVEAUX TOURISTES

Les vacances des Français ne sont plus ce qu'elles étaient. Finis les gros budgets d'été économisés sur toute l'année ! Les Français dépensent moins, mais choisissent beaucoup mieux leur destination.
Et puis... il y a la mode... Aller à la plage se dorer au soleil, c'est devenu terriblement ringard.
De nouveaux comportements apparaissent dans une partie de la société française. Laurent Salters interroge Françoise Toulemonde du Centre de communication avancée[1] sur ces nouveaux vacanciers :
les « nouveaux itinérants » et les « sélects ».

1. Organisme qui étudie les nouveaux comportements des Français.

1 Lisez l'introduction du reportage. Écoutez la première partie du document. Qu'est-ce qui a changé dans les comportements des Français qui partent en vacances ? Imaginez les raisons de ces changements.
Ex. : On ne consacre plus de gros budgets aux vacances d'été. On part plusieurs fois dans l'année.

2 Écoutez ce que dit Françoise Toulemonde dans la deuxième partie de l'interview. Notez les caractéristiques des deux groupes de vacanciers dans la grille suivante.

	Nouveaux itinérants	Sélects
Âge	...	...
Profession	...	...
Niveau de vie	...	...
Goûts	...	...
Objectifs pour leurs vacances	...	...

3 Ces nouveaux comportements sont-ils compatibles avec les quatre types de touristes présentés dans le document « Quel touriste êtes-vous ? » ?
Ex. : Le « mangeur d'images - nouvel itinérant » : il va faire la descente en rafting d'un affluent du Zambèze avec une mini-caméra numérique étanche fixée à son casque...
L'« érudit - nouvel itinérant » : en Égypte, il n'ira pas voir les pyramides mais les vestiges d'un tombeau récemment découvert dans le désert...

Jouez la scène

(par groupes de quatre)
Trois ami(e)s retraité(e)s sont dans une agence de voyages pour décider où passer une quinzaine de jours. L'employé(e) leur propose un circuit dans votre pays :
– une personne n'approuve pas pour diverses raisons (climat, manque d'intérêt, nombre de touristes, etc.) ;
– la deuxième est enthousiaste ;
– la troisième est indécise : elle approuve tantôt l'un(e) de ses ami(e)s, tantôt l'autre.

Discutez

1 Vous n'êtes pas un fanatique des guides, mais ils peuvent vous être utiles. Faites le portrait de votre guide idéal en choisissant, parmi les caractéristiques ci-dessous, celles qui vous semblent prioritaires. Justifiez vos choix.
– parler la langue des touristes ;
– expliquer le contexte historique des monuments ;
– indiquer les fast-foods les plus proches pour la pause déjeuner ;
– raconter des anecdotes ;
– montrer beaucoup de choses en peu de temps ;
– indiquer les petits restaurants qui font de la cuisine traditionnelle ;
– laisser le temps de regarder ;
– répondre aux questions qu'on pose ;
– parler de son travail ;
– parler uniquement anglais, sachant que tout le monde le comprend ;
– demander l'opinion des visiteurs ;
– faire rire ;
– montrer seulement ce qui est important ;
– donner de bons conseils sur le rapport qualité-prix des restaurants du coin ;
– montrer de l'enthousiasme pour ce qu'il décrit ;
– porter des appréciations sur ce qu'il montre ;
– indiquer les magasins où on peut acheter des souvenirs ;
– exiger des touristes le respect des lieux.

2 Faites maintenant le portrait du guide idéal (de la guide idéale) pour le touriste « décontracté ».

vidéo
Talents *de vie*
Patrick : La tête dans le sable

Leçon 2 Lire un récit de voyage

À Naples

Diplomate, grand voyageur et écrivain, Paul Morand (1888-1976) a laissé, avec « Venises » (remarquez le pluriel !), un récit de voyage très original.

À Naples je devais retrouver la même ivresse physique et morale qu'à Caux[1] ; ce fut au cours d'un déjeuner solitaire sous la treille, au-dessus de Saint-Elme ; la rumeur du travail des hommes montait jusqu'à moi, qui les regardais faire. Il ne se passait rien, je n'espérais rien, je ne donnais rien, je recevais tout. Des millions d'années m'avaient attendu pour m'offrir ce cadeau suprême : une matinée sous une treille. Aucune raison pour que cela ne continuât pas. Une tradition d'origine très lointaine assurait à toute chose, à moi-même, une place prédestinée. J'entrais dans la vie pour toucher mon dû [...] ; l'Italie se préparait depuis des siècles à ma visite...

1. Caux : localité de montagne, près de Montreux, en Suisse.

Paul Morand, *Venises*, Gallimard, 1971.

Enfin Tombouctou

En 1816, l'explorateur René Caillié s'embarque pour le Sénégal. Déguisé en marchand local, il parvient jusqu'à la ville mystérieuse de Tombouctou, au sud du Sahara. Interdite aux Européens, Tombouctou était alors considérée comme une ville très riche.

Enfin nous arrivâmes à Tombouctou, au moment où le soleil se couchait à l'horizon. Je voyais donc cette capitale du Soudan[1], qui depuis si longtemps était le but de tous mes désirs. En entrant dans cette cité mystérieuse, objet des recherches des nations civilisées de l'Europe, je fus saisi d'un sentiment inexprimable de satisfaction ; je n'avais jamais éprouvé une sensation pareille et ma joie était extrême. [...]

Revenu de mon enthousiasme, je trouvai que le spectacle que j'avais sous les yeux ne répondait pas à mon attente ; je m'étais fait de la grandeur et de la richesse de cette ville une tout autre idée : elle n'offre, au premier aspect, qu'un amas de maisons en terre, mal construites ; dans toutes les directions, on ne voit que des plaines immenses de sable mouvant, d'un blanc tirant sur le jaune, et de la plus grande nudité. Le ciel, à l'horizon, est d'un rouge pâle, tout est triste dans la nature, le plus grand silence y règne ; on n'entend pas le chant d'un seul oiseau.

Cependant il y a un je ne sais quoi d'imposant à voir une si grande ville élevée au milieu des sables, et l'on admire les efforts qu'ont eu à faire ses fondateurs.

René Caillié, *Journal de voyage*, 1828.

1. Tombouctou est aujourd'hui dans l'État du Mali. « Soudan » désignait alors très généralement le pays des Noirs.

Découvrez les textes « Naples » et « Tombouctou »

1 Lisez les textes et complétez la grille suivante.

	Naples	Tombouctou
Lieux évoqués et détails sur ces lieux	Naples, quartier Saint-Elme	
Situation du narrateur		
Attente du narrateur		
Sensation et émotion éprouvées		
Pensées, idées suggérées par les lieux		

2 Donnez un titre plus précis à chacun des textes.

3 Préféreriez-vous vivre l'aventure de Paul Morand ou celle de René Caillié ? Pourquoi ?

L'Ouest

Dans son roman « L'Or », l'écrivain d'origine suisse Blaise Cendrars raconte l'histoire d'un escroc de 51 ans qui, en 1834, s'enfuit à New York. Il est alors attiré par l'Ouest américain, territoire encore inexploré.

L'Ouest.
Mot mystérieux.
Qu'est-ce que l'Ouest ?
Voici la notion qu'il en a.
De la vallée du Mississippi jusqu'au-delà des montagnes géantes, bien loin, bien loin, bien avant dans l'ouest, s'étendent des territoires immenses, des terres fertiles à l'infini, des steppes arides à l'infini.
La prairie. La patrie des innombrables tribus peaux-rouges et des grands troupeaux de bisons qui vont et viennent comme le flux de la mer.
Mais après, mais derrière ?
Il y a des récits d'Indiens qui parlent d'un pays enchanté, de villes d'or, de femmes qui n'ont qu'un sein. Même les trappeurs qui descendent du nord avec leur chargement de fourrures ont entendu parler, sous leur haute latitude, de ces pays merveilleux de l'Ouest, où, disent-ils, les fruits sont d'or et d'argent.
L'Ouest ? Qu'est-ce que c'est ? Qu'est-ce qu'il y a ? Pourquoi y a-t-il tant d'hommes qui s'y rendent et qui n'en reviennent jamais ? Ils sont tués par les Peaux-Rouges ; mais celui qui passe outre ? Il meurt de soif ; mais celui qui traverse les déserts ? Il est arrêté par les montagnes ; mais celui qui franchit le col ? Où est-il ? Qu'a-t-il vu ? Pourquoi y en a-t-il tant parmi ceux qui passent chez moi qui piquent directement au nord et qui, à peine dans la solitude, obliquent brusquement à l'ouest ?

Blaise Cendrars, *L'Or*, Denoël, 1960-2001.

Découvrez le texte « L'Ouest »

Lisez le texte de Cendrars et répondez aux questions suivantes.

a• Repérez dans le texte les clichés traditionnels de l'Ouest américain.

b• Repérez ce qui appartient à l'imagination de l'auteur.

c• Relevez toutes les phrases du texte qui sont des questions.
Quels sentiments traduisent-elles ?

d• D'où vient la fascination qu'exerce l'Ouest américain ?

Évoquez une impression de voyage

Évoquez un moment de voyage qui vous a marqué(e).
Construisez votre récit selon les rubriques de la grille p. 142.
« Je garde un souvenir très vif d'un moment passé à ... j'étais ... . Je m'attendais à ... »

Jouez

a• Préparez des petits papiers pliés sur lesquels vous écrirez des noms de pays ou de régions de votre pays.

b• Chaque équipe de deux ou trois étudiants tire au sort un nom de pays ou de région et doit trouver le plus d'images possible à propos de ce lieu.
Ex. : *Le Japon → le Fuji Yama, les gratte-ciel de Tokyo, la cérémonie du thé, etc.*

Donnez votre opinion

Si vous deviez écrire un récit de voyage, quel pays choisiriez-vous ? Pourquoi ?

Leçon 3 *Exprimer des sentiments*

LÀ-BAS SI J'Y SUIS

Joyeux Noël !

« Nous voulons être utiles. » Un soir de suie, rue Denis-Papin, à Saint-Étienne. « Nous voulons être utiles. » Ça s'adresse à qui ? [...] Qui a écrit ça ? [...] Dans cette ville de la poisse tenace, qui a commis ces mots ? Des sous-hommes. Des intouchables. Des SDF. Un collectif de SDF qui se prend en main. Des « sans domicile fixe », sans crèche comme l'étaient la maman et le papa du petit Jésus il y a bien longtemps, exactement à l'heure qu'il est.

De toutes les petites et grandes abjections qui se font dans mon média de métier, il y a chaque année, un peu avant Noël ou au moment des grands froids, la « spécialité SDF ». La caméra braquée sur sa gueule de vomi, chaque hiver le revoilà, SDF superstar, le figurant le plus familier des intermittents de la société du spectacle que nous nous offrons pour les fêtes.

Le SDF est un très bon produit média de fin d'année. Comment ne pas voir là ce qui n'est rien d'autre qu'une escroquerie morale ? SDF business, la concurrence des bienfaiteurs qui viennent dire devant les caméras et les micros : « Je fais le bien et je veux que ça se sache. » Le chanteur de variétés indigné devant la méchanceté pas gentille de ce monde sans cœur et toute la ronde des vertueuses incantations.

Ainsi, chaque Noël, en cette froide nuit, on le sort de son carton et on exhibe à la fenêtre de nos télés ce Frankenstein social. [...] Partout la même vertueuse gonflette avant les fêtes, nous voilà tout ruisselants de bons sentiments, bonnes âmes, braves gens. On ressort le même reportage que le Noël d'avant, les mêmes spécialistes, les mêmes témoignages, les mêmes indignations de réveillon...

Daniel Mermet, in *Là-bas si j'y suis*, La Découverte & Syros, 1999.

écouvrez le document

1 **Repérez dans le texte les expressions qui concernent :**
– les SDF (*ex. : des sous-hommes....*) ;
– la société des médias (*ex. : les petites ou grandes abjections...*).

2 **Choisissez, parmi les explications proposées pour chaque phrase, la bonne solution.**
1. Un soir de suie, c'est :
   a. un soir sans étoiles
   b. un soir de brouillard
   c. un soir de veillée

2. La ville de la poisse tenace, c'est :
   a. une ville pleine de violence
   b. une ville frappée par la misère
   c. une ville sale
3. Un collectif de SDF qui se prend en main, c'est :
   a. des SDF qui ont décidé de s'occuper d'eux-mêmes
   b. des SDF qui ont décidé de faire une ronde
   c. des SDF qui ont décidé d'aller voler quelque chose
4. La caméra braquée sur sa gueule de vomi :
   a. la caméra tournée vers son visage sale
   b. la caméra tournée vers son visage laid
   c. la caméra tournée vers son visage d'ivrogne
5. Des intermittents de la société du spectacle :
   a. ceux qui n'apparaissent pas souvent à la télé
   b. ceux qui apparaissent régulièrement à la télé
   c. ceux qui reviennent à la télé par moments
6. On le sort de son carton :
   a. on lui offre un cadeau
   b. on lui fait quitter pour un moment sa condition de SDF qui dort dans les cartons
   c. on l'invite à droite et à gauche
7. Ce Frankenstein social :
   a. cet homme qui se transforme en monstre
   b. cet homme que l'on considère différemment à l'occasion des fêtes de fin d'année
   c. cet homme artificiel
8. La même vertueuse gonflette :
   a. la même exhibition exagérée de bonté et de générosité
   b. le même concours de musculation de fin d'année
   c. la même offre exagérée de chauffage
9. Les mêmes indignations de réveillon :
   a. les mêmes sentiments d'indignation, faux parce que limités à une occasion précise où il faut se montrer bons
   b. les indignations contre le gaspillage d'argent pour les réveillons de fin d'année
   c. les indignations pour le retard des invités au réveillon

3 **Retrouvez, dans le document, les expressions qui marquent l'indignation.**

4 **À votre avis, le ton de ce texte est : amusé, ironique, indigné, indifférent... ? Discutez votre choix.**

Expression des sentiments

Sentiments et impressions agréables	Sentiments et impressions désagréables
• Satisfaction – Je suis satisfai(e) que + *subjonctif*. – C'est ce que je voulais / je désirais. – C'est satisfaisant / bon / parfait. – Je n'en demandais pas davantage...	**• Insatisfaction** – Ce n'est pas assez / suffisant... – Ce n'est pas ce que je voulais / désirais / espérais... – Cela ne me convient pas. – C'est tout ? – Encore !
• Plaisir – bonheur – joie – Quel plaisir / bonheur ! Quelle joie ! – Comme c'est agréable ! – Qu'est-ce que je suis content(e) / heureux(euse) de + *infinitif...* / que + *subjonctif*.	**• Déception – regret** – Quand j'y pense ! – Il / elle m'a déçu(e) / Je suis déçu(e). – Malheureusement + *phrase*. – Je regrette que + *subjonctif*. – Si seulement il + *plus-que-parfait* / *imparfait*. – C'est dommage que + *subjonctif*.
• Intérêt – fascination – C'est intéressant / excitant / incroyable / prodigieux / génial...	**• Irritation – indignation** – C'est inadmissible / intolérable / insupportable / révoltant...
Sentiments d'indifférence ou de résignation – Ça m'est égal. – Ça ne m'intéresse pas. – Pour moi... – On ne peut rien faire, il faut se résigner... – ...	– Ça m'insupporte, ça m'énerve, ça me rend malade... – Je suis hors de moi ! Je suis furieux(euse) ! – Comment peut-on supporter... ? – On ne peut pas admettre que + *subjonctif*.

Exercez-vous

Satisfaction, fascination, indifférence, indignation : identifiez pour chaque expression
de ces sentiments trois situations. Décrivez ces situations, puis choisissez-en une
et écrivez une courte scène en utilisant les expressions du tableau ci-dessus.

Réagissez à un événement

Regardez ces images et imaginez comment pourraient réagir deux personnes de sensibilité différente.

Prononciation
et mécanismes
*exercice 74,
p.160*

Écrivez

Indigné(e) par les images violentes que la télé propose de plus en plus, vous écrivez au courrier
des lecteurs de votre journal préféré pour exprimer vos sentiments.

Leçon 4 Parler des images

Correspondance new-yorkaise

J'errais des heures dans les rues. Au début, je ne faisais aucune photo. J'avais peur. Je trouvais les regards des gens très agressifs. Il commençait à faire froid. C'était le début de l'hiver. Souvent, je restais des jours entiers sans adresser la parole à personne. Je n'avais d'ailleurs envie de voir personne. Je me réfugiais dans les rues. J'étais mal équipé et le froid me pénétrait partout. Certains jours je rentrais dans les galeries où je passais les journées à regarder les livres.

D'autres jours je marchais, je me sentais bien. Cela me permettait de réfléchir, de penser à des projets, de rêver tout haut, de faire passer des angoisses. Paris était loin. J'étais oublié de tous. Je n'avais aucun ordre du jour. Je me laissais aller à l'envie du moment [...]. C'était la guerre au Tchad. J'avais un peu mauvaise conscience. J'étais à New York à ne rien faire [...].

J'écrivais des notes comme toujours en voyage, j'errais presque toujours dans les mêmes quartiers et tout doucement, par défi ou pour me « dérouiller », je commençais à faire des photos tout en marchant, sans viser, avec mon Leica en bandoulière, sans prendre cela au sérieux, pour essayer d'avoir moins peur, pour m'approcher des gens, pour ne plus être crispé, pour prendre confiance en moi...

Raymond Depardon,
Libération/Éditions de l'Étoile,
Cahiers du cinéma, 1981.

Découvrez le récit de Raymond Depardon

1 Lisez l'article. Qu'apprenez-vous sur Raymond Depardon (profession, activité, etc.) et sur sa situation ?

2 Repérez les éléments nécessaires pour compléter la grille suivante.

Éléments objectifs de la réalité	États d'âme et/ou sensations du photographe face à cette réalité
– J'errais des heures dans les rues. – Il commençait à faire froid. – ...	– J'avais peur... – Je trouvais les regards des gens... – ...

3 Comment peut-on expliquer l'inactivité du photographe ?

4 Relevez toutes les images évoquées par le texte :
– un homme seul dans les rues de New York ;
– le regard hostile des gens ;
– etc.

Écrivez

**Un touriste de type « mangeur d'images » (voir leçon 1, p. 140) vient de passer une semaine à sillonner New York.
Il écrit ses souvenirs.**

Récrivez le dernier paragraphe du texte en adoptant son point de vue.
« Je n'avais pas le temps de noter quoi que ce soit. Je voulais tout voir... »

Commentez les photos

1 Regardez les deux photos et décrivez-les.

2 Lisez le texte qui accompagne la première. Qu'est-ce qu'il ajoute à l'image ?

3 Comment la réalité a-t-elle été interprétée ?

4 À quels genres de films penseriez-vous en passant devant la **Metro Goldwin Mayer**, la firme au célèbre lion ? Donnez-en les éléments essentiels. Caractérisez-les brièvement comme le fait Raymond Depardon.

Prononciation et mécanismes
exercice 75, p.160

vidéo
Talents *de vie*
Adeline : La vie comme sur des roulettes

15 juillet 1981, New York. J'erre dans les rues. Plus seul que jamais. Je suis comme un touriste. Vers la Cinquième Avenue, en passant devant la Metro Goldwin Mayer, je pense au désert, je pense à un film, à un film épique plein de figurants, de vieux forts, de sable et beaucoup de chameaux.

Rédigez la suite de l'histoire...

1 Imaginez la légende de la deuxième photo.

2 Imaginez une histoire possible à partir de la phrase :
« **C**'était la première fois qu'elle visitait **New York** »,
et rédigez un scénario de 100 mots en tenant compte des détails que vous avez repérés dans la photo de la petite fille.

Leçon 5 *Puisque vous partez en voyage...*

Imaginez

(par petits groupes)

**Vous allez écouter une chanson dont le titre est :
« Puisque vous partez en voyage... ».**

**a• Imaginez des suites possibles à ce début de
phrase.**
Ex. : Puisque vous partez en voyage, je vais mourir d'ennui.

b• Imaginez d'autres phases sur le même modèle.
Puisque... (expression de la tristesse).
Puisque... (expression de l'inquiétude).
Puisque... (expression de l'indifférence).
Etc.

Découvrez la chanson

**1 Écoutez la chanson. Précisez la situation
qu'elle évoque :**
—le lieu ;
—les personnes ;
—ce que font ces personnes (énumérez leurs actions
d'après leur dialogue).
Ex. : *La femme sourit...*

2 Repérez :
—le type de musique ;
—les instruments ;
—les voix ;
—le genre de la chanson.

Donnez votre opinion

**a• Quelle est la première réaction que vous
inspire cette chanson ?**

**b• Comment expliquez-vous le paradoxe final :
« Puisque vous partez en voyage, mon chéri, je
pars avec vous » ?**

**c• Comment expliquez-vous le fait que les deux
personnes se vouvoient ?**

**d• Trouvez des situations qui servent souvent de
sujets à des chansons.**

Transcrivez la chanson

Écoutez la chanson encore une fois et complétez la transcription du texte avec les actions qui manquent.

Parlé :

Lui : Il la remercie de l'avoir accompagné à la gare.
Elle : Vous parlez sérieusement ou vous vous moquez de moi ?
Lui : Mais non... il ne se moque pas d'elle, mais regardez : ces journaux, ces cigares, tout ça...
Elle : Ah ! Je manque d'originalité, c'est vrai. Savez-vous que nous nous séparons pour la première fois ?
Lui : Oui, mais enfin c'est pas très long... et puis il ne part que quinze jours.
Elle : Attendez un peu : dois-je comprendre que vous allez passer ces quinze horribles jours sans compter les heures ?

Elle : puisque vous partez en voyage,
Lui : puisque ....
mon cœur fait son apprentissage
Elle : je veux sourire avec courage
vous ....
marche avant, côté du couloir
Lui : et pour les grands signaux d'usage
j'...
dans un instant le train démarre
Elle : je serai seule sur le quai
et vous ....
Lui : me dire adieu là-bas avec votre bouquet...
Elle : promettez-moi d'être bien sage
de ....
Lui : et retournez dans notre cage
pour mieux attendre mon retour...

Parlé :

Elle : Eh bien, voilà, vous avez une place tout à fait tranquille sans voisine, sans vis-à-vis... personne pour vous déranger...
Lui : il espère que c'est non-fumeurs au moins.
Elle : décidément vous êtes incorrigible ! Et moi qui pensais qu'un peu d'isolement vous aiderait à vous détendre !
Lui : et puis quoi encore ? oh la la

Elle : puisque vous partez en voyage
Lui : vous ....
Elle : de vous écrire quatorze pages
Lui : tous les matins ou davantage
Pour que ....
Elle : baissez la vitre je vous prie
Lui : c'est affreux ! Je perds tout courage
Elle : et moi
Lui : le contrôleur crie : « En voiture ! »
l'enfoiré, il sait pourtant bien
Elle : que je dois rester, mais je jure
que s'il crie encore une fois, moi, je viens
Elle et Lui : j'..
Et tout le reste on s'en fout.
Elle : puisque vous partez en voyage
Elle et Lui : mon chéri ....

Paroles de Jean Nohain, musique de Mireille,
© éditions Raoul Breton, 1935.

Prononciation et mécanismes
exercices 76 et 77 p.160

Jouez la scène

1 **Lisez le texte ci-contre. Quelles situations évoque-t-il ?**
–Un(e) ami(e) ...
–...

Faites la liste des sentiments qu'on peut éprouver dans les situations évoquées.

2 **Vous rencontrez X après sa longue absence. Imaginez la conversation.**

a. Vous cachez votre trouble : *« Alors, il faisait beau à... ? »*

b. Vous êtes agressif(ve) : *« Ce n'est pas sympa de... »*

c. Vous montrez votre affection : *« J'étais inquiet (inquiète)... »*

d. Vous vous efforcez de cacher l'angoisse dans laquelle vous avez vécu sans nouvelles : *« Je ne me suis pas trop inquiété(e), mais.... »*

À deux, écrivez la scène et jouez-la.

X.... parti en vacances sans moi, ne m'a donné aucun signe de vie depuis son départ : accident ? grève de la poste ? indifférence ? tactique de distance ? exercice d'un vouloir vivre passager ? [...] ou simple innocence ? Je m'angoisse de plus en plus. [...] Mais lorsque X... resurgira d'une manière ou d'une autre, car il ne peut manquer de le faire [...], que lui dirai-je ? Devrai-je lui cacher mon trouble – désormais passé (« Comment vas-tu ? »)? Le faire éclater agressivement (« Ce n'est pas chic, tu aurais bien pu... ») ou passionnément (« Dans quelle inquiétude tu m'as mis... »)? Ou bien ce trouble, le laisser entendre délicatement, légèrement, pour le faire connaître sans en assommer l'autre (« J'étais un peu inquiet... »)?

R. Barthes, *Fragments d'un discours amoureux*, Seuil, 1977.

BILAN·BILAN·BILAN·BILAN·BILAN

1 Découvrir un comportement

Dites si les affirmations suivantes sont vraies ou fausses.

a• Les Français n'ont pas changé de style de vacances et ils dépensent toujours beaucoup pour leurs vacances d'été.

b• Passer les vacances d'été au bord de la mer est toujours très à la mode pour les Français.

c• 17 % des Français aiment rester en France pendant les vacances.

d• Le touriste « décontracté » est celui qui est toujours à la chasse de ce qui est typique, comme les restaurants où on peut manger les spécialités locales.

e• Au Québec, tout le monde aime l'hiver.

2 Écrire un récit de voyage

Vous avez toujours rêvé d'aller à Naples et vous avez enfin fait ce voyage. Vous aviez des attentes sur la ville ; elles ne correspondent pas à la réalité, mais il faut toujours faire la part des choses…

Utilisez les notes du tableau ci-dessous pour rédiger une page de votre journal intime. Votre texte ne dépassera pas les 100 mots.

Attentes	Réalités
– Ville de rêve, panorama inoubliable avec le Vésuve imposant sur le fond.	– Ville chaotique, voitures qui klaxonnent tout le temps.
– Séjour de grands écrivains voyageurs.	– Gens décontractés, capables de vous raconter leur vie en attendant le bus, souvent en retard.
– Soleil tout le temps et mer limpide.	– Dans le centre historique, très beaux immeubles, mais pas toujours en bon état.
– Gens heureux, contents d'être au monde.	– Mer polluée.
– Monuments et musées importants, témoignage d'un passé glorieux.	– Rues piétonnes dans le centre historique, bordées de magasins pour touristes.
	– Témoignages culturels d'un passé qui a vu Naples capitale d'un royaume.

3 Exprimer des sentiments

Comment réagissez-vous dans les situations suivantes ? Écrivez ce que vous diriez dans chaque situation. Aidez-vous des suggestions du tableau p. 145.

a• Des amis viennent vous rendre visite sans vous prévenir. *(plaisir)*

b• Vous annoncez à votre famille que vous avez eu une augmentation de salaire importante. *(satisfaction)*

c• Vous avez prêté votre appareil photo à un ami. Un mois est passé et il ne vous l'a pas encore rendu. Vous le lui demandez. *(irritation)*

d• Vous avez découvert que votre meilleur ami dit des médisances sur vous. Vous le lui dites. *(déception)*

e• Vous discutez avec des amis des formes de violence qui affligent la société aujourd'hui. *(indignation)*

f• Vous n'avez pas pu partir en vacances à Tahiti avec vos amis à cause d'une grippe. Ils vous écrivent un mél. *(regret)*

4 Se poser des questions

X, parti/e en voyage, ne donne toujours pas de signe de vie depuis son départ. Écrivez les questions que son mari/sa femme pourrait se poser sur les causes de son silence à partir des éléments suivants :

– accident   – grève de la poste

– indifférence   – prise de distance

– simple oubli   – envie de ne communiquer avec personne

5 Partir en voyage

Les amoureux de la chanson p. 149 ne sont pas partis ensemble. Il/Elle est arrivé(e) à destination, il/elle est dans sa chambre d'hôtel et il/elle pense à son amour lointain. Complétez la lettre qu'il/elle lui écrit.

Mon/ma …
Je pense à toi quand … et je me sens …
Je voudrais …
… me rappelle(nt) que …
Tu es … Avec toi ma vie …
Sans toi …
Quand tu reviendras …
J'espère …
Ton/Ta …

UNITÉ 1

Leçon 2, p. 10.

Des amis viennent me voir au Pérou ; ça faisait pas très longtemps que j'y étais, ça faisait un peu plus d'un an. Et ils me demandent de leur prêter la voiture ; je dis bien sûr, d'accord. Moi de toute façon comme je travaillais j'en avais pas un besoin extraordinaire : y a toujours des copains qui acceptent de trimbaler en voiture. Donc ils partent avec ma voiture et en rentrant sur Lima à quatre mille mètres d'altitude ils entendent un gros bruit, boum ! Et figure-toi que le moteur de la voiture était tombé sur la route : un des supports du moteur avait claqué, et donc le moteur avait basculé et il était sur la route ; naturellement qu'aucun des trois compères ne parlait l'espagnol ; ils sont allés dans un petit village qu'on appelle Puquio, et là pas de chance, quand ils arrivent, le garagiste était en prison, pour ivresse !

Leçon 3, p. 13.

Une étudiante en histoire et son ami discutent.
F – Ce soir, il faut que je finisse mon exposé.
H – C'est sur quoi ?
F – La fondation de Marseille.
H – Ah, les beaux Grecs qui débarquent et qui séduisent tout le monde... Ils les auraient pas séduits à coups d'épée par hasard ?
F – Non, en fait quand les Grecs de Phocée arrivent, ça fait des siècles que les Gaulois font du commerce, avec des bateaux venus des quatre coins de la Méditerranée. Avec des bateaux grecs en particulier. Ils sont donc accueillis comme les autres.
H – Oui mais les Phocéens restent, eux. Pourquoi ?
F – Parce que chez eux, c'est la guerre. Leur région est petit à petit occupée par les Perses. Alors ils émigrent. Mais ce sont des émigrés riches.
H – Mais l'histoire de Protis et du roi Nannos ?
F – C'est l'historien Justin qui raconte ça au IIe siècle après Jésus-Christ, c'est-à-dire 800 ans après les faits et on n'a pas retrouvé les documents dont il s'est servi.
H – Alors qu'est-ce qui est vrai dans cette légende ?
F – Les Ségobriges et le roi Nannos ont existé. Leur ville était sur une colline à quelques kilomètres du bord de mer. Les Grecs, eux, se sont installés au bord de la mer.
H – Mais pourquoi les Gaulois laissent-ils les Grecs s'installer ?
F – Les Grecs sont riches. Ils achètent des terrains dont les Gaulois ne veulent pas. De plus, ils savent faire beaucoup de choses.
H – Et l'histoire de la fille du roi qui choisit Protis pour mari le jour de son arrivée ?
F – Ça a dû être moins rapide. Les Grecs ont commencé à s'installer. Ils sont devenus puissants. Les Gaulois avaient besoin de faire alliance avec eux. Et puis les Grecs n'avaient pas emmené beaucoup de femmes avec eux...
H – En fait tout cela est très banal.
F – C'est bien pour ça qu'il faut conserver les légendes.

UNITÉ 2

Leçon 1, p. 21.

Comment vous est venue l'idée d'étudier à l'étranger ? Comment est née cette idée ?

Ria Steinbeck (Allemagne) – Cette idée pour moi est très vieille. Je l'avais depuis l'âge de 20 ans. Je connaissais des gens qui ont fait ça, qui m'ont raconté, et j'étais toujours fascinée ! J'avais à décider de continuer les études ou de finir. J'ai décidé de continuer et pour ça il me semblait plus intéressant d'aller à l'étranger. C'était clair qu'avec la bourse Erasmus, il fallait le faire maintenant, c'était ma dernière possibilité.
Yan Dieters (Pays-Bas) – J'ai soudain pensé que ça pourrait être bien pour moi d'y aller. Parce que je finis mes études l'année prochaine, c'est la dernière année que je veux passer dehors.

Qu'est-ce qui a déclenché votre décision de partir ?
Pascal Delmas (France) – Ce qui en fait me motive, c'est que j'ai eu l'occasion de multiplier les contacts avec les étudiants de Leeds qui étaient ici à Bordeaux et qu'ils m'ont rassuré sur les conditions de mon séjour là-bas, sans me donner beaucoup de détails d'ailleurs, en me disant que ça me plairait, que c'est une ville étudiante, animée, qu'il y a des possibilités de faire des stages. Donc je pars avec dans la tête encore ce discours, même si l'organisation matérielle et notre emploi du temps là-bas sont vraiment très imprécis.
Carmen Espinosa (Espagne) – J'ai demandé la bourse sans être sûre que je la voulais, un peu pour voir si je pouvais l'obtenir. Lorsqu'ils me l'ont donnée, je n'y croyais pas, parce que je n'avais jamais envisagé de venir. J'ai hésité parce que un an, c'est beaucoup. Tu dois quitter tes amis, ta famille, toute ta vie. Je me suis beaucoup demandé si je voulais vraiment partir. La première chose que j'ai faite a été de parler avec mes amies qui étaient allées à Grenoble l'année d'avant ; je suis restée avec elles plusieurs jours et c'est elles qui m'ont expliqué tout de Grenoble, ce qu'elles pensaient de l'université, des professeurs, de la ville, des gens ; c'est très important avant d'aller dans un pays de parler avec des personnes qui en viennent, parce que ça peut beaucoup t'aider, tu sais où aller, elles te donnent même le téléphone de leurs amis. Et c'est très bien d'arriver dans une ville où tu sais déjà un peu comment faire.

Leçon 3, p. 25.

Tu es maintenant en première année à la fac... Peux-tu me raconter comment tu en es arrivée là ? Et d'abord, comment s'est déroulé ton parcours scolaire ?

Audrey – Mon parcours scolaire est somme toute assez ordinaire. On peut même le qualifier d'exemplaire... Jusqu'à ce que je m'en mêle !
Ma mère a toujours voulu décider seule sans tenir compte de ce que je voulais faire. En sixième, j'ai fait de l'anglais, parce que c'est la langue qu'il faut absolument maîtriser de nos jours, et pour la seconde langue j'ai fait de l'espagnol. En même temps est arrivé le latin : il fallait que je sois dans la meilleure classe du collège, ma mère a encore une fois décidé pour moi ! En passant au lycée, j'ai gardé cette option qui me permettait encore d'être avec les meilleurs. Cependant, le choix de ma filière a suscité un vif conflit : mes professeurs et moi-même pensions que je devais suivre la filière littéraire tandis que ma mère voulait que je suive son exemple et que j'aille en première scientifique, qui offrait selon elle plus de débouchés professionnels. Nous avons finalement trouvé un terrain d'entente : la filière « sciences économiques et sociales ». Elle m'a permis de garder un enseignement général, à la fois

littérature et scientifique. J'ai par ailleurs abandonné l'option latin pour prendre l'option musique et l'année dernière, j'ai réussi à obtenir mon bac avec la mention bien.
Pour la suite... je vais voir. Dans ma famille on donne une grande importance aux études, je suis donc prédestinée à me diriger vers un cursus long !

Leçon 5, p. 28.

Bonsoir et bienvenue aux auditeurs de « TOUT SUR LE NET ». Nous avons invité deux étudiants en recherche d'emploi, Annabelle et Sébastien, pour nous parler des candidatures spontanées par courrier électronique. Ces candidatures ont beaucoup de succès auprès des entreprises. Comment vous expliquez ça ?
Annabelle – Bonsoir... Je pense que la nouveauté, l'effet de surprise du mél sont bien accueillis par les recruteurs.
Vous qui pratiquez déjà ces lettres-CV électroniques, quels sont vos conseils de rédaction ?
Annabelle – Il faut être très synthétique, tout simplement parce que le recruteur ne passera pas plus de 5 secondes à lire votre mail. Vous devez rendre sa lecture facile. Il faut donc présenter deux parties séparées par un repère visuel. La première partie est un condensé de votre lettre de motivation. La seconde partie contient en 6 ou 7 lignes l'essentiel de votre CV.
Et pour le style ?
Sébastien – Soyons clairs ! C'est pas du tout le même style que celui des méls perso ou des « chats ». Là, c'est quand même notre image professionnelle qui est en jeu ! Il faut soigner la rédaction et l'orthographe, ne pas utiliser d'abréviations, pas de smileys...
Annabelle – C'est ça, il faut aller droit au but en soignant son style...
Droit au but ? Vous pouvez préciser en deux mots ?
Annabelle – Votre mél doit tout dire en deux parties.
Un : pourquoi vous souhaitez intégrer cette entreprise, et deux : pourquoi elle devrait vous sélectionner vous, plutôt qu'un autre candidat. Voilà, ce qu'on peut tirer de notre expérience...
Merci pour vos conseils extrêmement pratiques et bonne chance ! Bonsoir à tous et à demain.

UNITÉ 3

Leçon 2, p. 35.

Entre 1970 et 2000, quelles sont les années que vous avez préférées ?
Sans hésiter les années 1970. Oui, j'ai aimé vivre pendant ces années-là.
Pourquoi ?
C'était des années heureuses : les gens avaient du travail, gagnaient de l'argent, il n'y avait pas de sida, pas de chômage... L'avenir était à tout le monde...
La musique aussi était gaie : c'était l'époque de la musique disco... Une musique pour faire la fête, pour danser...
Et puis souvenez-vous, les vêtements, le mobilier, tout était couleur « flashee ». On voyait vraiment la vie en couleurs. C'était comme dans *Hair*, il fallait « laisser briller le soleil ».
On peut dire que le monde était à ceux qui voulaient le prendre. C'est à ce moment-là que j'ai commencé à beaucoup voyager : l'Inde, le Mexique, les États-Unis aussi

bien sûr... Le monde devenait proche.
Enfin il y avait cette idée folle qu'on allait changer le monde... avec des fleurs ! Le « flower power » ! Quelle folie !

Leçon 3, p. 37.

La scène se passe dans la maison de campagne de Louis.
Lise – Tu vivais avec ta mère avant ?
Henri – Oui.
Lise – Elle était comment ?
Henri – Regarde ! *(Il va chercher l'album et le montre à Lise)* C'est elle ! Ils ne se sont jamais entendus. Au point qu'il n'existe pas une seule photo où on les voit ensemble. Tiens, tu sais où ils se sont séparés ? Place de la Concorde ! Tu ne trouve pas ça drôle ?
Lise – Place de la Concorde ?
Henri – Ça ne te fait pas rire ?
Lise – Non !
Henri – Tu n'es vraiment pas comme tout le monde.
Lise – Mais si.
Henri – Non, les autres, ça les fait rire. Des parents qui se séparent place de la Concorde, d'habitude ça fait rire.
Lise – Tu croyais que ça me ferait rire ?
(silence)
Henri – Moi non plus d'ailleurs ça ne me fait pas rire qu'on se sépare place de la Concorde. (...) *(silence)* Tu veux vraiment pas rester ?
Lise – Non c'est décidé. (...) *(silence)* Henri, mes parents aussi se sont quittés place de la Concorde ! *(silence)* Tu comprends ? Tu es mon frère, Henri.
Henri – Je suis ton...
Lise – Mon demi-frère exactement...

Leçon 4, p.38.

Journaliste – Les journaux intimes envahissent aujourd'hui l'Internet. Le cher journal intime autrefois si secret est désormais livré au public, destiné à être partagé avec d'autres. Pourquoi ce désir de partage ? Pour être moins seuls ? Peut-être... Témoignages.
Vespe – En fait, j'ai toujours aimé les mots, les phrases, c'est d'abord le plaisir d'écrire.
Froggy – J'ai besoin de la pression du public pour me formuler, pour me mettre en mots ; pour ne pas seulement effleurer mes pensées, pour ne pas noter que des choses superficielles. Mon journal sur le Net, livré aux regards des autres, m'aide à savoir qui je suis et ce que je veux.
Zebulon – Pour moi, le plus important, ce sont les réponses qu'on m'apporte. Elles m'aident à aller plus loin.
J'ai absolument besoin d'entendre les commentaires. Oui, je suis à la recherche de conseils, de points de vue, ce que les autres en pensent, quoi...
AbFab – En publiant ainsi mon journal sur le Net, j'ai le sentiment de faire partie d'une communauté de gens qui me comprennent, qui partagent des choses avec moi. Je réponds ainsi à une dizaine de méls tous les jours.
DCA – Tu sais, le grand moment pour moi, c'est quand on a décidé de tous se retrouver. D'aller de l'autre côté de l'écran. Ça a été incroyable. Beaucoup sont devenus de bons amis. Quelques-uns sont devenus des amis très proches. C'est mon cas.

UNITÉ 4

Leçon 1, p. 45.

Écoutez le témoignage de Frédéric.

Je n'ai jamais vraiment choisi un métier. D'ailleurs mon parcours professionnel est très irrégulier, en dents de scie. Depuis cinq ans, je suis commercial : je vends des cuisines. Très vite j'ai fait le tour de cette profession. Alors, j'ai décidé de tout arrêter et de redémarrer autre chose, autrement... Mon bilan est très clair : le côté « costume cravate » et « langue de bois », j'en veux plus. Je veux être moi-même. J'ai décidé de m'installer dans un vrai métier, avec de vraies responsabilités, de vraies valeurs, enfin, quelque chose où j'ai le sentiment d'être utile.

Écoutez les réponses des huits professionnels.

Interviewer – Pourquoi avez-vous choisi la profession que vous exercez actuellement ?

1. Fernando – Mon travail actuel me donne l'occasion de créer de belles choses et d'aménager l'environnement de mes clients de manière harmonieuse.

2. Nathalie – Parce que cette profession correspond à mon besoin de diversité, de changement. C'est l'occasion de faire des choses très différentes et de voyager tout le temps.

3. Claire – Je fais ce métier parce que les deux choses qui comptent pour moi, c'est d'être au service du public et d'occuper un emploi stable, surtout en période de crise économique.

4. Nelson – Dans ce métier, je dois impressionner, convaincre, m'exprimer par la parole et l'écrit. Et puis c'est l'occasion de satisfaire mon besoin de justice.

5. Yasmina – Ce travail est un moyen d'être utile aux autres, de rendre service, de travailler avec d'autres gens qu'on apprend à connaître et à apprécier. Il faut résoudre des problèmes humains, apprendre par soi-même et se remettre en question.

6. Babakar – Ce métier a deux qualités essentielles : il me laisse un temps libre suffisant pour ma vie personnelle et il me permet de m'épanouir dans la nature, avec une forte activité physique.

7. Luc – Ce que j'aime dans ce métier, c'est l'utilisation permanente des équipements techniques et le contact quotidien avec ma clientèle.

8. Andrea – J'ai fait des études de droit social dans le but d'exercer ce métier... J'ai toujours aimé ça : conseiller les gens tout au long de leur carrière, apprendre à bien les connaître, mener des entretiens de recrutement, trouver la bonne personne au bon poste, etc.

Leçon 3, p. 49.

Claude Maurel – Est-ce que tu veux bien m'expliquer quel métier tu as choisi et pourquoi ?

Audrey – Je recherchais un métier qui corresponde à ce que j'aimais : la voix et le langage. Je voulais aussi faire un métier intellectuel, utiliser mes connaissances et avoir une gymnastique de l'esprit. Le métier d'orthophoniste s'est donc imposé. Je trouve que cette profession offre une grande mobilité : on peut vendre son cabinet à tout moment et racheter une clientèle ailleurs, on trouvera partout du travail. C'est un métier qui permet d'être libre, puisqu'on ne subit pas la hiérarchie.

Claude Maurel – Peux-tu préciser ce que tu aimes plus particulièrement dans ce métier ?

Audrey – J'aime être en contact avec les gens et les aider à développer leur capacité de communication. Si c'est possible, j'aimerais exercer ce métier en centre de rééducation ou en hôpital pour travailler en équipe avec des adultes, des accidentés par exemple, des cas plus particuliers. Et puis, le fait de choisir un métier en relation avec la voix, le chant, me permet de faire un lien avec mon art !

Claude Maurel – Parle-moi de tes activités favorites : qu'est-ce qu'elles t'apportent ?

Audrey – Depuis que j'ai onze ans, je fais du piano et je chante dans une chorale. Cela m'a permis de faire beaucoup de voyages et de rencontrer beaucoup de monde. Quand je chante, c'est un moment de répit, c'est relaxant. Mon autre activité favorite est le « chat ». Je passe du temps à discuter avec des gens sur Internet, je rencontre des personnes différentes de moi, loin de ma petite vie d'étudiante. Grâce à eux, j'apprends énormément sur d'autres façons de vivre. J'utilise aussi les méls pour analyser ma vie en l'écrivant noir sur blanc le plus explicitement possible.

Claude Maurel – Quelle a été ton expérience professionnelle la plus enrichissante jusqu'ici ?

Audrey – C'est le travail que j'ai effectué à l'Assedic comme agent administratif et d'accueil. J'ai été en face de personnes très différentes, souvent en difficulté, et cela m'a fait comprendre que tout le monde n'a pas eu la chance d'acquérir la même culture que moi. J'ai compris qu'il est indispensable d'apprendre le plus de choses possible maintenant pour avoir un emploi et une vie corrects plus tard.

Leçon 4, p. 50.

Écoutez le reportage « Les 35 heures et le temps des loisirs ».

Valéry Lerouge – Qu'elles créent ou non des emplois, les 35 heures changent la vie. Aujourd'hui, quatre salariés sur cinq jugent leur nouvel emploi du temps positif ou très positif pour eux personnellement, selon un récent sondage de la Sofres. Principale bénéficiaire, la vie de famille. 68 % des femmes utilisent leur RTT pour se consacrer aux enfants. Les hommes ne sont pas en reste, à l'image de Jean-François, 38 ans, responsable informatique à Rueil-Malmaison.

Jean-François – Dans mon quotidien, c'est plus de temps pour moi et pour les enfants, c'est-à-dire que maintenant, la possibilité d'avoir des jours où je les emmène à l'école – ce que je faisais pas du tout avant – et du temps pour les courses ou des choses que j'ai pas le temps de faire en dehors ou que l'on fait de manière plus souple et plus agréable que le rush du samedi et du week-end.

Valéry Lerouge – Plus de temps pour la famille et pour soi. Les clubs de remise en forme croulent sous la demande. Au Gymnase Club, les inscriptions ont augmenté de 15 % en un an et Pedro Randez, président de la société, constate un changement des habitudes de sa clientèle.

Pedro Randez – Depuis la mise en place des 35 heures, on a constaté qu'on a désormais des gens qui viennent entre 10 heures et midi et on constate que la courbe de fréquentation forte de fin d'après-midi commence à 17 heures et non plus seulement à partir de 18 heures. On a un autre constat, c'est qu'on a désormais des demi-journées, le vendredi après-midi, le lundi ou le mercredi sur lequel on a plus de fréquentations que les années précédentes, et c'est d'autant plus vrai depuis septembre 2000. C'est-à-dire à partir du moment où les salariés ont intégré ce temps supplémentaire qui leur était donné par les 35 heures et que peut-être après s'être posé des questions sur l'usage de ce temps, ont décidé de s'occuper d'eux-mêmes, de faire du sport et de conserver ce temps pour eux-mêmes et non pas pour les autres.

Valéry Lerouge – Enfin, les salariés se redécouvrent une passion pour l'escapade. La demande pour les week-ends de trois jours à Venise, Tunis ou Marrakech explose. Jacques Maillot, le président de Nouvelles Frontières, enregistre une croissance de 25 %.

Jacques Maillot – D'abord des clients très fidèles de Nouvelles Frontières et aussi quand même un pourcentage significatif de nouveaux clients et à la fois, je dirais, des petits et moyens salariés, à condition que le prix soit ultracompétitif et alors il y a aussi un phénomène qu'il faut signaler : beaucoup de cadres qui utilisent leur jour d'RTT et même heu... qui décident de partir le jeudi midi ou le jeudi soir (...).

Leçon 5, p.53.

Écoutez ce responsable de la ville de Saint-Denis.

Nous pouvons être fier à Saint-Denis car nous sommes en train de réussir à mettre en place une vraie concertation sur les temps urbains. Le problème, c'est que dans notre ville, il y a de tout : des salariés, des touristes, des étudiants et tous ces habitants ont chacun un rythme de vie bien particulier et souhaitent tous gagner du temps et parfois même, être dans deux lieux en même temps ! C'est pourquoi nous avons commencé par organiser des forums de discussion qui ont permis à chacun d'exprimer ses besoins dans le domaine du temps.

Prenons, par exemple, les parents. Après avoir écouté les besoins des parents, la ville a entièrement revu le fonctionnement de ses crèches : nous avons assoupli les heures d'arrivée et de départ. Et puis, pour les bébés des pères qui travaillent à mi-temps, nous avons multiplié les formules de crèche à temps partiel. Ainsi, les mamans sont moins bousculées. Prenons maintenant les personnes âgées : elles ont également fait entendre leur voix et nous les avons écoutées. Nous avons étendu les horaires des services municipaux de soins à domicile jusqu'à la soirée, le week-end et les jours fériés. Bon, et puis il y a la grande majorité des actifs qui se déplacent en bus et métro, qui travaillent aussi la nuit et qui veulent arriver à temps. Nous avons engagé un dialogue pour allonger les horaires de transport en commun après minuit.

UNITÉ 6

Leçon 2, p. 71.

Dialogue entre le directeur d'une chaîne de magasins et un responsable de l'association « Lire et faire lire ».

Le directeur – J'ai une idée.

Le responsable d'association – Folle ou raisonnable ?

Le directeur – Les deux ! Tu veux changer le monde ? Alors utilisons le monde tel qu'il est... Il faut créer une marque sociale.

Le responsable – Pardon ?

Le directeur – Quand tu achètes un produit de marque, tu verses des royalties aux actionnaires de ces entreprises. Eh bien une marque sociale permettrait de verser des royalties à des associations.

Le responsable – Tu veux faire du « commerce éthique » ?

Le directeur – Non, aller plus loin. Le commerce éthique enrichit des entreprises privées classiques. Ça reste souvent une ruse marketing. Une marque sociale, elle, appartiendrait à 100 % au tissu associatif. Je souhaite développer une marque qui ait du sens et qui crée de la valeur avec du sens !

Le responsable – Quand ?

Le directeur – Tout de suite, avec « Lire et faire lire ».

Le responsable – Qui y gagnera : l'association ou ton magasin ?

Le directeur – On crée une gamme de fournitures scolaires pour les écoliers, sous la marque « Lire et faire lire », pour financer le boulot de l'association. Elle percevrait 6 % du chiffre d'affaires avec un minimum annuel garanti de 100 000 euros...

Le responsable – Quel intérêt as-tu à faire cela ?

Le directeur – Pour l'image de mon magasin, c'est excellent. Pour les salariés aussi, puisque les vendeuses et vendeurs participeront au recrutement des bénévoles. Financièrement, j'y perds. Mais ça crée une dynamique intelligente !

Le responsable – Alors pourquoi veux-tu faire ça ?

Le directeur – Pour pérenniser votre action et parce que je suis séduit par la démarche du « Relais civique ». Je vous aide au début parce que vous n'y connaissez rien. Ensuite, ce sera à vous de vous approprier cette marque, de la gérer.

Le responsable – Je trouve ça bizarre, cette idée : mélanger l'associatif et le commercial...

Le directeur – Quand un enfant achète un produit, tu préfères qu'il enrichisse les actionnaires d'une marque commerciale ? Tu trouves ça plus moral ? De toute façon, il faudra bien que les enfants achètent des cartables et des trousses à la rentrée ! Autant que cet acte ait du sens.

Le responsable – Je vais y réfléchir...

UNITÉ 7

Leçon 1, p. 80.

Dans un café

Sabine et Kristel sont deux étudiantes allemandes de 23 et 25 ans qui résident à la cité universitaire.

Kristel – Bon d'accord, les jeunes Françaises sont peut-être les plus jolies du monde – encore que ça... c'est difficile de l'établir. C'est un peu une question de goût. Elles sont très soignées, ça il faut le reconnaître. Mais elles n'ont aucune personnalité. Ce sont des têtes vides, des automates. Il n'y a pas moyen de se faire d'amies parmi elles. Elles n'ont rien à donner en tant que compagnes. Il y a là un vide, une pauvreté intérieure qui fait presque pitié.

Sabine – En d'autres termes, tu penses que les qualités des jeunes Françaises sont superficielles et esthétiques mais qu'elles n'ont pas de qualités de cœur, au fond.

Kristel – Oui, c'est exactement ce que je ressens... Comment tu comprends ça ?

Sabine – Je pense que tu te sens très différente de ces jeunes filles et que tu as tendance à les juger. Tu les juges inférieures à toi pour leurs qualités de cœur mais, à cause de leur apparence, tu crois qu'elles se sentent supérieures.

Kristel – Oui, c'est ça... Toi qui vis ici depuis longtemps, qu'est-ce que tu me conseilles ?

Dans un train

Thomas et Julie séjournent depuis quelques mois aux États-Unis, l'un est étudiant, l'autre travaille en entreprise.

Julie – C'est drôle, au début de mon séjour, j'avais l'impression que toutes les portes s'ouvraient, les Américains sont tellement sympas, ils te disent « bienvenue » sans arrêt... Et puis là, six mois plus tard, je suis terriblement frustrée, je ne suis invitée nulle part, j'ai l'impression d'une sympathie de pure façade, j'ai l'impression que derrière la cordialité apparente, il n'y a qu'une immense indifférence...

Thomas – Si je comprends bien, tu as été très enthousiasmée au début, tu as pensé que ton intégration allait être facile et maintenant tu as le sentiment d'avoir été trompée, de t'être finalement enthousiasmée pour rien, pour te retrouver peut-être encore plus seule qu'avant...

Julie – Voilà, c'est ça... Je me sens un peu abandonnée par ceux à qui j'avais proposé mon amitié.

Leçon 4, p. 87.
Écoutez ce débat sur l'identité.

Yasmina – Étant donné mes origines et mon parcours, pour moi l'identité, c'est un tout : c'est ce que mes parents m'ont transmis plus ce que j'ai acquis par moi-même depuis que je suis née... C'est une continuité...

Andrea – Contrairement à Yasmina je pense que mon identité n'est pas liée à celle de mes parents. Par exemple, ils n'ont jamais quitté leur petite ville de province d'où ma décision de bouger tout le temps ! Je suis donc tout le contraire de ce qu'ils sont. En tout cas, je l'espère !

Rachid – Ta réponse, Andrea, ne résout pas une question cruciale. Le monde va si vite aujourd'hui... Alors comment faire pour être à la fois fidèle à ses origines et tourné vers le monde actuel ? Comment être la fois connecté à des valeurs d'hier et, en même temps, complètement adapté à notre société hypermoderne ?

Mariella – La difficulté que tu décris, Rachid, c'est précisément ce qui explique que j'aie mis des années à concilier les mille facettes si différentes de mon identité : en tant que femme, mère célibataire, Italienne vivant en France, fille d'une famille recomposée... Vraiment, avoir plusieurs identités, c'est comme un puzzle jamais fini !

Leçon 5, p. 89.
Est-ce qu'il a eu des personnes qui ont compté plus que d'autres dans ton apprentissage des langues ?

Yolande – Oui, très exactement... Je garde un souvenir très vif de mon premier cours d'espagnol en classe de seconde. C'était ma troisième langue vivante, après l'allemand et le russe. Le premier jour, l'enseignant est arrivé avec sa guitare et nous a dit : « Si vous voulez parler espagnol, il faut apprendre à chanter... » Il a commencé à jouer et on a chanté des chansons. Par la suite la musique latino-américaine est devenue comme une seconde patrie. Et lorsque j'ai commencé à voyager en Amérique latine, je me suis sentie comme un poisson dans l'eau. Une fois, je devais prononcer un petit discours en espagnol devant des collègues et je me suis sentie très émue. Depuis, j'ai beaucoup réfléchi à cette dimension affective. Je retrouve dans cette langue un continent perdu : j'y retrouve la première langue de mes grands-parents : l'occitan. J'y retrouve donc aussi mon

enfance, les vacances à la campagne, bref tout l'univers magique de mes jeux d'enfant...

UNITÉ 8

Leçon 4, p. 99.
Joyeuses Pâques !

L'HOMME. *(Un bruit. Il se dresse comme un diable).* Ma femme ! C'est ma femme ! Ce n'est pas possible.

LA FILLE. C'était donc ça !

L'HOMME. C'est l'ascenseur de ma femme, je vous dis, c'est sa façon de monter en ascenseur.

C'est la panique. Il allume toutes les lampes, ouvre grands les rideaux, les fenêtres, sépare les verres, retape les coussins.

LA FILLE. On illumine pour le retour de l'épouse ? C'est délicat.

L'HOMME. Je le savais, je le savais, je n'aurais pas dû. Ah ! Vous, vous... Et la porte de service est fermée à clé. *(Il remet de l'ordre dans sa tenue, l'œil à tout, mettant de l'ordre partout.)* Reboutonnez, reboutonnez...

LA FILLE. Quoi ?

L'HOMME. La chemise... Encore, jusqu'en haut.

LA FILLE. Elle ne ferme pas jusqu'en haut.

L'HOMME. Je m'en fous. Mettez une épingle ! *(L'ascenseur s'est arrêté à l'étage. Dans les secondes qui suivent, on peut apercevoir – si on ne le perçoit pas, l'homme, lui, fait comprendre qu'il le perçoit – le bruit d'une clef qu'on introduit dans une serrure.)* C 'est elle, c'est elle.

LA FILLE. Vous qui n'aimez pas les situations conventionnelles, vous êtes servi.

[...]

L'HOMME *(hurlant mais sourdement, mâchoires serrées).* Vous vous mettez là et vous vous taisez.

LA FILLE. On n'est pas couchés.

Il fait asseoir la fille sur un fauteuil, évitant ostensiblement le sofa, puis il va s'asseoir lui-même sur un autre fauteuil éloigné de celui de la fille, d'un ton volontairement neutre.

L'HOMME. N'est-ce pas. Nous entrons dans une ère de récession économique qui obligera paradoxalement les nations industriellement avancées à mener une politique extérieure ultracapitaliste et une politique intérieure radicalement socialiste.

LA FILLE. J'en ai peur.

L'HOMME. Exemple : la Suède.

Pendant ce court échange arrivée de Sophie, son épouse, l'agréable quarantaine, en tenue de sport.

SOPHIE. Stéphane ! N'ennuie pas Mademoiselle avec tes cours d'économie politique !

STÉPHANE. *(feignant la surprise.)* Comment, c'est toi ?

La fille regarde Sophie, dans l'attente de l'événement.

SOPHIE. Mais c'est Versailles.

STÉPHANE. Que je te dise...

SOPHIE. Tu vas faire sauter les plombs.

Elle va éteindre quelques points lumineux.

STÉPHANE. Tu connais mon horreur de la pénombre.

SOPHIE. Le plus difficile dans mon cas, voyez-vous, Mademoiselle, c'est de ne pas tomber dans la légende de dessin humoristique.

STÉPHANE. Évidemment, ce sont toujours des situations bêtes.

SOPHIE. Oui, disons-le franchement.

STÉPHANE. Parce que... on s'imagine fatalement des choses...

SOPHIE. Ben oui.

STÉPHANE. *(perdant complètement pied)*. Alors naturellement.

SOPHIE. Oui, naturellement...

STÉPHANE. On se trouve en porte-à-faux...

LA FILLE. Vous souhaitez que je participe au dialogue ou non ?

SOPHIE. Non, si cela ne vous fait rien, Mademoiselle, j'aimerais voir comment mon mari va s'en sortir seul.

LA FILLE. Comme vous voulez.

SOPHIE. Il n'est pas dans une position facile, reconnaissez-le.

LA FILLE. Ben non !

SOPHIE. Car enfin, je vous fais juge, une dame qu'on met dans l'avion à 20 heures, qui revient à l'improviste à 1 heure du matin et qui trouve son mari avec une jeune femme, charmante... [...]

STÉPHANE. Tu n'es donc pas partie ?

SOPHIE. Voilà !... Voilà un exemple de mauvaise réaction. À votre avis, est-il utile de poser cette question ?

LA FILLE. Ça se discute.

SOPHIE. Je tiens à te confirmer moi-même, Stéphane, tu me croiras ou tu ne me croiras pas, que je ne suis pas partie.

JEAN POIRET, *Joyeuses Pâques !,* © J. Poiret.

UNITÉ 9

Leçon 2, p. 106.

Grégoire – *J*'avais une collègue de bureau qui me plaisait beaucoup et tous les deux, nous étions très complices. Elle avait une obsession de l'honnêteté. Elle me demandait toujours : « Est-ce que tu dis tout à ta femme ? Je suis sûre que tu lui caches des choses... » Cette honnêteté me paraissait suspecte.

J'ai décidé de lui envoyer, tous les jours à 13 h, un texto très lyrique, genre « l'amour est comme une maison ouverte sur l'océan du bonheur » ou « la passion est comme une cigarette qui se consume dans le vent... ».

Pas une seule fois, elle ne m'a parlé de ces textos amoureux. Un peu énervé, j'ai alors décidé de lui en envoyer un dernier très ironique qui disait : « L'amour est comme une baguette que tu pourrais aller chercher pour le déjeuner avant de me donner quelques explications sur ton honnêteté. »

En rentrant de déjeuner, son explication à elle, ça n'a pas été un texto mais une bonne gifle !

Cyril – En parlant avec un copain, j'ai trouvé une technique infaillible pour draguer les filles, on va dire « à la sauvage ». Je leur dis : « C'est fou ce que vous me rappeler ma cousine disparue. » Je ne sais pas pourquoi ça leur fait cet effet-là, ça les surprend un peu.

Sous prétexte qu'on leur parle disparition de quelqu'un, elles sont émues. Au point que ça suscite leur attention. De telle manière qu'il y a deux catégories : celles qui disent : « Désolée », et celles qui demandent : « Et à quoi elle ressemble, votre cousine ? » Là je leur dis, très ému : « Elle est très belle et je l'aimais beaucoup. » Alors, vous imaginez la suite...

Amélie – J'étais en vacances à Miami et, un soir, je sors dans un club avec des amis. Là, un bel Américain me drague ; il est romantique à souhait et, tout d'un coup, il me dit : « Tu as essayé le sexe sur la plage ? » C'était tellement brutal que je lui ai répondu : « Non mais, pour qui tu te prends, espèce de ringard ? Pour un flic de Miami ? »

Je le vois s'en aller, puis il revient, le sourire aux lèvres, et il me tend un verre avec une paille. « Ne sois pas fâchée. *Sex on the beach*, c'est seulement le nom d'un cocktail maison. »

Je ne savais tellement pas de quelle manière m'en sortir que je me suis excusée au moins dix fois.

Leçon 4, p. 111.

Et pour vous, c'est quoi le plus important ?

A – Pour moi, ce qui est le plus important, c'est la paix. Pas de prospérité, pas d'échanges sans la paix.

B – Je crois que la chose qui me tient le plus à cœur, c'est le respect individuel de la différence. C'est la condition première d'un respect collectif de l'autre.

C – L'idée à laquelle je suis la plus attachée : la tolérance, le respect de l'autre.

D – Moi, je crois au développement solidaire. C'est la seule chance pour les pays pauvres de s'en sortir.

E – Pour moi, je sais qu'il y a quelque chose qui me tient très à cœur, c'est tout ce qui touche aux enfants, à l'enfance, à la protection de l'enfance.

UNITÉ 11

Leçon 4, p. 135.

Homme – C'est en 1993 que je suis parvenu à reconstituer l'arbre généalogique de ma famille. J'ai pu remonter jusqu'à un certain Claude Taponard, né en 1630... J'ai alors lancé des invitations à tous ceux que j'avais identifiés et nous nous sommes retrouvés près de 250 venant d'un peu partout...

Femme – Des histoires comme celle-là, ils sont désormais des millions à pouvoir la raconter à leur manière. En quelques années, la généalogie est devenue un véritable phénomène. À chacun sa méthode pour chercher.

Homme – J'ai commencé par aller à la mairie. Là, on peut consulter les documents d'état civil. On trouve le nom du parent le plus proche et puis on remonte le fil du temps... On passe ensuite aux archives départementales : on y trouve différents types d'actes qui vont permettre d'aller plus loin.

Femme – Et si vous êtes curieux, si vous voulez en savoir plus, alors il faut aller consulter les différents registres de l'administration. Il y a le fichier de l'Institut national de la statistique qui renferme un million trois cent mille noms : champion du monde !

Vous avez aussi le registre des prisonniers de la Bastille entre 1659 et 1789 ; et aussi celui des officiers tués pendant chacune des guerres napoléoniennes, 60 000 noms.

Il y a encore le *Dictionnaire des anoblis*, le *Dictionnaire des ordres royaux, militaires et chevaleresques* et, bien sûr, le *Registre de la Légion d'honneur.*

Homme – Avec l'Internet, aujourd'hui, les choses sont plus faciles. Les différentes associations ont créé un site, « genealogy.fr ». Il y a déjà 15 millions d'actes dans la base, des actes de naissance, de décès, de mariage... Grâce aux 55 associations, il en arrive 3 à 4 millions de plus chaque année...

Femme – Avec 30 000 heures de connexion par an au site, il faut être patient pour reconstruire une histoire familiale. Car cette histoire se complique un peu plus chaque jour.

Avec 10 millions de personnes d'origine étrangère nées en France, avec un Français sur quatre qui a un parent ou un grand-parent immigré, avec enfin deux tiers de noms d'origine étrangère sur les 800 000 répertoriés entre 1966 et 1990. Et c'est ainsi que Garcia est passé devant Dupont.

UNITÉ 12

Leçon 1, p. 140.
Les nouvelles vacances des Français.
Laurent Salters – Les vacances des Français ne sont plus ce qu'elles étaient. Terminés les gros budgets d'été économisés sur toute l'année ! Les Français dépensent moins, mais choisissent beaucoup mieux leur destination. Et puis... il y a la mode... Aller à la plage se dorer au soleil, c'est devenu terriblement ringard. Non, aujourd'hui, les vacanciers se divisent en deux groupes : les nouveaux itinérants et les sélects. Françoise Toulemonde, du Centre de communication avancée, dit tout. [...]
Françoise Toulemonde – Ce sont des foyers de 30-40 ans aux revenus supérieurs, au niveau d'études et socio-économique plutôt élevé. Ce sont des gens toujours à la recherche d'innovations ; ils sont tentés par les expériences nouvelles, par les technologies nouvelles. C'est des gens qui sont branchés par Internet, par le... par toutes les technologies virtuelles... donc, au niveau des voyages, c'est des gens qui recherchent des expériences nouvelles, que ce soit au niveau des destinations, mais aussi dans la façon de pratiquer des sports, par exemple, ils recherchent des stages intensifs hyperspécialisés, dont, par exemple, le ski nautique en Floride, parce que... parce que c'est le top du top, ou d'autres expériences extrêmement spécialisées. Au sud de la carte, de notre carte des styles de vie, on a les selects qui pèsent 17 % de la population française... qui sont des gens... les notables, les bourgeois donc... qui recherchent dans leurs vacances un ressourcement dans les valeurs d'autrefois, dans les racines, et ils s'orientent plutôt vers une recherche culturelle.

Leçon 5, p. 148.
Texte de la chanson :
Puisque vous partez en voyage

Parlé :
Lui : il la remercie de l'avoir accompagné à la gare
Elle : Vous parlez sérieusement ou vous vous moquez de moi ?
Lui : Mais non...il ne se moque pas d'elle, mais regardez : ces journaux, ces cigares, tout ça...
Elle : Ah je manque d'originalité c'est vrai.
Savez-vous que nous nous séparons pour la première fois ?
Lui : Oui, mais enfin c'est pas très long... et puis il ne part que 15 jours
Elle : Attendez un peu : dois-je comprendre que vous allez passer ces 15 horribles jours sans compter les heures ?

Elle : puisque vous partez en voyage
Lui : puisque nous nous quittons ce soir
mon cœur fait son apprentissage
Elle : je veux sourire avec courage

vous avez posé vos bagages
marche avant, côté du couloir
Lui : et pour les grands signaux d'usage
j'ai préparé un grand mouchoir

dans un instant le train démarre
Elle : je serai seule sur le quai
et vous me verrez dans la gare
Lui : me dire adieu là-bas avec votre bouquet...

Elle : promettez-moi d'être bien sage
de penser à moi tous les jours
Lui : et retournez dans notre cage
pour mieux attendre mon retour...

Parlé :
Elle : Eh bien voilà, vous avez une place tout à fait tranquille
sans voisine, sans vis-à-vis... personne pour vous déranger...
Lui : il espère que c'est non-fumeurs au moins...
Elle : décidément vous êtes incorrigible ! Et moi qui pensais
qu'un peu d'isolement vous aiderait à vous détendre...
Lui : Et puis quoi encore ? Oh là là

Elle : puisque vous partez en voyage
Lui : vous m'avez promis mon chéri
Elle : vous écrire quatorze pages
Lui : tous les matins ou davantage...

pour que je voie votre visage
Elle : baissez la vitre je vous prie
Lui : c'est affreux ! Je perds tout courage
Elle : et moi je déteste Paris...

Lui : le contrôleur crie « en voiture »
l'enfoiré, il sait pourtant bien
Elle : que je dois rester, mais je jure
que s'il le crie encore une fois, moi je viens

Elle et lui : j'ai mon amour pour seul bagage
Et tout le reste on s'en fout
Elle : puisque vous partez en voyage
Elle et lui : mon chéri...je pars avec vous...

Paroles de Jean Nohain, musique de Mireille,
© éditions Raoul Breton, 1935.

Prononciation et mécanismes

On trouvera ci-dessous les consignes des exercices oraux de prononciation, de grammaire et de vocabulaire enregistrés sur cassette. Dans les leçons, ces exercices sont signalés par la rubrique « Prononciation et mécanismes ».

1 ● **Voici le verbe, trouvez le substantif.**
informer → une information

2 ● **Recherchez les raisons (parce que…).**
• Pourquoi parle-t-on français ici ? *(coloniser le territoire)*
– Parce que ce territoire a été colonisé.

3 ● **Recherchez les raisons (à cause de…).**
• Pourquoi parle-t-on français ? *(la colonisation)*
– À cause de la colonisation.

4 ● **Un emploi du temps très chargé. Racontez.**
a. C'est vrai, je n'ai pas eu le temps de t'appeler…
(avoir beaucoup de rendez-vous pendant la journée)
… pendant la journée, j'ai eu beaucoup de rendez-vous.
b. Avant cette journée impossible…
(assister à une longue réunion de travail)
… elle avait assisté à une longue réunion de travail.
c. La réunion a été ratée, pourtant…
(donner les thèmes de discussion à l'avance)
… nous avions donné les thèmes de discussion à l'avance.

5 ● **Opposition [s]/[z].**
Écoutez.
Ils entendent un gros bruit/ils sont allés dans un petit village.
Distinguez les sons [s] et [z] que vous entendez.
Ils y sont souvent.

6 ● **Racontez au passé simple.**
• arriver de Grèce pour fonder la ville
→ Ils arrivèrent de Grèce pour fonder la ville.

7 ● **Racontez maintenant au passé composé : transformez.**
• Ils arrivèrent de Grèce pour fonder la ville.
→ Ils sont arrivés de Grèce pour fonder la ville.

8 ● **Voici le nom, trouvez le verbe.**
la conquête → conquérir

9 ● **Exprimez la conséquence. Transformez.**
• Il a beaucoup plu cet automne-là…
(Les rivières ont débordé)
… c'est la raison pour laquelle les rivières ont débordé.

10 ● **Exprimez des regrets avec « Je regrette que… ».**
• Partir
→ Je regrette que tu sois partie.

11 ● **Exprimez des souhaits avec « Pourvu que… ».**
• Venir
→ Pourvu qu'il vienne !

12 ● **Exprimez des envies avec « J'aimerais que… ».**
• Venir plus souvent *(tu)*
→ J'aimerais que tu viennes plus souvent.

13 ● **Exprimez un regret.**
Je regrette…

14 ● **Opposition [s]/[ʃ].**
Écoutez.
• Comment réagissent vos chers parents ?
– Ils savent que ma chambre sera vide.
Distinguez les sons [s] et [ʃ] que vous entendez.
Ils savent que ça marchera.

15 ● **Salutations.**
Vous rencontrez…
… le président de la société qui vous emploie.
Vous saluez, vous dites…
Bonjour, monsieur le président.

16 ● **Voici le verbe, donnez le nom.**
influencer → l'influence

17 ● **Opposition [œ]/[ø]/[ɛ]/[ɔ].**
Écoutez.
D'abord ma mère a toujours voulu que je sois la meilleure.
Distinguez les sons [œ]/[ø]/[ɛ]/[ɔ] que vous entendez.
D'abord ce que ma mère veut, c'est que je veuille comme elle.

18 ● **Mettre en valeur.**
• Mon sens des responsabilités est apprécié par mes collègues.
→ Ce que mes collègues apprécient, c'est mon sens des responsabilités.

19 ● **Complétez avec les adjectifs qui correspondent.**
• Elle a beaucoup d'imagination.
→ Elle est imaginative.

20 ● **Objection/exclamation.**
Écoutez.
C'est quand même votre avenir professionnel qui est en jeu !
Répétez.
C'est quand même lui qui a commencé !

21 ● **Opposition [ɔ̃]/[ã].**
Écoutez.
Ce qu'on peut tirer de notre expérience ? Allez droit au but.
Répétez.
• Comment ?
– En soignant la rédaction.

22 ● **Exprimez la durée avec *d'ici, en, dans, jusqu'en.***
• Quand partiras-tu ? *(15 jours)*
– Dans 15 jours.

23 ● **Exprimer des craintes.**
• Exprimer sa peur de l'avenir
→ J'ai peur de l'avenir.

24 ● **Exprimez :**
• un constat : la difficulté de réaliser un voyage
→ Je constate qu'il est difficile de réaliser ce voyage.

25 ● **Opposition [e]/[ɛ]/[ə].**
Écoutez.
C'était comme dans *Hair*, il fallait laisser briller le soleil
Répétez.
La quête, c'était celle de la vraie vie.

26 ● **Parler de soi et de l'autre.**
• Vous faites attention à la manière de vous habiller ?
– Oui, j'y fais très attention.

27 ● **Intonation interrogative : prendre à témoin.**
Écoutez.
Tu sais où ils se sont séparés ? Place de la Concorde.
Tu ne trouves pas ça drôle ?
Répétez.
Ça ne te fait pas rire ?

28 ● **Pour discuter. Que dites-vous pour…**
• …demander une explication ?
→ Que voulez-vous dire ?

29 ● **Opposition [ã]/[ɛ̃].**
Écoutez.
Les journaux intimes envahissent l'Internet.
Distinguez les sons [ã] et [ɛ̃].
Le journal intime est maintenant public.

30 ● **Mettre en valeur l'objet de l'action.**
• Garantir une juste rémunération
→ Il faut garantir une juste rémunération.

31 ● **Reformulez sur le même modèle.**
• Tu sais, il travaille dans l'informatique.
– Ah! oui! il est informaticien.

32 ● **Exprimer sa satisfaction ou son ras-le-bol.**
• Avouer qu'on atteint ses limites
→ Je n'en peux plus.

33 ● **Expression du refus.**
Écoutez.
Le côté « costume cravate » et « langue de bois », j'en veux plus.
Répétez.
Partir avec lui? Impossible!

34 ● **S'exprimer sans nommer le sujet du verbe.**
Utilisez : *il est conseillé, nécessaire, indispensable, préférable, souhaitable...*
• Il faut travailler plus, c'est une nécessité.
→ Il est nécessaire de travailler plus.

35 ● **Suggérer.**
Écoutez.
Parle plus doucement; si tu étais à l'étranger, tu aimerais qu'on te parle plus doucement.
Répétez.
Si tu les connaissais mieux, tu ne parlerais pas d'eux comme ça.

36 ● **Opposition [v]/[f].**
Écoutez.
Je voulais faire un métier intellectuel.
Distinguez les sons [v] et [f].
La profession d'orthophoniste favorise le travail en équipe.

37 ● **Vous décrivez les qualités d'une personne, dites-le autrement.**
• Il n'a pas peur du changement.
→ Il s'adapte.

38 ● **Exprimer une conséquence inattendue. Remplacez** *avoir beau* **par** *bien que.*
• Le nombre d'heures de travail a beau diminuer, il n'y a pas de création d'emplois.
→ Bien que le nombre d'heures de travail diminue, il n'y a pas de création d'emplois.

39 ● **Opposition [d]/[t].**
Écoutez.
Le temps des loisirs.
Distinguez les sons [d] et [t].
Le temps des loisirs, c'est...

40 ● **Faire des concessions. Reliez deux phrases.**
• Il y a beaucoup de travail clandestin en France, j'en suis sûr.
→ Je suis sûr qu'il y a beaucoup de travail clandestin en France.

41 ● **« -phobe » ou -phile » ?**
• Vous n'aimez pas la publicité, vous êtes...
... publiphobe.

42 ● **Caractériser. Reliez.**
• Mon père était un inventeur.
On lui doit à la fois des avions célèbres et le tube de rouge à lèvres.
→ Mon père était un inventeur à qui on doit à la fois des avions célèbres et le tube de rouge à lèvres.

43 ● **Trouvez le contraire.**
• Il est paresseux?
– Non, il est travailleur.

44 ● **Demander une information.**
Écoutez.
C'est quoi? une épidémie?
Répétez.
C'est vous le directeur?

45 ● **Exprimer une nécessité. Reliez les deux phrases entre elles. Utilisez** *du moment que, vu que, étant donné que, dès lors, puisque.*
• Les enseignants sont dans le coup.
Ce programme a toutes les chances de réussir.
→ Du moment que les enseignants sont dans le coup, ce programme a toutes les chances de réussir.

46 ● **Remonter aux causes. Formulez la question.**
• Le point de départ de mon engagement contre la faim dans le monde, c'est un voyage aux Indes.
→ Quel est le point de départ de ton engagement?

47 ● **Marquer l'insistance.**
Écoutez.
Mélanger l'associatif et le commercial, tu trouves ça normal?
De toute façon, il faudra bien que les enfants achètent des cartables et des trousses à la rentrée.
Répétez.
• Tu es sûr qu'il viendra?
– *Mais oui, je t'assure.*

48 ● **Exprimer des oppositions. Reliez.**
• Les uns font du rugby; les autres jouent du violon.
→ Alors que les uns font du rugby, les autres jouent du violon.

49 ● **Voici le verbe, trouvez le nom.**
s'opposer → l'opposition

50 ● **Reformulez.**
• Avec tout ce que j'ai à faire, je crois que je ne pourrai pas *venir*.
→ Si je comprends bien, tu ne viendras pas.

51 ● **Confirmer par l'intonation interrogative.**
Écoutez.
Oui, c'est exactement ce que je ressens. Comment tu comprends ça?
Répétez.
Tu es sûr, tu n'as plus besoin de nous?

52 ● **Expliquer les circonstances. Décrivez deux actions simultanées. Reliez.**
• Être plongé dans la vie artistique argentine; côtoyer les peintres du moment. *(Elle)*
→ Plongée dans la vie artistique argentine, elle côtoie les peintres du moment.

53 ● **Exprimer des comparaisons. Transformez.**
• Les jeunes se mobilisent contre l'intolérance et contre la pauvreté.
→ Les jeunes se mobilisent aussi bien contre l'intolérance que contre la pauvreté.

54 ● **Suggérer.**
Écoutez.
Si vous voulez parler l'espagnol, il faut apprendre à chanter.
Répétez.
Si vous voulez réussir, il faudra travailler dur.

55 ● **Généraliser.**
• À métier égal, les femmes gagnent moins que les hommes.
→ La plupart des femmes, à métier égal, gagnent moins que les hommes.

56 ● **Faire comme si…**
Transformez.
• Tiens, je croyais que tu étais parti.
→ Fais comme si j'étais parti.

57 ● **Marquer l'ironie.**
Écoutez.
On illumine pour le retour de l'épouse?
C'est délicat…

Répétez.
TIENS, je crois qu'ON a oublié « ça ».

58 ● **Prononcez « à la française » les mots étrangers.**
Corner...

59 ● **Liez cause et conséquence avec *sous prétexte que* ou *étant donné que*.**
● Elles en ont pitié ; on leur parle des difficultés de quelqu'un.
→ Sous prétexte qu'on leur parle des difficultés de quelqu'un, elles en ont pitié.

60 ● **Appréciation exclamative.**
Écoutez.
C'est fou ce que vous me rappelez ma cousine disparue !
Répétez.
C'est fou ce que vous avez changé !

61 ● **Faire des suggestions.**
● Inviter ses voisins à prendre un verre.
→ Et si j'invitais mes voisins à prendre un verre !

62 ● **Exprimer ses doutes ou ses certitudes à propos...**
● ... de l'amélioration de la situation.
(Je ne pense pas...)
→ Je ne pense pas que la situation s'améliore.

63 ● **Caractériser. Transformez.**
À propos du cinéma, parlez de ce que vous aimez dans les films.
● J'aime les films...
(Ils me font rêver)
... qui me font rêver.

64 ● **Formuler une hypothèse. Transformez.**
● Paul va peut-être obtenir un poste au Japon. Alors nous quitterons Paris en septembre.
→ Si Paul obtenait un poste au Japon, nous quitterions Paris en septembre.

65 ● **S'exclamer.**
Écoutez.
Oh ! là là ! vous faites un métier pas facile.
Répétez.
Oh ! là là ! qu'est-ce qu'elle peut m'énerver !

66 ● **Caractériser. Reliez.**
● Cet homme ; il aimait les femmes.
→ L'homme qui aimait les femmes.

67 ● **Caractériser. Transformez.**
● Cette ville ; mille coupoles.
→ La ville aux mille coupoles.

68 ● **C'est un interrogatoire. Répondez par « Oui... ».**
● Vous l'avez revu ?
– Oui, je l'ai revu.

69 ● **C'est un interrogatoire. Répondez par « Oui... ».**
● Il neigeait ce jour-là ?
– Oui, il neigeait.

70 ● **Utilisez les formes impersonnelles.**
● Il partira demain ?
(Il se peut que...)
→ Il se peut qu'il parte demain.

71 ● **Énoncer des faits qui restent à confirmer. Transformez.**
● Départ vraisemblablement reporté.
→ Il est vraisemblable que le départ sera reporté.

72 ● **Faire des hypothèses. Utilisez des formes impersonnelles. Transformez.**
● Il aimait beaucoup notre modèle ; confirmation probable de son achat.
→ Il aimait beaucoup notre modèle, il se pourrait qu'il confirme son achat.

73 ● **Parler des lieux de mémoire. Pratiquez le plus-que-parfait.**
● C'est vrai qu'avant de devenir le rendez-vous des impressionnistes, ce café avait déjà accueilli Manet ?
– Oui, c'est vrai, il l'avait déjà accueilli.

74 ● **Que répondez-vous quand vous voulez exprimer...**
● ... votre satisfaction ?
– Alors, elle te plaît cette montre ?
– Oui, c'est ce que je voulais.

75 ● **Voici le verbe, trouvez le nom.**
se promener → la promenade

76 ● **Voici le sentiment, donnez l'adjectif avec lequel on caractérise l'état.**
l'inquiétude → inquiet

77 ● **Changer d'intonation.**
Écoutez.
Parti(e) en vacances sans moi, il/elle n'a pas donné signe de vie.
Quand il/elle rentrera, que lui dirai-je ?
Répétez.
● Indifférent :
Comment vas-tu ?

1. NOMMER LES PERSONNES ET LES CHOSES

1.1. Types de noms

On distingue les noms propres *(Pierre Dupont, l'Himalaya)* et les noms communs *(un homme, les montagnes)*.
Quand on ne connaît pas le nom (propre ou commun) d'une personne ou d'une chose, on peut utiliser :

a. Un mot à valeur générale
*Regardez **cette chose**, **ce truc**, **ce machin**.*
***Un homme**, **une femme**, **une personne**, **un individu** est entré(e).*

b. Un pronom indéfini
On (personne, ne peut être que sujet du verbe). *On a sonné à la porte.*
Quelqu'un/personne - quelque chose/rien - Quelque part/nulle part - n'importe qui - n'importe quoi - n'importe où.
Sens collectif : **chacun - tout le monde - tout.**

1.2. Les articles

Les noms (sauf les noms propres de personnes) sont généralement précédés d'un article ou d'un autre déterminant (adjectif démonstratif, etc.).

Articles	Emplois
Les articles indéfinis **un - une - des**	• Pour identifier, définir : *Qu'est-ce que c'est ? – C'est **un** insecte.* • Pour présenter les personnes et les choses que l'on ne connaît pas (ou que l'on connaît imparfaitement) : *À la fête, il y avait **une** Italienne, **une des** amies de François.* • Pour généraliser (article singulier) : ***Un** chien est toujours fidèle.* • Pour passer de l'abstrait au concret : *J'aime les voyages mais il y a **un** voyage qui m'a particulièrement marqué : c'est mon séjour en Chine.* *N.B.* **Un (une)** article indéfini se confond souvent avec le numéral **un (une)** : *Tu as un enfant ? – Non, je n'ai pas un enfant, j'en ai deux.*
Les articles définis **le - la - l'** (devant voyelle ou h) - **les** → Combinaison avec la préposition « **à** » : **au - à la - à l'** (devant voyelle ou h) - **aux** → Combinaison avec la préposition « **de** » : **du - de la - de l'** (devant voyelle ou h) - **des**	• Pour présenter les personnes et les choses que l'on connaît ou qui sont définies : *J'ai rencontré des gens que je connais. Ce sont **les** amis de Florent.* • Pour présenter les personnes ou les choses uniques : *J'ai visité **la** tour Eiffel.* *Aujourd'hui **le** soleil brille. Il fait un soleil magnifique.* *Allez voir « Huit Femmes ». C'est **le** film de l'année.* • Pour généraliser : ***Les** chiens sont toujours fidèles.* ***L'**épagneul est toujours fidèle.* • Pour passer du concret à l'abstrait : *Chez Marie, j'ai bu un excellent café. J'adore **le** café.*
Les articles partitifs **du - de la - de l'**	• Pour présenter une personne ou une chose qu'on ne perçoit pas comme une unité ou un ensemble d'unités : *J'ai acheté **du** pain. J'ai pris un gros pain et trois baguettes.* • Pour identifier une matière ou une couleur : *C'est **du** bois.* *J'ai choisi **du** bleu pour décorer le salon.* • Pour annoncer des phénomènes climatiques : *Il y a (il fait) **du** vent.* *Demain nous aurons **de la** pluie.* • Pour présenter certaines notions : *J'ai **de la** chance. Il faut **du** courage.* • Après le verbe « faire », pour désigner une activité : *Elle fait **du** sport, **de la** musique, **du** théâtre, etc.* *N.B.* On dira aussi *jouer **du** piano/**de la** flûte* (mais *jouer **au** football, **aux** cartes*, etc.). • Pour parler de l'œuvre d'une personne : *Au concert, les musiciens ont joué **du** Mozart.*
L'absence d'article	• Dans une liste, une énumération : *À faire le 8 : banque, garage, dentiste, ...* • Pour un titre, une enseigne, une affiche : *« Crime et châtiment » - Pharmacie.*

Articles	Emplois
	• Après la préposition **de** : – quand le nom est complément de nom et qu'il a une valeur générale : *une tasse de café - un groupe d'étrangers.* – dans certaines constructions verbales : *La pelouse est couverte de fleurs - Je manque de temps.* • Devant les noms propres de personnes et les noms de ville : *Caroline connaît New-Dehli.*

1.3. Les autres déterminants

• **Les adjectifs démonstratifs :** pour désigner, montrer, faire référence à ce dont on vient de parler.
ce (m.s.) – **cet** (m.s. devant voyelle ou *h*) – **cette** (f.s.) – **ces** (pl.).

• **Les adjectifs possessifs :** pour exprimer la possession.

La chose possédée est	Masculin singulier (et f.s. devant voyelle ou h)	Féminin singulier	Pluriel
à moi	**mon**	**ma**	**mes**
à toi	**ton**	**ta**	**tes**
à lui, à elle	**son**	**sa**	**ses**
à nous	**notre**		**nos**
à vous	**votre**		**vos**
à eux, à elles	**leur**		**leurs**

• **Les adjectifs numéraux :**
– **un** (**une**), **deux**, **trois**, etc. Ils sont invariables sauf **vingt** et **cent** lorsqu'il s'agit de vingtaines et de centaines complètes.
*Il a **quatre-vingts** ans. Elle a **quatre-vingt-un** ans. Il a invité **deux cents** personnes.*
– **premier** (**première**), **deuxième/second** (**seconde**), **troisième**, etc.

• **Les adjectifs indéfinis :**
– idée de personne ou de chose imprécise et indéfinie : **certain, quelconque.**
***Certaines** personnes ne supportent pas les ascenseurs.*
*Ce soir, nous regarderons un film **quelconque** à la télé.*
– idée de quantité indéfinie (voir « Exprimer la quantité », 4.2).

2. CARACTÉRISER LES PERSONNES ET LES CHOSES

2.1. Caractériser par un adjectif qualificatif

a. Construction
*J'ai vu une très **belle** robe aux Galeries Lafayette.*
*Cette robe est (semble, paraît) trop **longue**.*
*Elle fait **rétro**.* (construction familière).

b. Place de l'adjectif (dans les constructions sans verbe)
• Se placent toujours après le nom :
– les adjectifs qui expriment la nationalité, la forme, la couleur, la matière : *une table ronde - une robe rouge.*
– les participes passés : *une zone protégée.*
– les adjectifs longs et ceux qui sont suivis d'un complément : *une région inexplorée.*

• Se placent souvent avant le nom : quelques adjectifs courts et très utilisés :
bon - meilleur/mauvais - grand/petit - vieux/jeune - beau - joli - demi - dernier - prochain - long - large.

• Se placent avant ou après le nom : certains adjectifs dont le sens change selon la place :
*Une voiture **chère**.* (qui coûte cher) – *Ma **chère** amie.* (que j'aime)
*C'est ma **propre** voiture.* (à moi) – *Mets une chemise **propre**.* (qui n'est pas sale)
*Un homme **grand**.* (de haute taille) – *Un **grand** homme.* (un homme de valeur)

2.2. Caractériser par un complément de nom

• La préposition **de** exprime l'appartenance *(la voiture de Marie)*, la composition ou le contenu *(une pile de livres, un verre d'eau)*, la matière *(une cravate de soie)*, les caractéristiques *(un monument du XIIIᵉ siècle)*, la provenance *(un cassoulet de Toulouse, le train de Bordeaux)*, la cause *(une crise de panique)*, l'objectif *(une école de commerce)*.

• La préposition **à** exprime le but ou la fonction *(une brosse à dents, une salle à manger)*, les caractéristiques *(un garçon aux yeux bleus)*.

• La préposition **en** exprime la matière *(un pull en coton)*.

2.3. Caractériser par une proposition relative

Le choix du pronom relatif dépend de la fonction grammaticale du nom qu'il remplace.
*Rome est une belle ville - **Rome** (sujet) me plaît - J'aime beaucoup **Rome** (complément d'objet direct).*
→ *Rome est une belle ville **qui** me plaît et **que** j'aime beaucoup.*

Propositions relatives		
Fonctions du pronom relatif	**Pronoms relatifs**	**Exemples**
Sujet	**qui**	*Le professeur **qui** fait la conférence est un ami.*
Complément d'objet direct	**que - qu'**	*Les émissions de télévision **que** j'aime sont toujours à des heures tardives.*
Complément indirect introduit par « à »	**à qui** (pour les personnes) **auquel - à laquelle auxquels - auxquelles** (plutôt pour les choses) **à quoi** (chose indéterminée)	*Sabine est une amie **à qui** j'ai parlé de toi.* *Je n'aime pas les idées **auxquelles** tu as fait allusion.* *Je sais **à quoi** tu penses.*
Complément indirect introduit par « de »	**dont**	*Voici l'amie **dont** je t'ai parlé.* *C'est l'outil **dont** j'ai besoin.*
Complément introduit par un groupe propositionnel terminé par « de » *(à cause de, auprès de, à côté de, etc.)*	**de qui** (pour les personnes) **duquel - de laquelle desquels - desquelles** (personnes ou choses)	*L'homme **auprès de qui** tu étais assise est un ministre.* *La politique est un sujet **à propos duquel** nous nous disputons toujours.*
Complément indirect introduit par une préposition autre que « à » et « de »	**avec (pour...) qui** (personnes) **avec (pour...) lequel - laquelle lesquels - lesquelles**	*Pierre est le garçon **avec qui** je m'entends le mieux.* *Voici la société **pour laquelle** je travaille.*
Complément d'un nom ou d'un adjectif	**dont**	*Nous allons dans un restaurant **dont** le chef est marseillais comme moi.* *Le XIIᵉ arrondissement de Paris est un quartier **dont** je suis amoureuse.*
Complément de lieu	**où** (peut être précédé d'une préposition)	*La Bourgogne est la région **où** il passe ses vacances.* *C'est la région **par où** je passe quand je vais dans le Jura.*

2.4. Caractériser par une proposition participe

a. Proposition participe passé (le participe passé s'accorde avec le nom)
***Restructurée** au XIXᵉ siècle, l'avenue des Champs-Élysées fait 3 kilomètres.*

b. Proposition participe présent (le participe reste invariable)
*L'entrée du musée est gratuite pour les enfants **ayant** moins de sept ans.*

c. Cas de l'adjectif verbal
Certains adjectifs formés d'après le verbe se prononcent comme le participe présent. On les appelle « adjectifs verbaux ». Ils s'accordent avec le nom qu'ils caractérisent : briller → **brillant**
*Quelle est cette étoile **brillant** dans le ciel.* (participe présent) - *Le ciel était plein d'étoiles **brillantes**.* (adjectif verbal)
N.B. Le participe présent se termine toujours par *-ant*. L'adjectif verbal peut avoir une orthographe différente.
*La semaine **précédant** Noël je ferai du ski. La semaine **précédente**, je serai à l'étranger.*

3. REMPLACER UN NOM

3.1. Les pronoms personnels

a. Formes

Fonctions du mot remplacé	Nature	Pronoms					
Sujet	personnes et choses	je	tu/vous	il - elle - on	nous	vous	ils - elles
Complément d'objet direct	personnes et choses	me	te/vous	le - la	nous	vous	les
Complément introduit par la préposition » à »	personnes	me	te/vous	lui	nous	vous	leur
	choses			y			y
Complément introduit par la préposition « de » ou un mot de quantité	personnes	de moi	de toi/ de vous	de lui/ d'elle en	de nous	de vous	d'eux/d'elles en
	choses			en			en
Complément introduit par une proposition autre que « à » et « de »	personnes	moi	toi/vous	lui - elle	nous	vous	eux - elles
	choses			ça			ça

b. Construction
- aux temps simples : *Je le vois. Je ne lui demanderai rien.*
- à l'impératif : *Regarde-le ! Ne le regarde pas !*
Donne-lui ce livre ! Ne lui donne pas ce livre !
- aux temps composés : *Je l'ai vu. Je ne lui ai rien demandé.*
- avec deux pronoms (3 constructions)

(1) **me/te/nous/vous + le/la/les**
Sa voiture, il me la prête.
(2) **le/la/les + lui/leur**
Il prête sa voiture à Tony ? – Il la lui prête.
(3) **me/te/lui/nous/vous/leur + en**
Il vous fait des cadeaux ? – Il m'en fait beaucoup.

3.2. Les pronoms possessifs

Ce livre est à vous ? – Oui, c'est le mien.

à moi	le mien	-	la mienne	-	les miens	-	les miennes
à toi	le tien	-	la tienne	-	les tiens	-	les tiennes
à lui - à elle	le sien	-	la sienne	-	les siens	-	les siennes
à nous	le nôtre	-	la nôtre	-	les nôtres	-	les nôtres
à vous	le vôtre	-	la vôtre	-	les vôtres	-	les vôtres
à eux - à elles	le leur	-	la leur	-	les leurs	-	les leurs

3.3. Les pronoms démonstratifs

a. Pour distinguer une personne ou une chose parmi d'autres

masc. sing.	celui-ci / celui-là
fém. sing.	celle-ci / celle-là
masc. pluriel	ceux-ci / ceux-là
fém. pluriel	celles-ci / celles-là

« Ci » par opposition à « là » indique une proximité spatiale ou mentale. Mais les deux mots sont aussi utilisés sans cette distinction.

b. Pour désigner
Je prends ceci, cela, ça.

c. Cas de **ce (c')**
– « Ce » est utilisé devant le verbe « être » : *C'est lui.*
– Devant une consonne, on emploi aussi « ça » de façon familière : *Ça ne sera pas long.*

d. Opposition **c'est/il est**
- En général, « c'est » + nom : *C'est une amie. C'est un bon film.*
« Il est » + adjectif : *Il est intéressant.*
- Avec les choses et les idées on peut trouver la construction :
Rome, c'est magnifique.

• Certains noms comme ceux qui désignent les professions et les nationalités peuvent avoir une fonction d'adjectif.
Vous connaissez Pierre ? – Il est professeur. – C'est un professeur –

C'est un bon professeur. (Ici *professeur* est nécessairement un nom puisqu'il est caractérisé par un adjectif.)

4. EXPRIMER LA QUANTITÉ

4.1. Articles partitifs (voir 1.2.), articles indéfinis (voir 1.2.) et adjectifs numéraux (voir 1.3.)

La langue française peut présenter la quantité de deux manières :
→ selon une vision continue, non comptable. On emploie alors l'article partitif ;
→ selon une vision discontinue, comptable. On emploie alors : **un** (**une**), **des** (quantités indéfinies), **deux**, **trois**, etc.

4.2. Les adjectifs et pronoms indéfinis

Emplois	Adjectifs	Pronoms
Indéfinis employés pour les quantités non comptables (vision continue)	*Il prend **un peu de** lait.* *J'ai **peu de** temps.* *Elle a **beaucoup** d'argent.* *Il a bu **tout** le lait, **toute** l'eau.*	*Il en prend **un peu**.* *J'en ai **beaucoup**.* *Elle en a beaucoup.* *Il l'a **toute(e)** bu(e).*
Indéfinis employés pour les quantités comptables (vision discontinue)	• *Il invite...* ***peu d'**ami(e)s* ***certain(e)s** ami(e)s* ***quelques** ami(e)s* ***plusieurs** ami(e)s* ***la plupart de** ses ami(e)s* ***tous** ses amis, **toutes** ses amies.* • ***Peu** d'ami(e)s, **certains** amis, **quelques** amis... sont venu(e)s.* • *Il n'a invité **aucun(e)** collègue.* • ***Aucun(e)** collègue n'est venu(e).*	• *Il en invite **peu**, **certaines**, **quelques-uns**, **plusieurs**, **beaucoup**, **la plupart**.* • *Il invite **certain(e)s** d'entre eux (elles), **quelques-un(e)s** d'entre eux (elles), **la plupart** d'entre eux (elles), **plusieurs** d'entre eux (elles).* • ***Peu** d'entre eux (elles), **certain(e)s** d'entre eux (elles), **quelques-un(e)s** d'entre eux (elles) sont venu(e)s.* • *Il n'en a invité **aucun(e)/aucun(e)** d'entre eux (elles).* • ***Aucun(e)** n'est venu(e).*
Indéfinis qui n'expriment pas la quantité	• *Il a envoyé une invitation à **chaque** ami(e).* • *Il a pris **n'importe quel** traiteur (**n'importe quelle, quels, quelles...**).* • *Interdit à **toute** personne étrangère au service.*	• *Il a envoyé une invitation à **chacun** d'entre eux, à **chacune** d'entre elles.* • *Il a pris **n'importe lequel** (**n'importe laquelle, lesquels, lesquelles**).* • ***Quiconque** entrera sera puni.* • *Il faut respecter **autrui**.* • ***Nul** n'est censé ignorer la loi.*

5. CARACTÉRISER LES ACTIONS ET LES QUALITÉS

5.1. Les adverbes

L'adverbe est un mot qui permet de caractériser une action (*Il chante bien*) ou une qualité (*Sa voix est **très** juste. Il chante **vraiment** bien.*)
À côté des adverbes comme « très », « sans doute », « bien », etc., il existe de nombreux adverbes formés à partir d'un adjectif.

a. Formation des adverbes en -*ment*.
• Adjectifs terminés par « e » : *rapide* → rapide**ment**
• Adjectifs terminés par une consonne : *dur* → dur**ement**
• Adjectifs terminés par une voyelle autre que « e » : *poli* → poli**ment**
• Adjectifs terminés par « -ent » ou « -ant » : *prudent* → prud**emment** - *élégant* → élég**amment**

b. Place des adverbes
• L'adverbe qui caractérise un adjectif ou un autre adverbe se place avant ce mot :
*Il est **vraiment** malade.*

• L'adverbe qui caractérise un verbe se place :
– après le verbe conjugué à un temps simple : *Il mange **lentement**.*

– entre l'auxiliaire et le participe au temps composé si l'adverbe est court : *Il a **bien** mangé.*
– après le participe si l'adverbe est long : *Il a mangé **lentement**.*
• Les adverbes qui expriment le temps, le lieu, la négation, etc., ne suivent pas cette règle.

***Autrefois,** nous ne partions pas si souvent en vacances.*

5.2. La construction « verbe + préposition + nom »

par : *Il agit par ambition.*
sans : *Il travaille sans motivation.*
avec : *Elle travaille avec plaisir.*
de façon : *Il parle de façon agressive.*
N.B. Il existe aussi de nombreuses expressions adverbiales qu'on trouvera dans les dictionnaires.
Par exemple, **au hasard** : *Il a choisi un livre au hasard.*

5.3. Le gérondif (*en* + participe présent)

Il exprime la simultanéité entre deux actions ou leur succession. Il peut donc marquer différentes circonstances.
*Il travaille **en écoutant** la radio.* (simple simultanéité)
***En écoutant** la radio, j'ai appris la mort du chanteur Gilbert Bécaud.* (moyen ou cause)

6. NIER (LA NÉGATION)

Cas général	**ne (n')... pas...** *Elle **ne** sort **pas**. Elle **n'**aime **pas** la pluie.*
La négation porte sur un complément introduit par un article indéfini, un article partitif ou un mot de quantité	**ne (n')... pas de (d')** *Elle **n'**a **pas** de voiture.* *Elle **ne** boit **pas** d'alcool et **ne** mange **pas beaucoup de** viande.*
Comme dans le cas précédent, la négation porte sur un complément, un article indéfini ou partitif, mais elle introduit une opposition	**ne (n')... pas un (une, des, du,** etc.) *Elle **n'**a **pas** une voiture. Elle en a deux.* *Ce **n'**est **pas** de l'alcool. C'est du soda.*
Cas des constructions « verbe + verbe » et « auxiliaire + verbe »	Le « **pas** » se place après le premier verbe ou l'auxiliaire. *Elle **ne** veut **pas** sortir.* *Elle **n'**est **pas** sortie.*
Cas des constructions avec pronom complément	Le « **ne** » se place avant les pronoms. *Elle **ne** me l'a **pas** donné.*
La négation porte sur l'infinitif	**ne pas** + infinitif *Mets ce pull pour **ne pas** avoir froid.* *Je te demande de **ne pas** crier.*
Double négation	***Ni** Pierre, **ni** Marie **ne** sont venus.* *Je **n'**ai vu **ni** Pierre **ni** Marie.*
Pronoms indéfinis négatifs	• ***Personne** n'est venu. Je n'ai vu **personne**.* • ***Rien** ne change – Il **ne** fait **rien** – Il **n'**a **rien** fait.* • ***Aucun** ne m'a téléphoné – Je n'ai vu **aucun** d'eux (Je **n'**en ai vu **aucun**).* • ***Pas un** n'est venu. Il **n'**en est **pas** venu un seul.*

7. SITUER UNE ACTION DANS LE TEMPS

7.1. Exprimer le moment par la forme du verbe

a. Action présente
• Moment présent : *Pierre travaille.*
• Action progressive : *Il est en train de faire un devoir de français.*
• État permanent : *Pierre est étudiant.*

b. Action passée
– Cas général
• Passé composé : action passée vue comme limitée dans le temps : *J'ai acheté un dictionnaire.*
• Imparfait : action ou état vus comme non limités dans le temps : *Il y avait beaucoup de monde dans la librairie.*
• Plus-que-parfait : action ou état antérieurs à un moment passé : *J'avais fait des courses.*
• Passé récent : *Marie vient de partir.*

– Cas de certains récits écrits (historiques, littéraires, etc.)
- Passé simple : action passée vue comme limitée dans le temps : *Pierre sortit.*
- Imparfait et plus-que-parfait : même emploi que ci-dessus : *Il faisait beau. Il s'était reposé.*
- Passé antérieur : action antérieure à une action au passé simple et introduite par **quand, lorsque, dès que, aussitôt que** : *Dès qu'il eut fait quelques pas, il se sentit en pleine forme.*

c. Action future
- Futur proche : action considérée comme imminente : *Je vais commencer des études de chinois.*
- Futur : action future : *Je parlerai chinois dans trois ans.*
- Futur antérieur : action antérieure à une action future et introduite par **quand, lorsque, dès que, aussitôt que**, etc. : *Aussitôt que j'aurai dîné, j'appellerai Hugo.*

7.2. Préciser la situation de l'action dans le temps

a. Sans point de repère
Ça s'est passé le 3 mars, à 10 heures, en mars, au mois de mars.
en automne (été, hiver), au printemps
en 1995, au XXᵉ siècle.
- Point de départ de l'action : **à partir de..., dès..., dès que..., dès le moment (l'instant) où...**
- Point d'arrivée : **de... à..., jusqu'à.**
- Situation imprécise : **au cours de..., dans le courant de..., dans les premiers jours de..., vers..., aux environs de..., autour de..., dans les années quatre-vingt..., un jeudi...**

b. Par rapport à un point de repère

Par rapport au moment où on parle	Par rapport à un moment passé ou futur
aujourd'hui – cette semaine dorénavant – désormais	ce jour-là – cette semaine-là – à partir de ce jour-là (de ce moment-là)
hier – avant-hier – la semaine dernière	la veille – l'avant-veille – la semaine précédente (la semaine d'avant)
demain – après-demain – la semaine prochaine	le lendemain – le surlendemain – la semaine suivante (la semaine d'après)
maintenant	à ce moment-là – alors
il y a dix jours	dix jours avant – dix jours auparavant
dans dix jours	dix jours après

7.3. Exprimer la durée

a. Sans point de repère
*Il m'a parlé **pendant** deux heures.*
*Il a débarrassé la table **en** deux minutes.*
*Elle part **pour** huit jours.*
***Durant** trois jours, il a neigé.*
***En l'espace de** quelques secondes, j'ai été trempé par la pluie.*

b. Par rapport au moment où l'on parle
– vers le passé

Il y a
Cela fait } *deux jours **qu'**il est parti.*
Voilà

Il est parti { *il y a deux jours.*
                depuis deux jours.
                depuis avant-hier.

– vers le futur

Il partira { *dans une heure.*
               d'ici une heure.

c. Par rapport à un moment passé
***Il y avait (Cela faisait)** deux heures que j'attendais quand Nicolas est arrivé.*
*J'attendais **depuis** deux heures quand Nicolas est arrivé.*
*Il a attendu. Il est parti **au bout** d'une heure.*

8. PRÉSENTER UNE INFORMATION

8.1. Vision passive

Elle permet de mettre en valeur le complément du verbe et de supprimer le sujet. La vision passive peut être donnée par plusieurs formes grammaticales.

a. La forme passive

L'entreprise Duchamp construit le nouveau stade → *Le nouveau stade **est construit** par l'entreprise Duchamp.*

*Le théâtre **a été construit** (par...) – Le multiplexe **sera construit** (par...) – **J'ai été contacté** (par...).*

N.B. « de » peut s'employer à la place de « par » quand l'auteur de l'action n'est pas vraiment actif :

*Le directeur est accompagné **de** son épouse. (Le directeur est aidé **par** son épouse.)*

b. La construction *(se) faire* + verbe

Nathalie fait construire une maison (par l'entreprise Duchamp).

Nathalie se fait construire une maison (quand l'objet appartient au sujet).

c. La forme pronominale

La porte s'ouvre.

20 000 places se sont vendues pour le match Italie-France.

8.2. La construction impersonnelle

Elle permet de mettre en valeur une notion ou un événement et d'effacer le sujet de l'action.

a. Verbes toujours impersonnels : « Il faut » et des verbes indiquant des événements climatiques (*Il neige,* etc.).

b. Verbes indiquant un événement ou une idée de quantité : *Il est arrivé un accident* (*Il s'est produit... Il s'est passé... Il manque... Il reste...*).

c. Construction *il est* + adjectif + *de/que*

Il est dommage que vous ne restiez pas.

Il est étrange qu'il ne soit pas encore arrivé.

Il est possible de réserver nos places ?

8.3. Juger de la vérité d'une information

a. Doute/certitude

Je suis sûr (certain, persuadé, convaincu, ...) que Marie viendra – Il est sûr (forme impersonnelle) qu'elle viendra. (indicatif)

Je ne suis pas sûr que Marie vienne – Il n'est pas sûr qu'elle vienne. (subjonctif)

b. Possibilité/impossibilité

Une augmentation des salariés est possible/impossible. (indicatif)

Il est possible/impossible

Il se peut... Il se pourrait } *que les salaires augmentent.* (subjonctif)

Il est exclu

c. Probabilité/improbabilité

Il est probable que Marie viendra – Elle doit venir – Il me semble qu'elle doit venir. (indicatif)

Il est improbable (peu probable) qu'elle vienne – Je ne crois pas qu'elle puisse venir. (subjonctif)

9. RAPPORTER DES PAROLES

Paroles prononcées	Discours présent rapporté	Discours passé rapporté
Marie travaille.	Il (me) dit que Marie **travaille**. [présent]	Il m'a dit que Marie **travaillait**. [imparfait]
Marie a travaillé.	Il (me) dit que Marie **a travaillé**. [passé composé]	Il m'a dit que Marie **avait travaillé**. [plus-que-parfait]
Elle était fatiguée.	Il (me) dit qu'elle **était** fatiguée. [imparfait]	Il m'a dit qu'elle **était** fatiguée. [imparfait]
Elle va s'arrêter.	Il (me) dit qu'elle **va s'arrêter**. [futur proche]	Il m'a dit qu'elle **allait s'arrêter**. [« aller » à l'imparfait + infinitif]
Elle se couchera tôt.	Il (me) dit qu'elle **se couchera** tôt. [futur]	Il m'a dit qu'elle **se coucherait** tôt. [conditionnel présent]
Allez la voir.	Il (me) dit (demande) d'aller la voir.	Il m'a dit (demandé) d'aller la voir.
Vous allez la voir ?	Il me demande si je vais la voir.	Il m'a demandé si j'irais la voir.
Qui parle ? Qu'est-ce que tu fais ? Où tu vas ?	Il me demande qui parle, ce que je fais, où je vais.	Il m'a demandé qui parlait, ce que je faisais, où j'allais.

10. RAISONNER

10.1. Exprimer la cause

a. Cause exprimée par une conjonction
Il n'est pas venu **parce qu' (car)** il est malade. **Étant donné qu' (vu qu', du moment qu')** il était malade, il n'a pas pu venir.
Puisqu'il ne vient pas, je ferai le travail à sa place. (cause connue)
Comme j'ai bien avancé mon propre travail, ce sera possible. (cause évidente)

b. Cause exprimée par une préposition
Elle a été félicitée **pour (en raison de, à cause de, du fait de)** son travail.
Elle a réussi **grâce à** son obstination. (cause positive)

c. Cause exprimée par un verbe
Son succès **s'explique par (est dû à, vient de, résulte de)** son excellent travail.

10.2. Exprimer la conséquence

a. Adverbes
Le chômage diminue. **Alors (donc, en conséquence, par conséquent, de ce fait, c'est pourquoi, c'est la raison pour laquelle)**, les gens sont optimistes.

b. Conjonctions
Le chômage progresse **de sorte que (si bien que, à tel point que)** les gens sont pessimistes.

c. Verbes
– **causer - créer - provoquer - entraîner - produire - permettre** (conséquence positive)
– **rendre** + adjectif : Son succès l'a rendu prétentieux.
– **donner** + nom : Son fils lui donne des soucis.

10.3. Exprimer une relation de cause à effet inattendue (concession)

• **Bien qu'**il soit riche (subjonctif), il est malheureux.
Il est malheureux **alors qu'**il est riche.
• Il est malheureux. **Pourtant (cependant, toutefois, néanmoins)**, il est riche.
• Il est malheureux **malgré (en dépit de)** ses richesses.
• **Il a beau** être riche, il est malheureux.
Il est riche, **mais** il est **quand même** malheureux.

10.4. Opposer des idées

a. Opposition et mise en parallèle
Marie est une intellectuelle. **En revanche (par contre)**, sa sœur Agnès est une manuelle.

b. Idée d'objection suivie d'une conclusion
Pierre ne réussit pas à l'école. **Or**, *il est intelligent. C'est* **donc** *qu'il n'est pas motivé.*

c. Conclusion opposée à ce qui précède
Certes, *Pierre est intelligent.* **Pourtant**, *il ne réussit pas à l'école. (Il n'en reste pas moins qu'il ne réussit pas à l'école.)*

10.5. Exprimer une condition ou une restriction

a. Condition exprimée par **si** (voir 10.6. : « Faire une hypothèse »)

b. Autres formes d'expression de la condition
Nous sortirons **à condition qu'**il fasse beau. (subjonctif)
Du moment qu'il fera beau, nous sortirons.

c. Restrictions et dépendances
Je **n'**ai **que** *20 euros. J'ai* **seulement** *20 euros.*
Nous sortirons **sauf s'**il ne fait pas beau (**à moins qu'**il ne fasse pas beau).
Notre programme **dépend de** *votre temps libre. Il est* **fonction de...** *C'est* **selon (suivant)** *vos disponibilités.*

10.6. Faire une hypothèse, une supposition

a. Si + présent → futur (ou présent) : simple supposition
Si Élodie m'appelle, nous irons en boîte.

b. Si + imparfait → conditionnel présent : hypothèse, événement imaginé
Si Élodie m'appelait, nous irions en boîte.

c. Si + plus-que-parfait → conditionnel passé : hypothèse passée, regret
Si j'avais appelé, Élodie serait peut-être venue.

d. Admettons (supposons, imaginons) que + subjonctif
Supposons que *nous décidions d'aller en boîte, où irons-nous ?*

e. Soit... soit (double supposition)
Pierre n'est pas encore arrivé. **Soit** *son train a eu du retard,* **soit** *il est malade.*

10.7. Exprimer le but

a. Pour que..., afin que..., de façon que..., de sorte que... + subjonctif
Il faut se dépêcher **pour que** *nous arrivions avant la nuit.*

b. Pour..., afin de..., de façon à... + infinitif
Il faut se dépêcher **de façon à** *arriver avant la nuit.*

11. CONJUGUER LES VERBES

11.1. Principes de conjugaison

Modes et temps	Principes de conjugaison à connaître pour utiliser les tableaux des pages suivantes
Présent	• Les verbes en **-er** se conjuguent comme « **regarder** » sauf : – le verbe « aller » – les verbes en **-yer, -ger, -eler, -eter**, qui présentent quelques différences. **regarder** je regard**e** nous regard**ons** tu regard**es** vous regard**ez** il/elle regard**e** ils/elles regard**ent** • Pour les autres verbes, la seule règle générale est la terminaison **-s, -s, -t, -ons, -ez, -ent**. Mais il y a des exceptions (« pouvoir », « vouloir », etc.). Il faut donc apprendre les conjugaisons de ces verbes par types.
Passé simple	• Pour les verbes en **-er**, partir de l'infinitif : **parler → il/elle parla – ils/elles parlèrent.** • Pour les autres verbes, il y a souvent une ressemblance avec l'infinitif ou le participe passé mais ce n'est pas une règle générale : **finir → il/elle finit – ils/elles finirent ; pouvoir** (participe passé : **pu**) **→ il/elle put – ils/elles purent.**
Imparfait	• Il se forme à partir de la 1re personne du pluriel du présent : **nous faisons → je faisais – tu faisais**, etc. Ensuite, la terminaison est la même pour tous les verbes : **-ais, -ais, -ait, -ions, -iez, -aient.**
Futur	• Les verbes en **-er** (sauf « aller ») se conjuguent comme « **regarder** ». je regarder**ai** nous regarder**ons** tu regarder**as** vous regarder**ez** il/elle regarder**a** ils/elles regarder**ont** • Pour les autres verbes, il faut connaître la 1re personne. Ensuite, seule la terminaison change : je fer**ai** – tu fer**as** – il/elle fer**a** – nous fer**ons** – vous fer**ez** – ils/elles fer**ont**.
Passé composé	• Il se forme avec les auxiliaires « **avoir** » ou « **être** » + participe passé. • Les verbes utilisant l'auxiliaire « être » sont : – **les verbes pronominaux** – les verbes suivants : **aller – arriver – décéder – descendre – devenir – entrer – monter – mourir – naître – partir – rentrer – retourner – rester – sortir – tomber – venir**, ainsi que leurs composés en **-re** : **redescendre – redevenir**, etc.
Plus-que-parfait	« **avoir** » ou « **être** » à l'imparfait + participe passé.
Passé antérieur	« **avoir** » ou « **être** » au passé simple + participe passé.
Futur antérieur	« **avoir** » ou « **être** » au futur + participe passé.
Conditionnel présent	• Il se forme à partir de la 1re personne du singulier du futur : **je ferai → je ferais.** • Ensuite, la terminaison est la même pour tous les verbes : je fer**ais** – tu fer**ais** – il/elle fer**ait** – nous fer**ions** – vous fer**iez** – ils/elles fer**aient**.
Conditionnel passé	« **avoir** » ou « **être** » au conditionnel + participe passé.
Subjonctif présent	• Pour la plupart des verbes, partir de la 3e personne du pluriel du présent : **ils regardent → que je regarde ; ils finissent → que je finisse ; ils prennent → que je prenne ; ils peignent → que je peigne.** Mais il y a des exceptions : **savoir → que je sache**, etc. • Ensuite, la terminaison est la même pour tous les verbes : que je regard**e** – que tu regard**es** – qu'il/elle regard**e** – que nous regard**ions** – que vous regard**iez** – qu'ils/elles regard**ent**.
Subjonctif passé	« **avoir** » ou « **être** » au présent du subjonctif + participe passé.
Impératif présent	• Pour la plupart des verbes, on utilise les formes de l'indicatif. Le « **-s** » de la deuxième personne du singulier à l'indicatif présent des verbes en **-er** et du verbe « **aller** » disparaît sauf quand une liaison est nécessaire : **Parle ! – Parles-en ! – Va ! – Vas-y !** • Les verbes « avoir », « être » et « savoir » utilisent les formes du subjonctif : **Sois** gentil ! – **Aie** du courage ! – **Sache** que je t'observe !

Modes et temps	Principes de conjugaison à connaître pour utiliser les tableaux des pages suivantes
Impératif passé	**Formes du subjonctif passé.**
Participe présent et gérondif	• Ils se forment généralement à partir de la 1re personne du pluriel du présent de l'indicatif : **nous allons → allant ; nous pouvons → pouvant.**

11.2. Accord des participes passés

a. Accord du participe passé après l'auxiliaire « être »
Le participe passé s'accorde avec le sujet du verbe.
Pierre est parti. Marie est partie.
Pierre et Marie sont sortis.
Pauline et Sabine sont restées.

b. Cas du participe passé des verbes pronominaux
Le participe passé s'accorde avec le sujet quand l'action porte directement sur ce sujet.
Marie s'est lavée.
Marie s'est lavé les mains. (l'action porte sur « les mains »)
Marie et Pauline se sont parlé. (la construction de « parler » est indirecte)

c. Accord du participe passé après l'auxiliaire « avoir »
Le participe passé s'accorde avec le complément d'objet direct quand ce complément est placé avant le verbe.
J'ai invité Sabine et Marie (le complément est placé après le verbe).
Je les ai invitées au restaurant (« les » remplace Sabine et Marie).
Sabine, que j'ai invitée, est l'amie de Marie.

11.3. Conjugaisons par types de verbes

Mode de lecture des tableaux ci-dessous (les verbes sont classés selon la terminaison de leur infinitif)		
Infinitif	1re personne du futur	
Conjugaison du présent	1re personne du singulier du subjonctif	Verbes ayant une conjugaison identique (sauf dans le choix de l'auxiliaire)
	3e personne du singulier du passé simple	
	participe passé	

■ VERBES EN -ER

Se conjuguent comme **« parler »**
Cas particuliers
Verbes en -yer

PAYER	je paierai
je paie **tu paies** **il paie** **nous payons** **vous payez** **ils paient**	que je paie que je paye
	il paya
	payé

appuyer   flamboyer
balayer   nettoyer
bégayer   renvoyer
déblayer
envoyer
essayer
essuyer

Verbes en -ger
Quand la terminaison commence par les lettres **a** ou **o**, mettre un **e** entre le **g** et la terminaison
nous mang**e**ons *(présent)*
je mang**e**ais *(imparfait)*
je mang**e**ai *(passé simple)*

■ VERBES EN -ER

Verbes en -eler et -eter

APPELER	j'appellerai	Tous les verbes en **-eler** et **-eter** sauf les verbes du type « **acheter** »
j'appelle tu appelles il appelle nous appelons vous appelez ils appellent	que j'appelle	
	il appela	
	appelé	

ACHETER	j'achèterai	congeler déceler démanteler geler modeler peler racheter
j'achète tu achètes il achète nous achetons vous achetez ils achètent	que j'achète	
	il acheta	
	acheté	

Le verbe « aller » est irrégulier

ALLER	j'irai
je vais tu vas il va nous allons vous allez ils vont	que j'aille
	il alla
	allé

■ VERBES EN -IR

FINIR	je finirai	abolir	avertir	haïr[1]	réjouir
je finis tu finis il finit nous finissons vous finissez ils finissent	que je finisse	accomplir affermir agir applaudir assainir s'assoupir	choisir démolir dépérir éblouir frémir guérir	jaillir obéir périr punir réagir réfléchir	remplir répartir réunir subir unir
	il finit				
	fini				

(1) *présent* : je hais, nous haïssons – *passé simple* : il haït, ils haïrent.

VENIR	je viendrai	appartenir	advenir
je viens tu viens il vient nous venons vous venez ils viennent	que je vienne	contenir entretenir maintenir obtenir retenir soutenir tenir	convenir devenir intervenir parvenir prévenir provenir se souvenir
	il vint		
	venu		

COURIR	je courrai	accourir parcourir recourir secourir
je cours tu cours il court nous courons vous courez ils courent	que je coure	
	il courut	
	couru	

OUVRIR	j'ouvrirai	couvrir découvrir recouvrir entrouvrir rouvrir offrir souffrir
j'ouvre tu ouvres il ouvre nous ouvrons vous ouvrez ils ouvrent	que j'ouvre	
	il ouvrit	
	ouvert	

PARTIR	je partirai	sentir consentir ressentir	sortir ressortir
je pars tu pars il part nous partons vous partez ils partent	que je parte	mentir repartir se repentir	
	il partit		
	parti		

ACQUÉRIR	j'acquerrai	conquérir quérir requérir
j'acquiers tu acquiers il acquiert nous acquérons vous acquérez ils acquièrent	que j'acquière	
	il acquit	
	acquis	

CUEILLIR	je cueillerai	accueillir recueillir	assaillir tressaillir
je cueille tu cueilles il cueille nous cueillons vous cueillez ils cueillent	que je cueille		
	il cueille		
	cueilli		

DORMIR	je dormirai	(s')endormir
je dors **tu dors** **il dort** **nous dormons** **vous dormez** **ils dorment**	que je dorme	(se) rendormir
	il dormit	
	dormi	

SERVIR	je servirai	desservir
je sers **tu sers** **il sert** **nous servons** **vous servez** **ils servent**	que je serve	resservir
	il servit	
	servi	

MOURIR	je mourrai	
je meurs **tu meurs** **il meurt** **nous mourons** **vous mourez** **ils meurent**	que je meure	
	il mourut	
	mort	

FUIR	je fuirai	s'enfuir
je fuis **tu fuis** **il fuit** **nous fuyons** **vous fuyez** **ils fuient**	que je fuie	
	il fuit	
	fui	

◼ VERBES EN -DRE

VENDRE	je vendrai	défendre	attendre	fondre	mordre
je vends **tu vends** **il vend** **nous vendons** **vous vendez** **ils vendent**	que je vende	descendre	entendre	confondre	tordre
		fendre	étendre	pondre	rompre
	il vendit	pendre	prétendre	répondre	(*sauf* : il rompt
		dépendre	vendre	correspondre	*présent*)
		suspendre	revendre	tondre	corrompre } *idem*
	vendu	tendre	répandre	perdre	interrompre

PRENDRE	je prendrai	apprendre
je prends **tu prends** **il prend** **nous prenons** **vous prenez** **ils prennent**	que je prenne	comprendre entreprendre
	il prit	reprendre surprendre
	pris	

PEINDRE	je peindrai	atteindre
je peins **tu peins** **il peint** **nous peignons** **vous peignez** **ils peignent**	que je peigne	éteindre teindre étreindre
	il peignit	craindre contraindre
	peint	plaindre

JOINDRE	je joindrai	adjoindre
je joins **tu joins** **il joint** **nous joignons** **vous joignez** **ils joignent**	que je joigne	rejoindre
	il joignit	
	joint	

COUDRE	je coudrai
je couds **tu couds** **il coud** **nous cousons** **vous cousez** **ils cousent**	que je couse
	il cousit
	cousu

■ VERBES EN -OIR

DEVOIR	je devrai	apercevoir
je dois tu dois il doit nous devons vous devez ils doivent	que je doive	concevoir décevoir percevoir
	il dut	recevoir *(sans accent sur le « u » du participe passé)*
	dû, due	

VOIR	je verrai	entrevoir
je vois tu vois il voit nous voyons vous voyez ils voient	que je voie	revoir prévoir *(sauf au futur : je prévoirai)*
	il vit	
	vu	

POUVOIR	je pourrai
je peux tu peux il peut nous pouvons vous pouvez ils peuvent	que je puisse
	il put
	pu

VOULOIR	je voudrai
je veux tu veux il veut nous voulons vous voulez ils veulent	que je veuille
	il voulut
	voulu

SAVOIR	je saurai
je sais tu sais il sait nous savons vous savez ils savent	que je sache
	il sut
	su

VALOIR	je vaudrai	équivaloir
je vaux tu vaux il vaut nous valons vous valez ils valent	que je vaille	
	il valut	
	valu	

S'ASSEOIR	je m'assiérai	N.B. : Autre conjugaison du verbe « s'asseoir » : *présent :* je m'assois *futur :* je m'assoirai *passé simple :* je m'assis
je m'assieds tu t'assieds il s'assied nous nous asseyons vous vous asseyez ils s'asseyent	que je m'asseye	
	il s'assit	
	assis	

■ VERBES EN -TRE

BATTRE	je battrai	abattre
je bats tu bats il bat nous battons vous battez ils battent	que je batte	combattre débattre s'ébattre
	il battit	
	battu	

METTRE	je mettrai	admettre	
je mets tu mets il met nous mettons vous mettez ils mettent	que je mette	commettre émettre omettre permettre promettre	remettre soumettre transmettre
	il mit		
	mis		

CONNAÎTRE	je connaîtrai	méconnaître
je connais tu connais il connaît nous connaissons vous connaissez ils connaissent	que je connaisse	reconnaître paraître apparaître disparaître transparaître
	il connut	
	connu	

CROÎTRE	je croîtrai	accroître
je croîs tu croîs il croît nous croissons vous croissez ils croissent	que je croisse	décroître
	il crût	
	crû	

NAÎTRE	je naîtrai
je nais tu nais il naît nous naissons vous naissez ils naissent	que je naisse
	il naquit
	né

VERBES EN -UIRE

CONDUIRE				
je conduis tu conduis il conduit nous conduisons vous conduisez ils conduisent	je conduirai	cuire déduire induire introduire produire reconduire réduire	reproduire séduire construire traduire détruire instruire	luire reluire nuire
	que je conduise			
	il conduisit			
	conduit			

VERBES EN -IRE

ÉCRIRE		
j'écris tu écris il écrit nous écrivons vous écrivez ils écrivent	j'écrirai	décrire inscrire prescrire proscrire transcrire souscrire
	que j'écrive	
	il écrivit	
	écrit	

LIRE		
je lis tu lis il lit nous lisons vous lisez ils lisent	je lirai	élire réélire relire
	que je lise	
	il lut	
	lu	

DIRE		
je dis tu dis il dit nous disons vous dites ils disent	je dirai	contredire interdire médire prédire redire
	que je dise	
	il dit	
	dit	

RIRE		
je ris tu ris il rit nous rions vous riez ils rient	je rirai	sourire
	que je rie	
	il rit	
	ri	

SUFFIRE	
je suffis tu sufis il suffit nous suffisons vous suffisez ils suffisent	je suffirai
	que je suffise
	il suffit
	suffi

VERBES EN -RE

FAIRE		
je fais tu fais il fait nous faisons vous faites ils font	je ferai	défaire parfaire refaire satisfaire
	que je fasse	
	il fit	
	fait	

PLAIRE		
je plais tu plais il plaît nous plaisons vous plaisez ils plaisent	je plairai	déplaire (se) taire
	que je plaise	
	il plut	
	plu	

VIVRE		
je vis tu vis il vit nous vivons vous vivez ils vivent	je vivrai	revivre survivre
	que je vive	
	il vécut	
	vécu	

CONCLURE		
je conclus tu conclus il conclut nous concluons vous concluez ils concluent	je conclùrai	exclure inclure (*participe passé* : inclus/ incluse)
	que je conclue	
	il conclut	
	conclu	

BOIRE	
je bois tu bois il boit nous buvons vous buvez ils boivent	je boirai
	que je boive
	il but
	bu

CROIRE	
je crois tu crois il croit nous croyons vous croyez ils croient	je croirai
	que je croie
	il crut
	cru

SUIVRE		
je suis tu suis il suit nous suivons vous suivez ils suivent	je suivrai	poursuivre
	que je suive	
	il suivit	
	suivi	

N° d'éditeur : 10097500 - CGI - Mai 2003
Imprimé en ITALIE par O. G. De Agostini SPA